Frontier technologies for intelligent urban public transit

城市公共交通智能化前沿技术

陈艳艳　熊杰　路尧　著

人民交通出版社股份有限公司

北京

内 容 提 要

基于当前城市公交面临的问题以及发展大趋势，本书从多元大数据在公交问题解决中的功能与作用、公交运行监测综合指标体系、公交线网评价及优化、基于大数据的公交线网健康诊断、区域化及新能源公交智能调度方法等方面，论述了支撑城市公交建设的前沿技术。主要内容包括概述、公交数据采集与处理技术、公交运行智能监测与分析、数据驱动的公交线网健康诊断与优化、需求响应公交运行优化、区域化及纯电动公交智能调度、多模式公交信息服务。

本书可供城市公共交通规划者、管理部门、运营企业以及从事城市公共交通信息化与智能化应用研究的科研人员参考使用，还可供高等学校相关专业研究生及本科生学习使用。

图书在版编目(CIP)数据

城市公共交通智能化前沿技术/陈艳艳，熊杰，路尧著. —北京：人民交通出版社股份有限公司，2023.1

ISBN 978-7-114-18399-7

Ⅰ.①城… Ⅱ.①陈… ②熊… ③路… Ⅲ.①智能技术—应用—城市交通系统—公共交通系统 Ⅳ.①U491.1-39

中国版本图书馆 CIP 数据核字(2022)第 252900 号

Chengshi Gonggong Jiaotong Zhinenghua Qianyan Jishu

书　　名：城市公共交通智能化前沿技术

著 作 者：陈艳艳　熊 杰　路 尧

责任编辑：戴慧莉

责任校对：刘　芹

责任印制：刘高彤

出版发行：人民交通出版社股份有限公司

地　　址：(100011)北京市朝阳区安定门外外馆斜街 3 号

网　　址：http://www.ccpcl.com.cn

销售电话：(010)59757973

总 经 销：人民交通出版社股份有限公司发行部

经　　销：各地新华书店

印　　刷：北京虎彩文化传播有限公司

开　　本：787 × 1092　1/16

印　　张：10.25

字　　数：260 千

版　　次：2023 年 1 月　第 1 版

印　　次：2023 年 1 月　第 1 次印刷

书　　号：ISBN 978-7-114-18399-7

定　　价：62.00 元

(有印刷、装订质量问题的图书，由本公司负责调换)

前　言

城市公共交通是城市交通的重要组成部分，是城市良性发展的基础，也是一项关系民生的社会公益事业。近年来，城市公共交通，特别是地面公交，正面临诸如客运量下降、运营企业成本较高、智能化变革等问题。

面向新的、多样化的公交出行需求，亟需不断转换发展理念，同时，充分利用新型技术，进一步提升公共交通的城市价值功能，提高居民的出行幸福感与获得感。

本书仔细梳理了国内城市公共交通的发展水平与遇到的问题，剖析了国外公交都市发展的理念与实现路径，对于行业研究重点与热点问题进行了总结，同时，阐明智能公交体系的基本功能与架构；提出了多元大数据在公交问题解决当中的功能与作用，并针对公交 IC 数据的采集、处理与应用等内容进行了较为详细的技术说明；以公交运行智能监测与线网评价为重点，构建了包括车辆、客流、调度、安全、服务等多维度公交运行监测综合指标体系；聚焦数据驱动的公交线网评价及优化技术，全面介绍了基于大数据的公交线网健康诊断方法，以及相关决策支持系统的开发建议；面向未来需求响应公交发展态势，提出需求识别、需求转化、线路优化等一系列需求响应公交运行优化技术方法；响应国家倡导的低碳生活理念，提出区域化及新能源公交智能调度方法，为交通行业低碳发展提供新的技术手段；针对公交服务优化提升问题，提出多模式公交信息服务的内涵与价值，构建“门到门”的信息服务原型系统。

本书内容紧抓时下城市公交发展大趋势问题，紧密围绕大数据、智能化、低碳生活、供给侧结构性改革等，呈现内容具有一定的技术前瞻性和理论深度，适合行业从业人员及高等院校相关专业师生参考阅读。

本书由北京工业大学陈艳艳、熊杰、路尧共同完成。陈艳艳负责全书架构设计、大纲梳理、书稿内容审定等工作。熊杰撰写了第 1 章、第 5 章 ~ 第 7 章；路尧撰写了第 2 章 ~ 第 4 章。书中涉及的研究成果主要由韩志玲、曹秉新、赵晋、白宸宇、孙岩等人完成，在此，对他们的辛勤付出表示真诚的感谢。同时，也感谢本书依托项目的支持单位北京交通信息中心和北京市交通运行协调指挥中心，以及本书所引用参考文献的各位作者朋友，你们的大力支持和研究成果，也为本书的顺利完成提供了不可或缺的支撑。

由于著者学识浅薄、水平有限，加之经验不足，文中不乏纰漏与拙见，恳请读者不吝批评指正。

著　者

2022 年 8 月

目　　录

第 1 章 概述

1.1 国内外城市公交发展现状

1.1.1 国内城市公交发展现状

1.1.1.1 我国公交发展面临的主要问题

城市公共交通是由公共汽车、电车、轨道交通、出租汽车、轮渡等交通方式组成的公共客运交通系统，是重要的城市基础设施，是关系国计民生的社会公益事业。

近年来，我国城市轨道交通规划逐步实施，轨道交通建设进程快速推进。与此同时，自2016年以来，在大城市兴起了互联网共享单车。深圳市关于共享单车的调查显示，31.3%的共享单车使用者的原出行方式为常规公交。地面常规公交面临轨道交通网络化发展与共享单车规模化发展的双重冲击，客流量持续下降，其发展面临严峻挑战。

(1)公交设施供应持续增长，客流量却增长乏力。

随着公交优先政策的深入实施和公交都市建设的推广，大城市常规公交线路运营里程、车辆数等均逐年增加，但常规公交客流量却未随着设施的改善而增加。我国部分大城市常规公交单位车辆年客运量变化情况见表1-1，在轨道交通较为发达的北京、上海、深圳、广州、成都、杭州等大城市，常规公交客流量均呈现不同程度的下降，轨道交通与常规公交之间普遍缺乏有效整合，并在主要客流通道上存在一定竞争。

我国部分大城市常规公交单位车辆年客运量变化情况(单位:万人/标台·年)　　表1-1

城　市	2021年	2016年	2021年同比2016年下降客流量(%)
北京	9.9	11.3	12.4
上海	8.2	11.6	29.3

续上表

城 市	2021年	2016年	2021年同比2016年下降客流量(%)
深圳	2.8	9.9	71.7
广州	8.8	14.2	38
杭州	6.4	13.1	51.1
成都	6.2	11.2	44.6

(2)共享单车规模化发展,短距离公交面临发展困境。

2016年以来,互联网共享单车陆续登陆国内各大城市并迅速普及,由于其具有使用方便灵活等优势,共享单车已演变为“最先与最后一公里”的重要绿色出行方式。相关研究表明,很大一部分共享单车用户用于接驳地铁或公交站。共享单车的使用主要集中在5km以内的短距离出行,对短途公交出行影响较大。广州市的调查也显示,共享单车自投放以来,广州市5km以内短途公交客流降幅达14.6%,共享单车已与传统短距离公交形成明显竞争。

(3)常规公交服务可靠性差,客流吸引力下降。

除了轨道交通快速成网、共享单车规模发展对地面常规公交产生的影响之外,常规公交自身服务品质和可靠性方面的问题也直接导致其缺乏足够的吸引力,从而造成常规地面公交客流量的流失。

公交车与小汽车、轨道交通出行方式相比,其出行速度不具比较优势,加之道路交通拥堵导致公交运行速度进一步下降并影响公交运行稳定性,容易造成公交运行中的超大间隔或列车化进站现象,导致乘客的候车时间过长,可靠性降低,影响乘客出行效率和出行体验。

(4)常规公交与轨道交通缺乏有效衔接,系统整合度不高。

轨道线网的快速增长,使轨道交通与常规公交之间的换乘接驳交通需求日益增加。然而,由于管理机制等方面的原因,常规公交服务对这一需求变化的应对缓慢,缺乏与轨道交通线网之间的统一考虑与有效整合,导致轨道交通与常规公交之间换乘衔接不畅,两网整合度有待提高。

(5)常规公交系统供给与乘客需求不完全匹配。

许多城市多层次、广覆盖的常规公交网络与服务系统尚不成熟,难以满足城乡居民对公交服务多样性和广泛性的需要。

①网络结构方面。我国大城市以主干路网为主,次、支路网相对较少,同时次干路、支路网断头路多,网络密度低,影响公交线网密度、线路开辟和延伸调整,导致公交系统可达性差。

②线路级配结构方面。城市“快、干、支、微”的分层分级在常规公交线网结构尚不清晰,线网级配结构与乘客出行距离不匹配。

③公交路权优先方面。地面公交的优先通勤路权未得到有效保障,影响公交专用道效率发挥。

④多样化方面。随着社会经济的发展,居民的出行需求呈现多样化发展趋势,不同的出行人群对公交服务的快速、准点、舒适、安全等方面有不同的要求,然而,公交设施供给呈现均质化,难以满足居民多样化的出行需求。

1.1.1.2　公交发展的政策导向

与国外相比，我国对于公共交通优先发展对策的研究还处于初级阶段，但是随着实践的不断深入，公共交通的受关注度逐渐提高。

2005 年，为了贯彻落实党的十六大精神和《中共中央关于完善社会主义市场经济体制若干问题的决定》，促进城市交通与城市经济社会的协调发展，建设部、发展改革委、科技部、公安部、财政部、国土资源部等联合发布《关于优先发展城市公共交通的意见》，提出应进一步提到对公共交通的认识，充分发挥规划调控作用，完善公共交通基础设施，优化公共交通运营结构，保障公共交通的道路优先使用权，积极稳妥地推进行业改革，进一步加大政策扶持力度。

2011 年，交通运输部在《交通运输"十二五"发展规划》中提出创建"公交都市"的战略构想，重新定义交通管理思路，并将"公交都市"从交通战略提升为城市战略。同时决定开展国家"公交都市"建设示范工程，贯彻落实国家公共交通优先发展战略。国家"公交都市"建设示范工程的指导思想是：坚持以科学发展观为指导，通过政府主导、规划先导、政策引导、试点先行，推动相关城市深入贯彻落实城市公共交通优先发展战略，大力推进城市公共交通发展方式转变，加快建立以公共交通为导向的城市发展模式，促进城市发展与城市交通的良性互动，缓解城市交通拥堵，并为全国城市公共交通发展积累经验。

2014 年，中共中央、国务院印发《国家新型城镇化规划（2014—2020 年）》，提出将公共交通放在城市交通发展的首要位置，加快构建公共交通为主体的城市机动化出行系统。为实施城市公共交通优先发展战略，国务院提出树立优先发展理念、把握科学发展原则、明确总体发展目标、实施加快发展政策、建立持续发展机制等指导意见。

2017 年，交通运输部在《城市公共汽车和电车客运管理规定》中提出，城市公共交通主管部门应当定期开展社会公众出行调查，充分利用移动互联网、大数据、云计算等现代信息技术收集、分析社会公众出行时间、方式、频率、空间分布等信息，作为优化城市公共交通线网的依据。

2019 年，交通运输部在《绿色出行行动计划》中提出，要全面推进和深化公交都市建设，结合实际构建多样化公共交通服务体系。加快推进通勤主导方向上的公共交通服务供给。加快推进城市公交枢纽、首末站等基础设施建设。加强公众出行规律和客流特征分析，优化调整城市公交线网和站点布局，降低乘客全程出行时间。强化城市轨道交通、公共汽（电）车等多种方式网络的融合衔接，提高换乘效率。

2022 年，交通运输部在《国家公交都市建设示范工程管理办法》中提出，统筹城市公共交通设施换乘衔接，提升城市公共汽（电）车港湾式停靠站设置率，扩大城市公共交通站点覆盖率。要以城市公共交通客流需求为导向，优先选择城市公共交通客流集中或交通拥堵区域设置公交专用道，提高城市公交专用道设置率，并加强城市公交专用道的监控和管理。

1.1.1.3　国内公交都市案例

（1）北京市。

北京市是我国首都和全国政治文化中心，人口众多，交通拥堵一直是北京面临的一大难题。北京市近年来也在一直寻求解决交通拥堵的办法，致力于发展城市公共交通。2005 年，北京市颁布了《北京交通发展纲要》，明确指出了公交优先发展的目标。2009 年，北京市机构改革后成立北京市交通委员会,具体负责全市城乡交通统筹发展、交通运输和交通基础设施综合管理等。北京市交通委员会下设路政局、运输管理局和交通执法总队三个直属机构,北京市交通委员会为决策层,直属机构为执行层。此后,北京一直在致力于落实公交优先战略,通过构建快线网、降低公交票价、加大公交路权优先力度等措施,切实保障公交优先通行的实现。2014 年 10 月,为完善城市公共交通票价机制,减少财政负担,北京市出台《北京市城市公共电汽车和轨道交通价格动态调整办法》,每年对公交企业运营成本变化等进行评估后,定期调整实行政府定价管理的公共汽(电)车和轨道交通价格。

"十三五"以来,北京公交集团公司坚持落实公交优先发展战略,积极调整客运和服务结构,以"为更多的人提供更好的公交服务"为使命,积极进行"减重复、增覆盖、便接驳、提运速、推进微循环、丰富多样化"的公交线路拓展、调整和优化工作,为适应综合交通体系建设与新常态客流变化的需要,初步构建了快线、普线、支线、微循环线体系。北京市公交线网运营发展情况见表 1-2。

北京市公交线网运营发展情况 表 1-2

项　　目	2015 年底	2020 年底
线路条数(条)	849	1207
线路总长度(km)	19516.47	28418.37
线网长度(km)	4680.7	7628.6
平均线路长度(km)	22.98	23.54

"十三五"期间,北京公共交通不断拓展服务领域,创新运营服务方式,探索创新合乘定制公交、公务员定制公交等定制服务模式,启动定制公交改革,在定制公交和快速直达专线等方面均有新突破。截至 2020 年底,北京公交集团公司共运营多样化线路 535 条,与规划目标 500 条相比多 35 条,完成了"十三五"规划的任务要求。

(2)上海市。

上海是我国的超大城市之一,作为一个国际金融中心和交流平台,随着城市人口不断增加,交通拥堵也在日益加剧。自 20 世纪 80 年代开始,上海市开始致力于"公交优先"发展,大力发展以大容量轨道交通为骨干的公共交通系统。

在管理模式上,上海市成立了交通委员会,具体负责交通发展规划、城市道路公路管理、交通综合协调等。强化公共交通管理职责,着力推进公交优先发展:通过加强公共交通规划编制和实施,充分发挥公共交通对城市发展的引领和带动作用;通过优化完善公共交通运输网络,加快基础设施建设,强化安全监督管理,加强科技信息化应用,提高公共交通服务保障能力等。

基于公交都市建设理念与目标,截至 2021 年底,上海市地面公交运营车辆达 1.76 万辆,其中,国Ⅴ及以上和零排放公交车 1.67 万辆,占全部公交运营车辆的 94.4%。公交运营线路达 1596 条,公交线网长度达到了 9243km。全年公共交通客运总量 51.06 亿人次,日均 1398.79 万人次,同比增长 20.6%。其中,轨道交通客运量 35.72 亿人次,公共汽(电)车客运量 14.95 亿人次。随着经济社会的不断发展和进步,公共汽(电)车也形成了新的特点和亮点。

公交线网不断优化,全市公交平均线路长度从 2013 年的 19.1km 下降至 2019 年的

15.7km,并保持下降趋势;同时,公交出行效率不断提高,2020 年,公交专用道高峰时段中心城区行程车速 15 ~17km/h,较 2015 年提升 13% ~15%。

除了传统的公共汽车外,上海还具有悠久的无轨电车发展历史,近年来还开通运营了 71 路、奉浦快线、松江有轨电车等多模式公交线路,以及在沪宜公路设置第一条合乘车道(HOV)。

上海公共交通设施比较人性化,2019 年有 4079 辆低地板无障碍公交车,占全市公交车总数 23%。上海公共交通出行信息化服务水平逐步提高,出行信息服务手段推陈出新。2020 年,公交线路中途站实时到站信息预报服务在浦西中心城全覆盖,完善公交车时时到站信息预报服务,2020 年,中心城区 5639 块预报屏(含墨水屏 3866 块)信息预报准确率 94%。同时,出行支付手段更多元,地面公交、轨道交通、轮渡实现电子支付全覆盖,2020 年正式上线试运行"上海停车"App、"申程出行"App。

(3)深圳市。

2010 年 11 月,交通运输部与深圳市人民政府签署合作框架协议,共建全国首个"公交都市"示范城市。近年来,深圳坚持公交优先发展理念,综合运用"交通供给、交通需求、交通引领"三大策略,实施"九大工程",全面提升公共交通的"规划—建设—运行—管理—服务—应急"体系能力,现已基本形成了"轨道交通为骨架、常规公交为网络、出租车为补充、慢行交通为延伸"的多层次公共交通体系。

在管理模式上,深圳市积极推进体制改革,率先建立大交通管理体制,成立了深圳市交通运输委员会,统筹全市交通运输管理工作。还将城市交通管理职责全面纳入大交通管理体系,实现城市公共交通从分散管理向专业化、集中化管理转变,从纵向分割管理向一体化纵向整合管理转变,从特区内外二元化管理向全市一体化管理转变。

深圳市公交优先发展有两个突出特点。一是突出规划引领作用,形成全方位的规划体系。深圳市曾编制并出台了《深圳市城市交通白皮书》《深圳市公共交通总体规划》等交通规划文件,同时编制了公交都市系列专项规划、片区交通综合改善规划、枢纽节点改善规划、重要通道详细规划等。二是注重规范的编制和应用,并为此出台了《深圳经济特区道路交通安全管理条例》《停车收费管理政策及实施方案》,编制了《公交专用道设置规范》《公交中途停靠站设置规范》《公交场站建设标准指引》《片区交通专项规划编制指引》《道路交通设施设置标准及规范研究》《深圳市道路建设地方标准研究》等一系列标准规范。

截至 2021 年 12 月,深圳市公交运营线路总长度 21089.06km,全市公共交通分担率达 60.4%。实有公共汽(电)车营运车辆 37379 辆,比上年下降 2.6%。其中,公共汽车 16252 辆,下降 4.4%。全年公共汽(电)车客运总量 14.22 亿人次,增长 3.0%。建成轨道交通运营线路长度 431km,同比增加 8.4km。轨道交通线路 13 条,轨道交通客运总量 21.86 亿人次,同比增长 34.1%,有效提升了公共交通的竞争力。

在多元公交服务体系方面,深圳市不断改善公交软硬件设施水平,开行了社区微巴、高峰线、口岸线、假日线、旅游线、预约类公交等多品种公交,满足不同层次的出行需求。同时,还积极开展全国一卡通互联互通、银联 IC 卡/扫码乘车、安装无障碍设施、设置电子站牌等便民工作,实现深圳公交从"规模增长"向"品质提升"的转变。

此外,深圳借鉴香港、新加坡等城市及国家经验,在全国率先探索"轨道—公交—慢行"

三网融合发展模式，打造“一公里步行、三公里自行车、五公里公交、长距离轨道为主”的一体化公共交通体系。

(4)杭州市。

2012 年，交通运输部启动了国家公交都市建设示范创建工程，杭州市在 2013 年通过申请并经交通运输部批准后，成为第二批国家公交都市建设示范创建工程城市之一。

公交都市建设示范创建期内，杭州稳步推进公交都市创建“十大工程”建设，公共交通发展的质量和水平得到了较大提升，城市交通转型态势良好。

杭州市通过健全完善政策规划体系、全面发力基础设施建设、着力强化交通管理措施、大力推进智慧交通发展、全面推广文明交通行动等多项举措，明显改变了城市交通出行结构。

杭州市用了八年时间来调整交通运行格局，极大地改变了大众出行方式，公交出行分担率已从 2010 年的 20% 提升到 2018 年的 61.87%；轨道交通、公共汽(电)车、公共自行车和水上巴士“四位一体”的城市公共交通体系不断完善，轨道交通日均客流量也从不足 30 万人次增长至目前的 150 万人次；累计新辟公交线路 177 条、优化线路 430 条次；新增及更新公交车辆 4030 辆，主城区除 18mBRT 外，全部为绿色公交车辆；公共自行车车辆数 9.96 万辆，服务点 3925 处，所有站点均提供 24h 服务；5 条水上巴士线路彰显杭州特色。

伴随着持续的投入和改建，杭州市公交服务加快优化，城市公交服务水平明显提升，2018 年市民对城市公交的满意度已达 87.7%。截至 2021 年 4 月，《中国城市地面公交服务评价研究》显示，杭州公交的各项指标均处于较高水平，其运营能力、城市公共交通站点 500m 覆盖率、公共汽(电)车进场率、可持续发展力高居第一，万人公共汽(电)车保有量、安全保障、生态公交、科技创新等指标名列前茅。在公交都市创建取得明显成效的同时，城市交通拥堵也得到明显缓解，根据《2021 年度中国城市交通报告》，杭州的交通拥堵排名从 2013 年的全国前 3 位，下降到 2021 年二季度的第 19 位。

1.1.2 国外公交都市发展理念及实践案例

“公交都市”(The Transit Metropolis)一词，最先由美国著名交通专家罗伯特·瑟夫洛在其著作《公交都市》中提出。“公交都市”是为应对小汽车高速增长和交通拥堵所采取的一项城市战略，指一个公共交通服务与城市形态和谐发展的区域，倡导城市公共交通主动引导城市发展，强调城市公共交通与城市人居、环境、结构功能、空间布局默契协调、共存共促。

(1)公交都市建设理念。

①紧凑城市，使 70% 的人口居住和就业集聚在公交走廊两侧。

②模式多元，形成“轨道交通为骨架、常规公交为网络、出租车为补充、慢行交通为延伸”的一体化都市公交体系。

③统筹衔接，实现地下和地面交通、大容量和中低运量交通、机动化和非机动化交通的有机结合和有效衔接。

④空间提升，集成轨道、公交、慢行系统及交通环境等要素，打造安全、畅达、绿色的交通空间，提高市民出行品质。

⑤实现交通与城市、经济、生活和谐共生。

公交都市的共同特点为:具有高达 60% 及以上的公交分担率;以高、快速路引导产业布局、以快速公交走廊引导人居集聚,以公交车站打造城市开发中心;采取全方位的公交优先政策(如财政补贴、公共交通换乘优惠、公交专用道等),保证公共交通的优先发展;采取包括限制小汽车过快发展、引导小汽车合理使用的需求管理措施。

(2)公交都市建设三大策略。

①交通引领策略,以"双快"体系(高快速路和快速公交)引导城市发展。一是以公交走廊作为城市发展的轴线,促进人口居住和就业沿公交走廊两侧集聚,构建最佳"居住地 + 公交走廊 + 就业地"出行组合,使 70% 的公交出行集中在公交走廊两侧,实现紧凑型城市发展。二是以车站作为城市的开发中心,在公交车站周边区域进行居住、商业、办公、公共设施等土地的高强度混合开发,实现城市精明增长。

②交通供给策略。通过持续基建,建设道路交通、轨道交通和枢纽场站系统,形成发达的公交体系。

③需求管理策略。通过实施"推(即对小汽车限制拥有和调节使用)、拉(即优先发展公共交通)"的策略,推动交通出行从小汽车出行转向公共交通出行。

国外许多国家都非常重视城市公共交通的发展,城市发展之初就制订了以公交为导向的发展策略,大多是通过加强公共交通与土地资源的有效利用,协调发展;不断地对公共交通进行合理规划,建立以公共交通为导向的城市公交体系。

下面将介绍几个以"公交都市"而闻名的国家或城市,通过分析其发展历程及经验,以期更好地促进我国城市公共交通的发展。

1.1.2.1　新加坡

新加坡公共交通系统以快速轨道交通为骨干,常规公交为主体,出租车为补充,实现了一体化、高效化、信息化、安全化的运行模式,创造了独具特色的"狮城公交文化"。其中,常规公交以巴士为运载工具,线网为组织结构,车站为运转节点,运营为功能保障,形成整体、有序的系统。

(1)内外整合,突出节约与集约。

新加坡公交系统整合既包括常规公交系统自身的整合,也包括与公共交通系统其他部分的整合,而常规公交与小汽车交通之间的出行时间竞争是系统内部整合的推动力。长期以来,新加坡力求不断减少巴士出行的耗时,重点关注常规公交与轨道交通的整合,并不断完善。在换乘设计中,充分考虑步行、等候等因素,力求换乘的便捷性、舒适性和安全性,实现了公共交通与城市用地的集约发展。

(2)以人为本,关注细节设计。

新加坡常规公交系统,无论是车辆、线网,还是车站,始终关注以人为本、以人为核心。巴士车辆充分体现了人性化设计理念。常规公交线路种类多样、功能各异,用于满足乘客的不同需求。新加坡常规公交站点的设计也是人性化十足,设置详细路线信息和地名索引信息方便居民选择乘车路线;设置防撞路杆以确保候车乘客的安全;候车区大都连接残疾人步道,保障残疾乘客顺利进出。

(3)科技支撑,实现智能与高效。

新加坡利用现代高科技来确保常规公交系统的高效、实时和动态的全方位服务。新加坡常规公交系统为乘客提供了准确、及时的出行信息，两大公交运营机构均提供了用户友好的信息发布平台，乘客可方便得到线路运行时刻、票价调整等信息。新加坡非常注重常规公交系统的信息化改造，具体包括升级巴士自动调度系统、完善乘客客户端系统、设立触摸式电子公告牌等。

(4)政府主导，强调协调与制约。

新加坡常规公交的运行模式是多机构合作、多层次参与和一体化发展。新加坡交通部作为政府部门，负责宏观的发展规划和战略制订，以及公共基础设施的设计和建设。新加坡陆路交通管理局作为法定管理机构，负责具体规划和政策制订。新捷运与新加坡大众快速交通作为运营机构，负责政策的实施、系统的营运和维护。在运行过程中，政府与私营公司是互相放权、互相制约的关系。

(5)环境友好，注重节能与减排。

新加坡是国际上著名的花园城市，政府极其重视环境保护。以公共交通为导向的土地开发模式使新加坡更加重视公交工具对环境的影响。目前，新加坡已逐步更新巴士车辆为混合动力系统，以节约燃油并减少有害气体的排放。此外，新加坡对小汽车采取严格限制的措施，如采用电子道路收费系统收取"车辆占路费"、征收昂贵的"拥车证"费等。这些在小汽车中增收的费用又反馈于公共交通的发展，使公共交通在与小汽车交通的竞争中此消彼长，在集约交通资源的同时，也保护了环境。

1.1.2.2 悉尼

悉尼是澳大利亚新南威尔士州的首府，也是澳大利亚人口最稠密的城市。在过去的50年中，悉尼与其他多数发达国家的城市一样，交通的增长主要源于私人小汽车的快速发展。但是，悉尼周边环有太平洋、河流以及许多山脉，城市化并不能无休止地扩张，私人小汽车的过度发展不一定带来出行机动性的提高，因此，越来越多地提倡发展公共交通系统。

悉尼的公共交通系统主要由城郊铁路、公共汽车、轮渡和轻轨构成。悉尼没有真正意义上的地铁，取而代之的是双层火车，这和世界上其他大都市有很大不同。据统计，工作日各种出行方式中，小汽车占70%、公共交通占11%、步行或自行车方式占19%；非工作日，小汽车使用比例增至近80%，公共交通方式降至4%左右。但是，工作日到悉尼中心商务区的通勤出行方式中，公共交通占到72%左右。

在公交运营方面，悉尼公共交通线路由国营悉尼巴士公司和民营的科尼克斯等六家公司经营。国营悉尼巴士公司运营的线路有330条，旗下运行车辆达5036辆，其中大部分有空调，部分为清洁能源车型。民营巴士公司运营线路180条。国营悉尼巴士公司主要运行内城区和东部市区路线，这些区域客流较大，可以保持总体盈利；外城区和部分跨区域公共交通线路则由几家民营公司运行。

在票价方面，城郊铁路、国营公共汽车都有通用票务优惠措施，如可购买每日17澳元的公共交通通票，当日无限制乘坐；持有州有关部门颁发的退休证者，每日花费2.5澳元就可享受公交通票。

1.1.2.3 首尔

自2004年起，韩国首都汉城(现首尔)开始实施全面系统的公共交通改革。在改革过程中，政府收回公共交通线路、服务标准、运营计划等决策权，保留私人公共交通公司，实现了公共交通规制政策的重大转变。构建起以“线路连接为导向的公共交通系统”，形成一个以干线为主要客流通道、支线连接城市内外各个区域，换乘枢纽作为衔接点的高效便捷的四层级线网结构。同时引进了整合公共交通和地铁服务的统一协调的票价结构，由一票一乘制改为一票多乘制，允许在公共交通线路之间以及地铁与公共交通之间免费换乘。此外，还建立了一套全新的公共交通管理信息系统，并为每一辆巴士配备了全球定位系统。其中，构建了以线路连接为导向的公共交通系统，能够发挥具有战略地位的交通走廊网络的作用，是其公共交通改革的重要措施，具体包括以下方面。

(1)全面调整公共交通线网。

分批对首尔市所有公共交通线路进行了重新规划设计和编码，使公共交通线路从号码和标色上就可以知道其大致的走向。首尔市的公共交通线路具体分为四类：蓝线、绿线、红线、黄线，分别为市区主干线、支线、市郊快线与市内环线。另外，首尔市公共交通线路每年可调整 4 次，线路调整必须获得专门的线路审查机构的同意。

(2)建设中央式公共交通专用道。

设置中央式公共交通专用道是首尔市公共交通改革成功的关键之一。政府规定，凡单向三车道以上、公共交通车辆流量达到 150 辆/h 以上的，需规划建设中央公共交通专用道。截至 2021 年，该中央公共交通专用道已达到了 191.2km，覆盖 16 个客运通道。此外，为确保专用道制度实施，首尔市制订相应法律规定并严格执法。首尔市所有公共交通专用道都安装了电子监视系统，对违反“专用专线”的车辆进行违规罚款。

1.1.2.4　库里蒂巴

巴西第三大城市库里蒂巴，是巴西小汽车拥有率最高的城市，也是巴西公共交通使用率最高的城市。

在公交规划管理方面，库里蒂巴注重规划先行，其快速公共交通系统是交通建设与城市规划良好结合的最佳范例。

在政策鼓励方面，巴西政府采取了公共交通优先的财政支持政策、市民乘车优惠政策、合理的停车对策等，以提高公共交通吸引力。

在库里蒂巴市区，限定停车位设置使停车位数量非常有限且价格昂贵，有效地限制了人们驾车进入市区，为发展公共交通提供了有力的政策支持。

库里蒂巴的公共交通系统以土地利用、道路系统和公共交通三个要素的关系作为公共交通系统乃至整个综合交通系统发展的基础，在这一基础形成的一体化公交系统为库里蒂巴提供了一种灵活、有效、低花费的交通解决方案。

自 20 世纪中期起，库里蒂巴就将公共交通纳入城市总体发展规划，做到规划优先，将公共交通发展与城市建设综合考虑，建立并完善高效的公共交通系统，并在整个交通系统中贯彻公共交通优先的原则。库里蒂巴规划方案确定的沿主要轴线交通走廊进行高密度综合开发，以及优先发展公共交通的政策是形成库里蒂巴以公共交通为导向的城市发展模式的主要原因。

到了 20 世纪中后期，库里蒂巴一体化交通系统理念初步形成，以市中心为起点，向市区以外各方向辐射的城市公共交通动脉网逐渐形成。

在20世纪后期,库里蒂巴在各主要交通枢纽之间开行了快速中巴,还开通了区间线,同时,主干道与区间线路也逐渐形成了集中公交网络。

进入21世纪初期,库里蒂巴在原有放射状公交网络的基础上,建成了以公交优先为主的环城高速路。自此,库里蒂巴一体化公交系统大体形成。

1.1.2.5 慕尼黑

德国的慕尼黑市在已有的有轨电车和巴士为主的公交系统上扩展了郊区到内城的通勤轻轨线路和内城地铁系统。公共交通的运营机构MVV随后建立,引进了一套整合的时刻表和票价系统。同时,最新的通信手段被运用于交通控制系统,大大地提高了交通运行效率。

现在,慕尼黑已提供一系列完善的公共交通出行选择;地铁、轻轨、有轨电车、无轨电车和巴士。郊区到内城的通勤轻轨线路和内城地铁不仅承担了几乎所有长途的公交服务,在中距离的高峰交通路线上也日益承担了更多的服务。郊区到内城的通勤轻轨线路系统在城市周边地区和内城中心区之间建立了重要的联系。内城地铁主要是在内城范围内各区域间提供高速直通的交通服务。巴士和无轨电车则主要起到一个将乘客运送到各轨道交通站点的联结作用。城市边缘地区少量的公交服务,则是由区域巴士来完成。

公共交通的扩展伴随着配套服务体系的不断完善。在慕尼黑,公交线路、公交站点、时刻表和自动售票点都很好地整合在一起,大大地减少了换乘的平均时间。有轨电车通过改进轨道和推出新机型赋予了新的形象。在混合交通中,公共交通在交通信号和交通法规上都给予了优先权。许多车站站点都进行了翻新,而且通过无障碍设计,残疾人无须旁人帮助就可以方便地享有便捷的公共交通服务。

完善的小汽车与轨道交通间的换乘设施建设与服务也被认为是吸引郊区市民转向公共交通的关键策略。为尽可能吸引轨道交通客流,慕尼黑市在郊区车站周边提供大量停车位来鼓励居民换乘。这种小汽车换乘策略,大约减少了10%进入城区的小汽车交通量。同时,自行车换乘被用来服务于另外的一部分郊区居民。此外,慕尼黑还将出台一个自行车租赁计划,在各个车站旁提供约2000辆自行车来鼓励自行车换乘。

在票制、票价制订方面,MVV建立起了统一整合的车票系统,并为年票和月票提供了很大的折扣,同时提供了个性化的时刻表、路线和车票信息。

1.2 智能公交系统

1.2.1 智能公交系统简介

先进的公共交通系统(Advanced Public Transportation System,简称APTS)或称智能公交系统,致力于解决城市公共交通系统中的各种问题,是智能运输系统(Intelligent Transportation System,简称ITS)中的重要内容之一。其主要目标是:利用有限的公交资源,为公众提供准时的交通运营服务和实时的交通信息服务;改善公交运营线路和时间表,不断提高服务质量;使运营公司提高效率,取得良好的经济效益和社会效益。

为了实现上述目标,必须解决以下问题:随时了解公交车辆的运行状况,包括行驶线路、地理位置、即将到站、乘客数量、时间偏差等信息；调度人员与司乘人员良好的通信渠道，使调度人员随时了解司乘人员的需求，并可及时向所有或部分司乘人员发布指令，对运营服务进行相关调整；为公众提供交通信息，如车辆运营线路、实时交通状况、车辆到站时间、换乘信息等。

根据 APTS 所要达到的目标和所要解决的问题，应该实现车辆自动定位、交通信息的收集和发布两大主体功能，并在相应的通信与电子系统及计算机软件的支撑下完成。具体来说，在智能公交系统中，主要由车载子系统、控制中心、车站显示子系统以及通信子系统构成。

1.2.2　车载子系统

车载系统是 APTS 的主体。公交车辆既是乘客的运载体，又是交通信息的收集体。为了使控制中心能够动态、实时地获取每个车辆的运行位置和运行状态，车载子系统需首先实现自身的精确定位，并通过适当的通信渠道与控制中心进行数据和语音通信，同时，还要求为乘客提供方便实时的交通信息，如交通信息指南、电子收费等。为此，车载子系统应该包括导航定位功能模块、通信功能模块、车载计算机、信息显示模块、电子收费与乘客计数模块。

(1)导航定位功能模块。

导航定位模块实现的主要功能是运行车辆的实时精确定位。随着科学技术的不断发展，定位的方法和手段越来越多，最常用的有惯性导航系统和全球定位系统(Global Positioning System，简称 GPS)。由于惯性导航系统成本太高且定位误差随时间而增大，而应用 GPS 技术成本低廉、精度较高，因而，GPS 是目前车载导航定位系统的理想选择。

由于城市中高大建筑物对 GPS 卫星信号的遮挡作用，因此移动车辆有时可能无法被正常定位所需的至少 4 颗 GPS 卫星同时观察到，严重影响定位精度。为了弥补这一缺陷，当前利用车辆里程仪或外加的车轮传感器构成航位推算系统(Dead Reckoning，简称 DR)，组成 GPS/DR 组合定位系统。当 GPS 无法提供正常定位信号时，由 DR 在短期内完成定位功能。有条件时，还可以结合数字化城市地图进行地图匹配算法，以确保导航定位模块所提供的车辆位置严格处在交通运营线路上，为指挥中心的指挥和调度提供直观明了的信息。

(2)通信功能模块。

在智能公交系统中，移动车辆与控制中心通过无线通信系统相互进行信息交换。通信系统的功能有两个：首先，将车辆信息传送到控制中心，如车辆编号、行驶路线、地理位置、运行速度、乘客人数、交通状况；其次，接收来自控制中心的信息，包括差分修正信息、控制中心发来的市内交通状况信息以及调度命令，其中，差分信息传送到车载计算机进行相应的定位计算，而交通状况信息则通过车内显示系统提供给乘客。为了满足特种情况需求，车载通信模块应可根据驾驶员或控制中心的指令，在数据通信模式与语音通信模式之间相互转换。

(3)车载计算机。

车载计算机在 GPS 的时间同步下，负责管理通信功能模块按照通信协议与控制中心的通信，完成导航定位计算，进行各种交通信息的收集、发布与显示工作，并控制车载子系统其他部件，使其协同工作。具体功能包括导航定位计算功能、通信模块管理功能、提供城市交通信息和安全车上服务等。

(4)信息显示模块。

传统的汽车信息显示系统是机械式仪表盘加报警功能的显示系统。这种显示系统只能向驾驶员提供车速、累计里程、温度以及利用灯光显示汽车左、右转向及倒车的相关信息。目前的新型汽车信息显示系统由车况监测部件、车载计算机和电子仪表三部分组成。

汽车车况监测系统,通过液位、压力、温度、灯光等传感器,监测发动机、制动系统、电源系统以及灯光的工作状况。车载计算机提供安全性、燃油经济性及乘坐舒适性的信息,如平均油耗、瞬时油耗、平均车速、可行驶里程、驾驶时间、时钟和温度等,这些信息在不需要时则不显示,只要驾驶员按下相关按键即可调出。而对于驾驶员需要的基本操作信息,只要打开电源,即可在电子仪表上进行连续的信息显示。

随着电子技术的发展和高科技电子技术在汽车上的应用,未来汽车信息显示功能将大大拓宽。例如,带电子控制单元(Electronic Control Unit,ECU)的汽车仪表智能化能指示安全系统运行状态,如轮胎气压、制动装置、安全气囊、电子安全带等,这些信号传输形式,将不再是简单的开关接通和断开的直流信号,而是包含了反映这些安全装置工作状态较多信息的调制信号,供 ECU 读取,以便使 ECU 能准确地综合判断这些安全装置的工作状态,并作出故障诊断,给出故障显示,以提醒驾驶员,或告知维修人员排除故障。

同时,未来的汽车信息显示系统还将防盗系统纳入汽车信息系统 ECU 的控制之下。如车门、行李舱等处的防盗锁指纹识别开启系统、防撬振动报警装置、防盗点火锁起动装置以及电子地图显示导航系统等均成为汽车信息显示的主要内容,为驾驶员提供全方位的实时信息服务。

(5)电子收费与乘客计数模块。

该模块主要用于公共交通车辆。

电子收费系统以非接触式 IC 卡为载体,以各种 IC 卡读写机具设备为核心,以计算机、网络和应用软件为支撑,为公交企业建立的一套完整、安全、可靠的公交 IC 卡运营数据生成、采集、存储、统计、分析、查询于一体的准金融电子消费体系。

乘客计数功能由客流传感器、远程通信器、门信号开关组成,通过 RS232 接口可将所统计的客流数据与第三方设备(GPS 车载终端、POS 终端、硬盘录像机等)进行实时的数据交换,可使第三方设备在原有功能基础上增加客流量统计功能。

公交客流信息采集对公交公司的运营管理、科学调度有着重大的意义,通过对公交车辆的乘客上下车人数、上下车时间、相应站点等数据统计,真实地记录各时间、各区段的上下客流情况,获得随时间变化的客流、满载率、平均运距等一系列指标数据,从而为科学合理地安排调度车辆、优化公交线路提供第一手资料。同时,还可以与智能公交系统接口,实时地将客流信息传输到公交调度中心,使管理者掌握公交车辆的载客情况,为科学调度提供依据。另外,还可以全面如实地反映公交车辆的实际载客人数,避免超载,方便票款的核对,提高公交的收益水平,避免票款丢失。

1.2.3 控制中心

控制中心主要负责生成并发布调度命令和交通信息,其配置包括设置 GPS 差分台、信息服务中心、地理信息显示系统以及调度系统。

(1)GPS 差分台。

采用差分技术,可以去除 GPS 信号传播中的共性误差和干扰信号,从而提高定位精度。其基本方法是,事先精确测定某一基准地点的 GPS 天线所在的地理位置,然后根据接收机提供的当地位置计算位置误差,并将这一误差值通过数据电台实时地发送到各移动车辆,由车载定位模块在计算其位置时予以补偿。

(2)信息服务中心。

信息服务中心负责汇总从各个移动车辆收集到的实时交通信息,经过对这些零散的信息进行分类处理加工后,再发送到公交车辆和车站显示系统,为公众服务。另一方面,信息服务中心要通过对历史情况的总结,分析当地公交运输特点,并对不同时间、不同线路、不同区域的交通情况进行预测,为优化公交线路提供可信的基本资料。同时,还要对实时交通情况进行监测,为临时调度决策服务。

(3)地理信息显示系统。

地理信息显示系统是控制为了获取、储存、显示、查询公交车辆定位数据而建立的计算机数据库管理系统,可将所需要的信息和资料直观、形象地在电子地图上以图形或表格的形式显示出来,并能将空间信息与属性信息的处理完美结合起来,以直观的方式显示车辆的位置、状态等信息。

电子地图应采用矢量方式,完成的功能主要包括:

①对所有公交移动目标进行实时动态显示;

②对任意指定区域的车辆进行查询,可根据需要显示相关信息;

③实时跟踪并显示一个或多个目标的车号、当前地理位置、车辆状态等信息,并可提取相应的线路信息、驾驶员信息和车站信息;

④根据需要,对地图进行任意比例尺的放大、缩小和移动显示;

⑤可查询、显示市区公路、铁路、街道、立交桥、地名、机关单位等特定目标的位置及信息;

⑥可进行公交线路查询及乘车指南问询;

⑦对运营路线及其周围街区、路线、公共设施进行选定查询。

(4)调度系统。

调度系统在信息服务中心和地理信息显示系统的支持下完成对车队的日常管理维护、公交线路的规划、公交信息的发布和对公交车队的指挥工作。调度系统包括以下六大功能:调度基本信息管理、编制车辆调度计划、编制劳动配班计划、编制司售排班计划、查询与统计分析、系统管理。

调度基本信息管理功能负责对与调度相关的车辆、人员、劳动法规等调度基本数据进行录入、修改、删除等,它是编制调度计划的基础。

为了提供计划编制工作更大的灵活性,系统允许用户根据本次计划编制的需要调整部分调度基础数据,然后依据调整后的数据编制优化的车辆调度计划、劳动配班计划、司售排班计划。上述三个调度计划编制功能应按有先后关联次序依次展开。相应的优化方案的生成过程是系统的核心功能,一般有特定的智能优化调度算法来实现的。

查询与统计分析功能负责对调度基本信息以及调度方案进行多角度、多方位的查询和统计,特别是对调度计划方案中的各种车辆和驾驶员运营指标数据进行统计分析,这将有助于用户对方案进行定量评价,为领导决策提供依据。

系统管理功能是负责对用户权限进行设置和管理,并记录用户使用日志,以增强系统的安全性。

1.2.4 车站显示子系统

车站显示系统是 APTS 对信息服务的扩展,通过电子站牌和公交线路查询装置来为公众提供公交信息服务。它通过接收控制中心的信息,显示即将到站的车次、到站时间、开车时间、乘客人数、运营线路、起终点时刻以及运营时刻表,是对传统站牌的技术更新和功能拓展。

公交电子站牌作为面向公众的信息化窗口,主要具备公交信息的收发及显示功能,在智能公交系统中起着上传下达的作用。其总体功能设计如下。

(1)公交车载信息的采集与转发。

公交电子站牌依靠内嵌的 ZigBee 模块不断向周围区域发送无线信号,当有公交车辆驶入该区域内时,公交电子站牌就会与其建立网络连接,通过无线通信传输采集公交车载模块中所存储的公交信息。由站牌内与 ZigBee 模块相连的嵌入式设备将采集到的数据进行进一步的处理和显示,在原有数据的基础上增加公交车辆的到站时间等信息,然后将数据重新打包再通过 ZigBee 模块转发给下一个电子站牌。以此类推,实现沿途各站点对当前公交车位置的显示及到站时间预测,最终通过终点站牌所配备的以太网口将公交车载信息上传至调度中心。

(2)公交相关信息的发布。

公交电子站牌除了要告知乘客公交的始末车时间、行驶路线及方向、线路站点名称、票价等基本信息外,还需要将公交车辆的运行状态实时地呈现出来。

由于公交线路错综复杂,不可避免地会存在多条线路共用同一公交站点的情况,因此,通过 LED 屏幕滚动显示每条线路上距离本站最近的公交车辆的到达时间预测信息和载客状况,亦可将各条线路上的车辆到站预估时间单独显示在每条公交线路的前侧。

同时,为避免显示信息过多而造成信息冗杂、时延过长,不利于乘客及时获取,可在站牌的每条公交线路上方设置 LED 条形灯,用于动态显示线路上的所有公交车辆的当前位置,使乘客一目了然。

(3)智能公交查询。

智能公交查询的目的是为公众的出行提供准确、及时、优化的公交信息服务。该项服务应完成的功能包括:

①对经过当前站点的所有公交车辆的运行线路、换乘信息及运营时刻表进行查询;

②基于站点的公共交通信息查询;

③基于公交线路的车辆运营、换乘信息及运营时刻表查询;

④基于起讫点的公交出行指导方案查询;

⑤基本地理信息查询等。

智能公交查询系统的设计包括前端系统功能与后台功能两大模块。

前端系统功能模块是针对普通乘客而言的,主要为乘客提供线路查询功能、站点查询功能、换乘查询功能、留言功能、查看新闻公告功能和管理员登录功能。

后台功能模块是针对系统管理员的,主要为管理员提供线路管理、留言管理和新闻公告管理功能。

1.2.5　通信子系统

在智能公交系统当中,通信子系统的应用目的是提升系统的应用性,以便于更高效地提高公交服务的质量。其主要是将传感器技术、数据信息通信技术应用于系统中。在智能公交系统的其他子系统中也能看到通信技术的应用,如上面提到的车载子系统、控制中心以及车站显示子系统等。通信子系统在这些系统中的作用是不可忽视的,显然,要真正实现公交系统的智能化,首先就要根据需求建立信息通信系统,将各个子系统有效地衔接起来,进行信息传输。

下面将介绍一种在智能公交系统中应用最为广泛的信息通信技术—ZigBee 通信技术。

ZigBee 通信技术是一种特征十分鲜明的双向无线通信技术,不仅能在成本低、功耗低、速率低、距离短的各类型电子设备之间完成数据信息传递,更能开展间歇性数据、周期性数据和低反应时间数据的有效传输。

ZigBee 技术在智能公交系统中的应用,能有效提升系统对公交车运行情况监测的有效性,能为优化公交车调度和提升公交车服务能力奠定良好基础。比如,以"ZigBee 技术 + 数字移动通信技术"构建无线传输网络,实现对公交车到站、离站时间的有效监测和日常运行信息的即时采集,并将所有数据信息一并发送至监控平台,为优化公交资源配置提供依据。

在实践中,为了能准确了解交通运行情况,相关工作人员可以为公交车和站台安装感应器,基于传感技术、计算机技术和无线通信技术,实现对车辆情况和进站距离的有效捕获,使终端得以获取有效数据,为乘客、驾驶员和管理者了解车辆运行情况。

此外,智能公交电子站牌信息系统也是 ZigBee 技术的应用成果,这一系统既可以为候车乘客提供公交车到站和运行信息,又能播放交通政策、天气预报等有助于改善乘客生活质量的视频或文字,具有极强的服务能力。

1.2.6　公交大数据云平台搭建

虽说上述传统智能公交系统的组成很完备,但是在实际落地的时候,相关技术必须要通过人工辅助来完成才能达到公交运行智能化的目的。显然,在智能公交系统这一方面,我国还存在一定的发展空间。

近年来,互联网和信息技术的快速发展,"互联网 +"成为新常态下创新驱动发展的基本模式,各大互联网企业关于智慧城市的创新实践以及各大数据平台的研发极大地支撑了公交智能化发展。随着智慧城市概念的提出,城市公共设施建设和城市信息化建设的投入力度越来越大,而城市的智慧公交平台,是智慧城市不可或缺的重要组成部分。目前,传统的城市公交系统存在着候车时间长、服务水平低及管理水平落后等各种问题。为了解决公共交通所面临的等车难、乘车难、行车难等问题,百度、高德等互联网公司相继设计了基于大数据的智慧公交出行云平台。平台通过对公交车辆海量即时信息和大量用户应用信息进行收集、存储,构建算法模型,为城市公共交通智能化提供大数据建模分析平台,并集信息采集、智能调度、信息发布等多种功能于一体。平台的搭建可以很大程度地改善交通需求的传统特性、优化公交调度手段、提高公交运营效率、增加公交城市交通分摊率和吸引力,使乘客对公交系统的满意度和接受度大大提高。智慧公交出行云平台主要包括智慧公交管理平台以及智慧公交手机 App 两部分。

(1)智慧公交管理平台。

智慧公交管理平台主要包括 6 个功能模块:公交站点管理、公交线路管理、公交 GPS 数据管理、信息推送、报表统计分析、系统管理。

(2)智慧公交手机 App。

智慧公交手机 App 主要包括 3 个功能模块:公交线路查询、公交站点查询、接收管理平台推送的信息。

1.3 国内外公交研究

1.3.1 常规公交系统研究体系

公交运营的优化一般分为四个基本过程,通常按以下顺序进行:线网设计优化、时刻表优化、行车计划优化编制、司售人员排班。其中,前一过程的输出将成为后续过程的重要输入,后续过程的决策也会影响到前面过程的决策,两者相互影响。为了最大限度地发挥公交系统的能力,以使其运力和效率最大化,因而可能会并行处理上述的四个过程。有时又因反馈过程的需要,这四个过程也会循环执行,但是,以并行或循环的方式处理较大型网络时,过程会非常繁杂,因此,最好还是根据各环节的顺序关系,独立处理各个过程。

1.3.1.1 线网优化

公交线网设计问题(Transit Route Network Design Problem,简称 TRNDP)是公交规划体系中的基础工作,也是首要任务,只有在对线网进行优化布设后,才能针对各线路进行时刻表编制,进而才可实行后期的行车计划优化与司售人员排班。

传统的公交线网设计常基于经验进行,需要规划者有较丰富的专业背景和专业知识,因而其决策支持作用有很大的局限性。而公交线网设计优化是在一定的约束条件下,通过建立合理的优化模型和设计有效的优化算法,以制订科学合理的线网结构,达到提高公交系统的运行效率的目的。

20 世纪 60 年代以来,陆续有学者开始应用分析模型研究公交线网设计问题,已有的大多数文献可按出行需求是否固定分为固定出行需求下的线网优化和非固定出行需求下的线网优化两大类。Fan 和 Machemehl(2004 年、2006 年)假设出行需求固定,并分别采用遗传算法和模拟退火算法进行优化求解。Zhao 和 Zeng(2007 年)基于固定出行需求,并从乘客出行与运营商利益两方面出发,以二者之和作为目标函数。Fan 和 Machemehl(2006 年、2008 年)均考虑了出行需求随公交服务水平发生变化,并分别利用遗传算法和局部搜索算法进行求解。

大多数文献关于公交线网优化目标的研究主要集中在提升运营服务和提高经济效益两

个方面。这两方面优化目标具体又可以细分为:乘客换乘次数最小化、乘客出行时间最小化、运营商成本最小化、客运量最大化、乘客与运营商总成本最小化和提高公交网络可靠性等。例如:Yao 等(2014 年)提出了一种考虑行程时间可靠性的公交线网设计方法,通过建立一个鲁棒优化模型后采用禁忌搜索算法对模型进行优化,提高了公交网络的可靠性。Szeto 和 Jiang(2014 年)考虑了乘客换乘次数提出了一个双层规划模型,其中,上层模型为一个混合整数非线性规划,目标是最小化乘客换乘次数;下层模型为有容量约束的公交分配问题,并采用混合人工蜂群算法对该双层规划模型进行优化求解,减小了整个公交网络中乘客换乘次数。柳伍生等(2018 年)采用线路行程时间的标准差来衡量行程时间的不确定性,构建了乘客总出行时间最短和公交公司运营成本最小化的公交线网优化模型,并使用贪婪算法及蚁群算法对模型进行优化求解,从而得到最优公交网络。沈显庆和崔保峰(2016 年)提出了一种模拟退火改进蚁群算法用以公交线网设计,从而避免了基本的蚁群算法设计公交线网时出现的过早收敛和局部寻优等问题。张莉等(2016 年)以传统的加权复杂网络为基础,建立了一种多重权重复杂网络模型,并采用 Lorenz 混沌系统进行数值仿真,讨论了整个公交线网的平衡性问题。俞礼军和梁明苹(2016 年)提出了一种考虑相邻线路的换乘的公交线网设计方法,通过建立以发车频率为基本决策变量,以运输系统总成本之和最小为目标的整数非线性规划模型后,采用改进模拟退火算法对模型进行优化求解,消除了不同线路有大量重复站点现象。Nayeem 等(2014 年)提出了一个基于人口数量的优化模型,该模型的优化目标包括有满意乘客数最大化、总换乘次数和乘客的总出行时间最小化,并采用遗传算法来优化模型。Yu 等(2012 年)将公交线网设计问题分为三个阶段,即线路框架设计、主要线路设计和支线设计,提出了一个基于出行者密度的模型。该模型在考虑资源约束条件下可最大化满足需求密度,并采用蚁群优化算法来优化该模型。

1.3.1.2　时刻表优化

在对公交线网进行了优化设计后,公交规划过程中第二阶段的内容即为公交时刻表的优化编制。公交时刻表的编制不仅是公共交通规划中关键问题之一,同时也是公交公司重要的基础工作之一。公交时刻表更是公交企业与寻求可靠公交服务的乘客之间最重要的桥梁,它反映了公交服务的质量,它的制订还关系到公交公司的效益和公交吸引乘客的能力。因此,公交时刻表的优化非常有必要。一个高效的、节省成本的公交时刻表是在乘客满意程度和服务费用之间权衡的结果,当公交时刻表能使用最少的车辆数来满足乘客需求时,此时的公交时刻表就是一个最优的时刻表。

最优时刻表编制往往需结合时变的出行需求模式进行探讨,即考虑一段时间内客流的到达率(或到达分布)或实时的动态出行需求,这也增大了该问题的复杂程度,因此,可把基于非固定发车间隔的时刻表生成按照线路数量的不同分为单线路与多线路两大类。

(1)单线路时刻表编制。

单线路的时刻表优化编制研究基于较理想的线路系统,即研究系统内仅包含一条线路,且忽略了很多现实约束,如车辆载荷、换乘衔接等。Palma 和 Lindsey(2001 年)对于仅包含两个发车站点的单线路系统提出了一种车辆时刻表优化方法,该方法基于时变的客流到达率。优化建模时首先定义了乘客延迟费用,并以总乘客延迟费用最小为目标,分别对同质性乘客与非同质性乘客情况下的车辆发车时间表进行了优化编制,该研究还同时给出了当乘客到达服从均匀分布时的最优时刻表的解析表达。Kim 等(2009 年)通过运用需求响应模型和出行时间响应模型,以及两者的组合(需求—出行时间响应)模型来为单线路系统确定公交时刻表,减少运营成本。

(2)多线路时刻表编制。

对于多线路下的协同时刻表优化编制问题,往往需在单线路时刻表优化的基础上考虑车辆之间的换乘衔接问题。吴影辉和唐加福(2016 年)使用数学不等式描述了乘客的换乘等待时间,构建以最小化乘客总换乘等待时间为目标的混合整数优化模型,通过采用 CPLEX 优化软件对模型进行求解,减少了公交网络总换乘等待时间。张姚等(2020 年)构建出了考虑换乘站点时间权重的最小化乘客换乘等待时间的优化设计模型,并利用遗传算法对算例中的公交时刻表进行优化。Ceder 等(2001 年)以最大化车辆协同到达换乘站点次数为目标,建立了求解不均匀发车间隔下的公交网络时刻表问题的混合整数规划模型。Eranki 等(2004 年)将车辆协同方式重新定义为不同线路的车辆到达换乘站点的时间差在一个给定的时间窗内。Ibarra-Rojas 等(2012 年)在 Ceder 等(2001 年)、Eranki 等(2004 年)的基础上,建立了一个以车辆协同到达换乘站点次数最大为优化目标的混合整数规划模型。

多线路协同时刻表优化编制问题属于公交规划层面的问题,即在公交运营前期以线路之间的协同换乘为目标对各线路时刻表进行协同优化编制。但在实际运营中,公交车辆受现实因素影响,往往不能按照原有行车计划进行正常运营,因此,仅在运营前期对协同时刻表进行优化还远远不能解决公交实际运行中的诸多问题。对于多线路公交系统而言,在运营中采用实时的调度与控制策略保证其优化协同运营也是一个非常重要的课题。对于单线路系统内部的车辆实时调度策略,其目标一般为避免“串车”现象的发生,进而保证车辆准点性,降低乘客出行成本。对于多线路系统而言,施行车辆实时调度策略的主要目的为保证不同线路车辆间的协同接驳换乘。

1.3.1.3 行车计划优化编制

在公交优化调度的过程中,行车计划编制问题是紧随公交线网设计和公交时刻表编制之后进行的。公交行车计划即安排公交车辆何时从场站出发,承运哪些班次任务,何时回到场站等,是城市公交调度计划的重要组成部分,直接关系到公交企业车辆资源的优化配置。

公交行车计划编制是为保证公交车辆正常运行而制订一套涵盖所有班次任务的有序行车计划,每个班次都有且仅有一辆车执行。公交行车计划编制形成的结果是各个车辆的车次链,主要优化目标是使整个行车过程中运营成本最小化,包括车辆购置成本和空驶运营成本等。

根据区域内场站个数的多少,公交行车计划编制问题可以划分为单场站行车计划编制问题(single-depot vehicle scheduling problem,简称 SDVSP)和多场站行车计划编制问题(multiple-depot vehicle scheduling problem,简称 MDVSP)。

(1)单场站行车计划编制问题。

单场站下的公交车辆调度是指由一个场站发出车辆来执行该区域内的若干个线路的班次任务,当车辆执行某一车次后,若能在下一车次开始之前到达其起点,则可以接着执行该车次,保证每一个任务均有唯一车辆执行。其优化目标是完成所有车次的总费用最低或车辆数最少。Gavish 和 Shifler、Freling(2001 年)将 SDVSP 表述为指派问题,即在满足特定指派要求条件下,给各个车辆派遣车次任务,使指派方案的总行驶费用最低。在求解算法方面,SDVSP 可以通过精确算法来进行求解,例如连续最短路径算法(Song 和 Zhou,1990 年)、准分配算法(Paixã 和 Branco,1987 年)以及竞拍算法(Freling 等,2001 年)等。

(2)多场站行车计划编制问题。

多场站下的公交车辆调度是指已知由时刻表等信息给定的若干个车次任务,执行某一车次的公交车辆可从区域中的多个场站中的任意一个场站出发,且允许车辆在各场站之间互相调用,其优化目标是执行所有任务的总车辆数最少或总费用最低。在 MDVSP 中,在车次链中需要插入空驶行程以减小车队规模,空驶行程是指车辆从一个车次行程的终止场站到达另一个车次行程的起始场站的运行距离。MDVSP 的主要目标是将运营成本降至最低,运营成本通常包括所使用车辆的固定成本、车辆在不同场站之间的空驶成本等。

Mesquita、Paixao 和 Lobel(1999 年)将 MDVSP 表述为网络流模型,即在网络中找到满足约束条件的多个网络流,使每个节点有唯一一条流经过,目标是网络流总权重最小。与 SDVSP 相比,多场站车辆调度问题的约束条件更多,求解难度更高,已被证明是 NP-hard 问题。在 MDVSP 的算法求解方面,有学者运用了基于列生成的精确算法来进行求解(Ribeiro 和 Soumis,1994 年;Desaulniers 等,1998 年;Oukil 等,2006 年;Desfontaines 和 Desaulniers,2018 年)。为了减少变量和约束的数量,通常运用时空网络来对 MDVSP 进行建模(Kliewer 等,2006 年;Guedes 和 Borenstein,2018 年)。为了对大规模的实例进行处理和计算,启发式算法或元启发式算法也可以应用于求解 MDVSP(Laurent 和 Hao,2009 年,Pepin 等,2008 年;Ceder,2011 年;Liu 和 Ceder,2017 年)。此外,近年来也有针对经典 MDVSP 的一些拓展研究,例如,在 MDVSP 基础上考虑了发车时刻表的灵活性(Hadjar 和 Soumis,2009 年;Desfontaines 和 Desaulniers,2018 年)以及考虑行程时间的不确定性等(Shen 等,2016 年;He 等,2018 年)。

1.3.1.4　司售人员排班

司售人员排班是公交调度计划的第四个步骤,它是指根据给定的车辆行车计划,对司售人员的工作计划和工作时间等进行合理地安排。司售人员排班是公交调度计划中的重要组成内容,和其余三部分相互制约、相互影响。合理的司售人员排班计划可为公共交通的整体运营提供依据和支持,指导司售人员高效地完成工作任务,提高人员的利用效率和公交系统的整体服务水平,影响着公交调度组织的各个环节。

司售人员排班问题通常被定义为三种问题,即集合分割问题、集合覆盖问题、多目标规划问题。其中,集合分割问题的目标是选择成本最小的可行班次的集合,其每一工作时间段都被严格地包含在一个班次中。集合覆盖问题是将集合分割问题中的约束条件放宽后得到的。而多目标规划问题相比集合分割问题和集合覆盖问题,在目标设置上考虑得更为广泛和实际,考虑到了实现人员排班最优化的多个目标,例如成本、班次、服务质量等。然而,这些目标有时是相互冲突的,需根据具体情况设置目标权重。

在算法求解方面,针对司售人员排班问题的求解方法主要有数学规划方法和启发式算法。例如 Lourenco 等(2001 年)为解决公交巴士运输公司中出现的驾驶员调度问题,提出了基于禁忌搜索和遗传算法的多目标启发式算法,该算法需要考虑多个相互冲突的目标。Freling 等(2001 年)和 Huisman 等(2005 年)为解决单条线路的车辆调度问题和人员排班问题,提出了一种列生成和拉格朗日松弛法的组合方法。张斐斐(2007年)使用禁忌搜索算法求解公共交通人员排班问题,采用邻域搜索技术对初始解进行改进。覃运梅(2006年)提出了分两阶段进行的启发式算法求解司售人员排班问题,使所需的司售人员数量最少。张学炜(2008年)在建模同时考虑了车辆调度与人员排班问题,给出了集成化模型,目标函数为求解覆盖所有车辆任务且总成本最小的班次计划,利用拉格朗日启发式算法对集成化问题进行下界估计,并利用遗传算法求解集合覆盖问题。

1.3.2 公交优化体系中的新课题

1.3.2.1 接驳轨道交通的微循环公交系统优化

随着城市公共交通的发展,常规公交和地铁在城市客运中发挥着重要作用,"公交—地铁"混合交通方式出行也成为一种较为普遍的出行方式选择。因此,实现两种交通方式的高效接驳可以有效地提高城市交通的客运效率,但由于车型的限制,常规公交在地铁站点分布稀疏的区域难以很好地发挥其接驳功能。为提高多种交通模式接驳效率,减少城市公共交通服务盲区,微循环公交作为一种新型的公交模式应运而生。由于微循环公交车型较小,其在城市内小型片区中行驶更加灵活,能够为乘客提供更加便捷的服务。

为深入了解接驳轨道交通的微循环公交系统优化问题,本节从微循环公交的概念、分类、特征、网络优化等方面进行论述。

(1)微循环公交的概念。

微循环公交概念的界定没有统一的标准,多数研究者认为,微循环公交是属于常规公交范畴,是相对于轨道交通、常规公交快线和普线的低等级公交线网,主要分布于城市次干路、支路及支路以下等级的道路网络。其主要功能是服务于城市大型社区或者城市外围区域,衔接城市公共交通干线(轨道交通、常规公交干线),发挥接驳作用,从而为乘客短距离出行提供便利条件,扩大了城市公共交通服务范围,为解决居民出行"最后一公里"问题提供了新方法。

目前,国内外微循环公交已经有了一定的发展,国内将其称为接驳巴士、微公交、社区公交、袖珍公交等;国外将其称为"community bus""shuttle bus""minibus"等。

(2)微循环公交的分类。

根据不同的分类标准,微循环公交可以被分为不同的类别。在此,从布设区域、运营时间、出行目的和线路走行四个方面对微循环公交进行分类。

①根据不同的布设区域,微循环公交可分为综合功能微循环公交和简单功能微循环公交。布设在不同区域中的微循环公交线网发挥的功能主要与布设区域的用地性质有关。综合功能微循环公交主要布设于城市商业中心、机场等。如城市商业中心布设的微循环公交线网在其区域内发挥了综合性交通运输作用,满足不同乘客的出行需求;机场布设的微循环公交线网可以承担运输机场工作人员和疏散客流的综合性运输任务。简单功能微循环公交则主要布设于大型社区内部,接驳其他交通方式的微循环公交线网,为社区内居民出行提供便利。

②根据不同的运营时间,微循环公交可分为高峰小时微循环公交和平峰小时微循环公交。微循环公交可以在不同的运营时间采取不同的运营方式。对于城市高峰时段运营的微

循环公交,可以提高城市区域内部早晚高峰时段客流运输效率,适合于居民高峰时段短距离出行和换乘。平峰小时微循环公交线网在城市客流平峰时段运营,由于客流量较小,其发车间隔较大,运营成本相对较低。

③根据不同的出行目的,微循环公交可分为通勤微循环公交和非通勤微循环公交。微循环公交在不同的出行目的下可以发挥不同的作用。通勤微循环公交主要布设于城市的大型居住社区内部,服务于上下学、上下班乘客的短距离出行,为乘客提供便利的通勤服务,多运营在高峰时段。非通勤微循环公交是为服务于其他出行目的的乘客,如购物、娱乐、就医等,其乘客分布较为分散,而且需求产生随机性较大,因此,此类公交需要全天运营。

(3)微循环公交的特征。

微循环公交不同于常规公交,有其独有的特征,可以从微循环公交灵活性、准时性和可达性三个方面进行特征分析。

①灵活性。在高峰时段,微循环公交服务的客流较为集中,其站点较为固定;在平峰时段,微循环公交服务的客流相对分散,其站点也可根据客流需求进行调整。由于微循环公交的灵活性较强,服务区域较小,其线路走向也可以根据客流需求的变化进行更加灵活的调整,从而为更多的乘客提供便捷的服务。

②准时性。由于微循环公交的布设范围较小,车型较小,与常规公交相比,微循环公交受其他车辆的影响较小,从而降低了车辆行驶过程中所产生的延误。因此,微循环公交的准时性较高。

③可达性。微循环公交一般使用小车型承担客流运输任务,所以,微循环公交车辆可以在城市支路及支路以下等级的道路上行驶,能够为乘客提供“门到门”的服务,突破了常规公交因车型大而受到道路的约束,大大提高了公交系统的可达性。

(4)接驳轨道交通的微循环公交系统优化问题。

在接驳轨道交通的微循环公交系统优化研究中,大多都假定乘客的出行起点为公交站或者交通小区,根据微循环公交线网的特征构建优化模型。相比于常规公交系统,微循环公交线网一般规模较小,其布设目的是为了解决城市中小片区内的公交客流运输问题。在模型构建过程中,接驳轨道交通的微循环公交系统优化问题,需要根据其接驳特征、研究目的、优化目标等因素构建优化模型,公交线网的车辆运行总时间、覆盖公交站点数量、总线路长度、服务的乘客数量、公交线网总成本等均可以作为模型的优化目标,线路长度、线路走向、线网覆盖面积、线路与轨道交通的连接情况等因素均可以看作模型中的约束条件。对于算法设计,接驳轨道交通的微循环公交系统优化与常规公交系统优化所使用的方法相似,优化算法主要有遗传算法、模拟退火算法、蜂群算法、蚁群算法等,但二者在算法中的参数设置并不相同,这主要是由于微循环公交与常规公交的规模不同而引起的。

总之,接驳轨道交通的微循环公交系统的功能特性更加突出,更偏重于为小型片区内部乘客出行提供服务,从而提高整个系统的可达性。

1.3.2.2 电动公交车辆运营组织调度问题

纯电动公交车作为一种新型绿色公交,在实现交通能源结构的多元化、减轻汽车排放污染、保障社会可持续发展等方面意义重大,具有广阔的推广应用前景。在大力推行公交出行与新能源汽车的背景下,我国各级政府大力推动和鼓励电动公交车的发展,电动公交车在公交公司车队中所占比例显著上升。

虽然纯电动公交车有很多优点,但用其代替传统燃油公交车仍存在一些阻碍和困难,例如车辆购置成本高、电池重量大、车辆行驶里程有限以及充电时间较长等。电动公交车的能源补给方式与常规公交车差异很大,电动公交车辆通过蓄电池组提供能源,蓄电池容量的大小是影响车辆续航里程的主要因素。正是由于纯电动公交的能源补给方式和运行模式均有其自身特点,其车辆运营组织调度模式与常规公交差异很大,所以,应考虑纯电动公交车续航里程和充电时间等,结合车辆特点形成一套电动公交系统运营模式。

当电动公交车被广泛应用于城市公共交通服务时,电动公交优化调度问题(Electric Vehicle Scheduling Problem,简称 EVSP)可视为 VSP 的一个子类。与 VSP 不同的是,EVSP 需要在 VSP 的基础上考虑对电动公交车辆进行充电以及车辆续航里程的限制等。接下来本节基于纯电动公交车辆的充电模式的不同,对 EVSP 的研究进行了综述。

(1)换电模式下的电动公交优化调度。

目前,国内外不乏基于换电模式的纯电动公交优化调度问题的研究(Li,2014 年;Wang 和 Shen,2007 年),该问题还可以扩展到一般替代燃料公共汽车,如氢气和生物燃料汽车(Li 和 Head,2009 年)。孟越(2015 年)结合纯电动公交车行驶里程及换电时间约束,基于时空网络构建了以车次链总费用最低为目标的区域多场站行车计划编制模型,采用遗传算法进行求解,实例分析的结果表明,区域行车计划编制模型可以降低总成本,且总成本与换电时间呈线性正相关。杨扬(2016 年)应用整数规划、网络流理论,将换电模式下的纯电动公交车辆调度问题转化为有向网络模型,将车次、公交场站和充电站作为节点,将车次间的空驶里程作为边,将换电模式下的纯电动公交车辆调度问题转化为有向网络模型,并采用列生成算法进行求解优化,实验结果显示,运用该算法可以降低总成本。徐刚(2017 年)在获取客流数据的基础上考虑了车辆续驶里程和换电时间约束,构建了以乘客出行成本最小和公交企业收益最大为目标的纯电动公交车辆调度优化模型,运用改进的遗传模拟退火算法对模型进行求解。

(2)整车充电模式下的电动公交优化调度。

在关于整车充电模式下的纯电动公交优化调度研究中,充电时间通常不是一个固定值,而是关于充电量的线性函数。例如,Wen(2016 年)以减少电动公交车辆数和降低空驶成本为目标构建了 EVSP 模型,采用自适应大邻域搜索启发式算法对多场站电动公交调度问题进行了优化分析。他考虑了对车辆进行部分充电的情况,然而,研究假设当车辆到达充电站时立即开始充电,并没有与充电基础设施或充电计划相关的优化研究。Chao(2013 年)结合纯电动公交特点,构建了使公交企业及充电站运营成本最低的 PE-VSP 模型,运用非支配排序遗传算法(NSGA-II)基本思想改进的优化方法进行求解。Panhathai Buasri(2015 年)针对与总行驶距离和能量消耗率相关的电动公交充电需求建立调度模型,求解得到了车辆在白天和夜间充电以及仅在夜间充电这两种整车充电情况下的班次计划表,该方法和模型可有效应用于多场站的电动公交调度计划优化问题。Niekerk(2017 年)考虑了蓄电池的充、放电深度以及充电成本、分时电价等因素,对单场站单车型的电动公交车辆调度问题进行了研究,设计了列生成算法以及列生成算法与拉格朗日松弛相结合的两种数学规划方法对模型进行求解。Song(2012 年)考虑了电动公交车行驶里程和充电时间约束,构建了以空驶距离和车辆数最小为目标的公交调度模型,运用遗传算法来求解。周斌(2012 年)以电动车续航里程与充电时间为约束条件,建立了以单线路车辆数和空驶距离最小为目标的行车计划编制模型,结合了遗传算法与模拟退火算法进行求解。李军(2015 年)结合充电速率、电池荷电状态和发车策略等因素,设计了单线路单充电站的纯电动公交车辆调度算法,旨在对车队进行整体优化,使车辆数最少且车辆利用率达到均衡。通过实例分析了发车时刻表、充电速率、车辆耗电量对车队规模以及发车频率的影响,发现改进发车策略能够有效减少车队成本。姚恩健(2019 年)充分考虑充电事件的执行,建立了以电动公交车辆及其配套设施的总固定成本和总运营成本为优化目标的多场站区域行车调度模型,基于贪婪算法和遗传算法设计了复合求解算法进行求解。何佳利(2017 年)通过优化放电深度和充电倍率这两个影响参数建立以车辆成本和空驶成本最小为目标的纯电动公交运营调度模型。

另外,也有一些针对整车充电和换电两种模式的纯电动公交优化调度研究。例如,Li(2016 年)采用了整车快速充电以及更换车辆电池两种能源补充方式,将电动公交车辆排班问题转化为考虑了最大行驶里程限制的传统公交车辆排班问题,并借助列生成算法进行求解。然而不足在于,该研究假设充电事件的开始时间和持续时间与能耗无关且充电基础设施是充足的。靳莉(2011 年)分析了纯电动公交运营特点和充放电过程,通过多元回归分析证明了电池剩余电量与续驶里程之间的线性关系,基于电动公交的续驶里程以及整车充电或换电的时间约束,建立了车辆数和空驶距离最小的双目标公交调度模型,并利用遗传算法对公交调度模型进行求解。但其不足在于建模时只考虑了单场站的车辆调度问题,易造成资源浪费,并未结合线路运营实际情况进行区域调度方面的研究。

1.3.2.3　需求响应公交运行优化问题

如今,随着城市的发展居民的生活节奏不断加快,生活水平也逐渐提高。人们对出行便利性、舒适性和快捷性的需求不断增加。然而,公共交通系统存在服务水平较低、服务模式单一等问题。基于以上现状,多样化的出行需求与较为单一的公共交通服务的矛盾日益突出。因此,越来越多的人开始追求更加快捷、舒适、智慧的定制化出行服务。

基于上述背景,交通运输部于 2016 年颁布了《城市公共交通"十三五"发展纲要》,提出了基于城乡公交一体化、多元化服务方式、创新组织模式、智能化运营的公交发展战略,基于移动互联网技术,大力推进公交运力供应的改革。在政策的引导下,近年来移动互联网技术的革新使得新型的 OTO(Offline To Online)商业模式得以在公交行业应用发展,越来越多的乘客希望能够依照自己的意愿搭乘公交出行,通过线上预约、线下享受定制化公交出行的方式,达到减少出行时间、缩短出行距离以及提高乘车体验的目的。需求响应公交也因此在国内应运而生,成为一种新型的公共交通模式。根据国内外相关的研究成果,需求响应公交拥有的不同于常规公交的灵活性和便捷性能够使其成为解决目前我国城市公共交通问题的有效工具。

目前,我国经济发展依旧保持较高的增速,社会出行需求也日益丰富、更加多元。然而,受到公共交通在我国运输市场中的定位影响,传统公交企业活力不足,既有的公共交通服务发展速度缓慢,服务质量也普遍不高,单纯依靠增加运力和运量来满足当前的运输需求已经显得捉襟见肘。

需求响应公交作为公共交通体系中重要一环,可以有效解决公交网络覆盖深度不足、骨干公交衔接需求增大、最后一公里接驳不完善等问题。通过集合个体出行需求,为出行起讫点、出行时间、服务水平需求相似的人群提供高效、便捷、个性化的公共交通服务。因此,需求响应公交作为一种满足新需求、融合新技术的公共交通服务,可以根据乘客预约信息灵活调整服务线路和站点,同时具有常规公交集约化出行和出租车高灵活度等特点,能够满足居民个性化、多样化的出行需求,有效减少私家车在高峰时段的使用,进而提高公共交通分担率,缓解城市交通拥堵。

需求响应公交的构架不仅包含技术问题,还包括运营主体、政府监管等政策法规问题,以及车辆选型、线路站点规划、行车调度等运营问题。

需求响应交通(Demand Responsive Transport,简称 DRT)是一种基于预约需求确定车辆停靠站点及运行线路的出行模式。国外对于 DRT 公共交通系统的研究工作始于 20 世纪 60 年代。从 20 世纪 90 年代中期开始,智能交通的飞速发展使得 DRT 进入了快速发展的黄金时期,响应需求运输服务在众多国家范围内得到不断尝试及应用,其中从应用层面看,比较有代表性的有欧洲各国、美国及澳大利亚等。需求响应公交的研究和实践在我国起步较晚,但近年来发展迅速。2013 年,我国第一条定制公交线路在青岛市正式开通。以北京定制公交为例,自 2013 年开通以来,运营线路已超过百条,日运送乘客近万人次。

在需求响应公交的线路规划方面,国外学者对其进行了深入的研究并取得了一定的进展。标准的定制公交线路规划模型是由 Cordeau J F(2006 年)提出的,该模型以总运输成本最小为目标,涵盖额定载客量、车辆运行时间、时间窗及在车时间等约束,并利用分支切割法求解线路规划结果,为后续研究奠定基础。Paquette J(2013 年)等将着眼点放在需求响应公交静态线路规划上,该研究打破了多数相关研究以系统总成本最小为目标的框架,在保证系统总成本最小的同时考虑乘客服务质量,提出基于多指标分析的需求响应公交线路规划模型,并创新性地提出了求解多指标问题的算法,为需求响应公交运营者科学决策提供了强有力的理论支撑。Detti P(2016 年)等研究了基于多场站及多车型的电话预约线路规划问题,以系统总成本最小为目标,考虑变种车辆、多场站、乘客时间窗、车辆等待时间等约束及特点,建立求解线路规划的混合整数线性规划模型,并利用变邻域搜索算法及禁忌搜索算法实现模型的求解,为电话预约线路规划提供了新的建模思路。自 2013 年定制公交在中国开通以来,国内学者也开始对需求响应公交线路规划问题进行了相应的探讨。张敏捷(2014 年)等对需求响应公交线路优化问题进行了初步研究,从运营特性出发,提出三大线路优化目标,并建立对应的线路优化模型,对后续的需求响应公交路径优化研究有一定的借鉴和指导作用。刘毅(2015 年)针对单一具体线路的规划提出了站点与路线规划调整模型,并用实例对模型的有效性及可行性进行验证。王飞(2015 年)考虑了公交运营者、乘客和社会三个方面,对需求响应公交线路规划问题进行模型构建,并通过对蚁群算法进行适当改进实现对该问题的求解。郭晓俊(2016 年)针对需求响应公交问题分别建立了单车服务模型和双车服务模型,每个模型又以发车为界分为发车前和发车后两个阶段,对两个阶段分别建立开放路径的 OVRPTW 模型和多目标优化模型,为柔性公交的推广奠定学术基础。郭戎格(2017 年)基于 IC 卡数据从乘客利益和系统运营两个角度出发,以出行者出行成本和运营商运营成本最小为目标函数,结合线路长度、停靠站点数、车辆数等影响因素设置对应的约束条件,建立线路优化模型,减少出行时间并兼顾运营商利益。

在需求响应公交线路规划的基础上,很多学者结合系统科学和运筹学理论以及大数据分析技术,考虑需求响应公交的运营调度优化问题。Ceder(2007 年)指出公交车行车计划问题主要包括车辆调度、行车时刻表、配车计划和人员排班等。其中,由于乘客在需求响应型公交中对车辆位置和到站时间等信息具有较高要求,精确、有效的行车时刻表设计与优化是提高需求响应公交服务水平的关键。Dessouky(2005 年)等学者以洛杉矶需求响应型公交系统为基础,以车辆运行时间准确性建立了服务水平评价模型,并证明了运行时间对系统服务水平的重要影响。Diana(2006 年)等考虑了带时间窗的车队规模优化模型,与前者的研究相比,该模型不需要准确的乘客需求作为输入,通过乘客需求分布对需求概率进行预测。Kim 和 Schonfeld(2013 年)考虑了车辆行驶时间和乘客等待时间的随机性,分别对固定线路公交和灵活性公交的车辆类型、服务范围、发车间距和车队规模进行优化。Liu 和 Ceder(2015 年)对国内外需求响应公交的发展历程进行回顾,指出用户和运营平台之间的实时信息交互可以通过互联网、智能手机等方式完成,用户可以实现个性化的线路设计、时刻表定制、票价设计等,同时,运营平台以乘客的需求优化设计停靠站点、出行线路、发车间隔等。

需求响应公交实时调度问题是车辆路径问题(Vehicle Routing Problem,简称 VRP)的衍生及变形,属于 NP-hard 问题,为了实现对该问题的求解,国内外学者在算法设计上开展了诸多探索工作。国内外学者为解决该类问题提出的算法可分为两类,一类是启发式算法,另一类是精确算法。当前求解动态 VRP 的算法主要为启发式算法,如遗传算法、禁忌算法、蚁群算法、退火算法等。利用遗传算法解决车辆路径问题的学者有 Tan K G(2001 年)、Ombuki(2006 年)等,在众多理论研究中,研究比较具有代表性,Baker B M(2003 年)被广大学者普遍认同,该学者将遗传算法应用于求解 VRP 问题,并将求得的最优解与禁忌算法和退火算法的求解结果进行对比。结果表明,遗传算法在求解时间及解的质量上相对其他两种算法更具有竞争力。为了实现对 VRP 问题的求解,在禁忌算法研究方面,Brandao(2004 年)、Lai D S W(2016 年)等众多学者均做出了一定的学术贡献。值得一提的是,对于动态 VRP 问题,Gendreau(1999 年)基于禁忌搜索思想创新性地提出了一种并行算法,之后若干学者对该并行算法进行了相应的改进,并将其应用于具体案例,比较有代表性的学者有 Cordeau J F(2012 年)等。蚁群算法在 20 世纪 90 年代中期首先被运用到 VRP 问题的求解中,Gatnbardella、Donati A V(2008 年)等学者对该算法进行了相应的探索。基于前人的研究成果,Li Y 等以系统总收益最大,成本、时间及排放最小建立了考虑多场站的车辆路径规划模型,并提出了一种改进的蚁群算法,通过创新信息素更新方法使得模型产生了更为优质的解集。退火算法作为一种随机搜索算法被广泛应用于组合优化领域,利用此算法求解 VRP 问题的主要代表学者有 Ba Chern(1996 年)、Vincent F Y(2017 年)等,其中 Wang C(2015 年)等提出了一种基于模拟退火的并行算法,对考虑乘客接送的带时间车辆路径问题进行求解,为带时间窗 VRP 问题的研究提供参考。另外,为了提高算法的求解效率并获得质量更优的解集,部分学者对启发式算法进行了诸多改进,同时,还有许多学者结合多种算法对 VRP 问题进行求解,为后续研究提供了新的思路。

第2章 公交数据采集与处理技术

2.1 公交数据概述

2.1.1 大数据时代交通数据分类及特征

随着城市智能感知与无线通信技术的发展,城市交通系统的人、车、路以及环境等各类基础信息、活动、出行及实时状态信息被广泛采集和动态获取,形成了覆盖交通各领域的大规模海量交通数据。

2.1.1.1 交通数据分类

(1)根据数据来源不同,交通大数据可分为以下类型。

①交通流固定检测器:线圈、视频、微波等;

②交通流移动检测器:浮动车(GPS、北斗、牌照识别、其他车载终端)等;

③交通业务数据:ETC 收费、公共交通 IC 卡、AFC 数据等;

④其他领域业务数据:通信数据(手机定位)、气象数据、地理数据等;

⑤互联网 + 交通数据:网约车、导航、定制公交、车辆分时租赁、预约停车、网络购票等;

⑥其他互联网数据:微博、微信、论坛、广播电台、有线电视等提供的文字、图片、音视频等数据。

传统交通检测技术主要集中于车辆的监测及在路侧固定点的监测。但随着人们对交通系统的深入了解以及物联网、互联网技术的发展,监测对象已由原先的车辆(车流)逐步扩展并全面覆盖到交通的四个要素:人、车、路及环境,形成全息交通动态大数据。

(2)根据感知对象不同,可将交通动态大数据做如下分类。

①人的数据:出行行为数据、付费行为数据、驾驶行为数据及舆情数据等;

②车的数据:车况实时数据、车辆实时位置数据、车辆能耗数据、公交车运营数据、出租车运营数据、货运车运营数据等;

③路的数据:设施状态、运行状态数据等;

④环境数据:气象、排放数据等。

支撑交通大数据关联分析还需大量的交通静态数据。以城市交通分析为例,交通静态数据包括城市交通的基础空间数据(地表模型、高清正射影像等),城市及周边基础地理信息(城市路网及城市其他基础交通设施信息),人员信息(从业人员及出行者),道路交通客运信息(客运班线、市区公交信息、车站线路图、客运企业信息、交通换乘点等),航班信息、列车信息、水路运输信息(船次、起终码点、开船时间等),停车场信息(停车场位置、名称、总泊位数、开闭状态、空闲泊位数等),交通管理信息(警区界限、安全界限、警力分布、交通岗位、执法站、车管所、检测场、考试场、过境检查站),交通抽样调查数据(OD、断面交通流、客流等),城市背景数据(用地、经济、产业、人口、兴趣点)等。

2.1.1.2 交通数据特征

交通大数据的典型特征包括如下:数据量更大,覆盖范围更广,数据内容种类更丰富,实时性更好,准确性更高,费用更低,数据价值密度低,可关联挖掘更多的知识。常见的交通大数据特征见表2-1。

交通大数据特征 表2-1

数据内容		采样周期及数据规模(以北京为例)
道路检测数据	断面流量、速度、车型	采集:2min 500万记录/天
车辆卫星定位数据(出租车、公交车、长途客车和部分货车)	经纬度、时间、方位角、车辆伪码	采集:60s(将升为12s) 6万辆出租车,15G,9000万记录/天 2万辆公交车,5G,3000万记录/天
电子收费数据(IC卡、ETC)	收费时间、位置、线路、额度	公交IC卡:2500万记录/天 ETC:300万记录/天
车辆识别数据(视频、RFID)	检测位置和时间、车牌	采集:2min 2G,500万记录/天(按检测点存储)
交通事故数据	事故位置、时间、类型	—
伪码移动信令数据	信令发生位置、时间、活动类型	北京移动:1800万样本,10亿条/天
移动互联网众包数据	触发时间、位置、用户	高德:9G/天

在各类交通大数据中,与公交出行直接相关的数据包括IC卡数据、车辆卫星定位数据,可以用来分析公交出行规律与运行特征。另外,移动信令数据以及互联网数据也在公交需求分析中具有一定价值。

2.1.2 交通大数据在解决公交问题中的作用

交通大数据的发展是交通领域技术需求与信息新技术的自然结合,其分析方法有着显著的需求导向及现实意义。同样,借助大数据,可以为公共交通的服务提升带来重大的参考作用。

(1)城市空间及交通基础设施布局优化。

城市交通的健康发展取决于可持续的发展模式以及健康的城市空间结构。城市中的居住人口与就业岗位的空间分布情况、城市昼夜、口密度的分布情况以及时变情况、某特定城区内的职住比分析与职住空间匹配情况、流动人口占总人口的比例及其出行特征等这些关乎城市规划的基础数据的获取及定量分析,是进行城市空间及交通基础设施布局优化的基础,而这些数据在传统人工调查中均难以获得。传统的规划模型也因此受限,且多着眼于用交通流运行状态来表征表象结果,并以机动性作为规划目标,难以实现以可达性为目标的城市空间、活动点与交通的有机规划。

(2)交通需求管理政策制订及全过程监测评估。

交通需求的精准化调控强调在合适的时间地点,针对恰当的对象,采用恰如其分的对策,从而尽可能将负面影响降低到最小。同时还可通过全程效果监测与评估,及时、动态地进行政策调整。通过聚类分析等手段,可实现观测对象的活动属性"画像",即根据活动行为特征分析,确定个体的属性类别。例如,对移动通信用户划分为通勤者用户、空间活跃用户、空间静默用户等,对车辆划分为主要用于通勤车辆、高强度使用车辆、低强度使用车辆等类型。这种划分为潜在转移交通量、政策敏感人群的时空分布等研究提供了条件,为政策实施效果预测及后评估提供了依据。

(3)交通客运精细化组织及一体化服务。

伴随着社会的发展,城市客运服务对象的需求日益多样化,这要求我们建立有效的具有服务导向的公交服务体系,即不仅从运输能力上满足需求,而且要从满足客户的需要出发,以客户满意为目标,实施公交精细化服务。利用 IC 卡等大数据,配合问卷调查等其他数据,可对公交乘客选择倾向进行类别划分,以及相应的活动空间分析,为细化服务需求提供支持。而详细的公交服务水平分析,将有助于了解影响公交使用的各种因素,构建一体化的综合交通服务体系,提高公交吸引力。

(4)"门到门"多模式信息服务。

"门到门"长距离出行往往需要铰接多种交通方式,出行者需要各种模式的行程时间、到发时间、换乘时间、服务水平等多种信息,来自多种出行方式的多源大数据是进行"门到门"出行路径选择等信息服务的基础。

2.2　公交 IC 卡数据采集与处理

公交 IC 卡数据是公共交通最为常见、数据量最大,也是最为重要的一类数据。因此,本书以公交 IC 卡为主,说明其主要的采集与处理方法。

随着全国交通一卡通互联互通的快速推进,一卡通发展跨地区、多领域支付应用越来越快,部分城市交通运营管理系统已基本实现 IC 卡支付的全覆盖,应用领域包括公共(电)汽车、地铁、出租车、轮渡等城市公共交通领域,目前已经拓展到城际客运、城际轨道、农村客运等综合交通运输领域和小额支付、电子商务领域以及公共管理和服务领域。

全国交通一卡通的推行，带来了大量的公交 IC 卡数据。通过对 IC 卡数据的挖掘分析，发挥其在解决公共交通发展问题的作用与价值，已经成为当前研究的主要热点之一。

2.2.1　IC 卡数据采集原理

公交乘客完成一次出行目的的公交出行路径为一次公交出行过程，公交出行过程涉及出行起点、乘车线路、中途站点、换乘站点、换乘线路、出行终点等。完整的公交出行过程如图 2-1 所示。

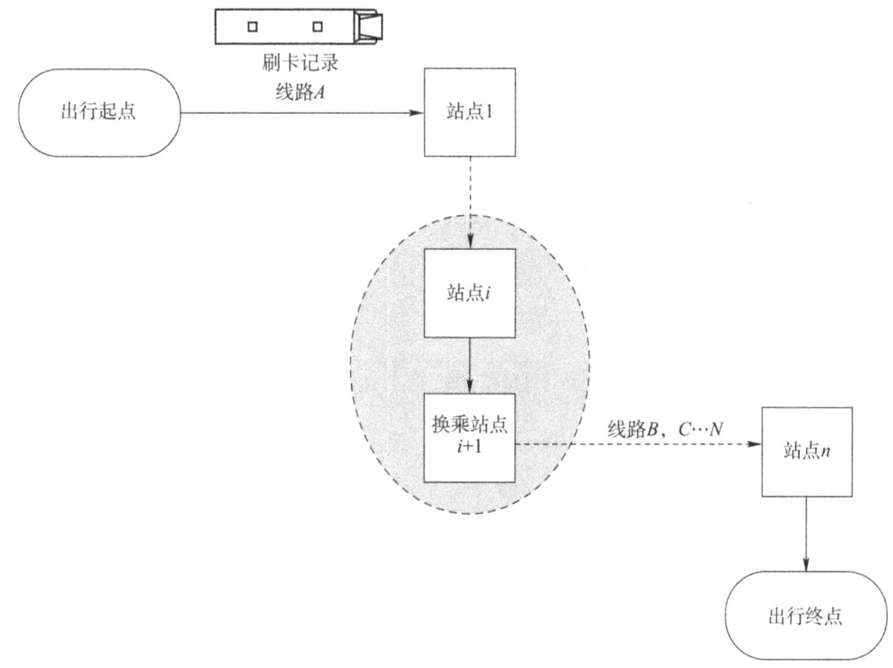

图 2-1　完整的公交出行过程

乘客由出行起点刷卡上车，乘坐线路 A 到达站点 i 下车；接着该乘客在站点 $i+1$ 刷卡上车，乘坐线路继续出行；经过若干次换乘，最终到达出行终点。图 2-1 中椭圆形圈出部分表示换乘过程，乘客一次出行可以有若干次换乘也可以不换乘，通常公交乘客愿意选择直达线路，无直达线路往往选择换乘最少的路线，因此，乘客一次出行换乘次数通常在 1 ~ 2 次，3 次很少，4 次或 4 次以上换乘的情况几乎没有。

在乘客整个公交出行过程中，对单次刷卡的线路，有刷卡数据的站点是出行起点和换乘站点，对双次刷卡线路，出行两端站点均有刷卡记录。出行起点、换乘站点、出行终点的判断为本节要研究的重点。

2.2.2　数据提取框架

分析 IC 卡数据的目的，是为了使决策者掌握更加详细、准确的数据以及相关指标，为决策提供可靠依据。其主要需求来自公共交通管理者和规划者这两个主体。公共交通管理者注重线路运营管理效率的高低，需要掌握线路与站点的日客流量、客流时空特性、线路车辆运营速度、满载率等指标,并以此为依据,制订、修改线路车辆发车、工作人员排班计划、车辆购置、维修等各项运营管理决策;作为公共交通规划者,需要掌握全市或某区域公共交通客流总量随时间的变化以及客流出行起讫点,通过对未来年进行客流预测,结合其他必要因素,完成公交线网优化、站点布设等工作。因此,管理层面需要的数据指标包括线路与站点日客流量、高峰小时客流量、换乘客流量、乘客出行时间、车辆周转时间、线路不均匀系数、满载率、运营速度等;规划层面则需要线路和站点季度/年度客流量、站点换乘流量、出行时间、乘客出行起讫点等。

IC 卡数据需经过提取、分析、处理等步骤,才可得到相应的需求信息,从而对相关指标进行统计分析,考虑海量数据的流程化处理及在数据库中存储、调用的便利性、统一性,有必要对其提取、存储数据格式进行规范。IC 卡数据提取分析流程如图 2-2 所示。

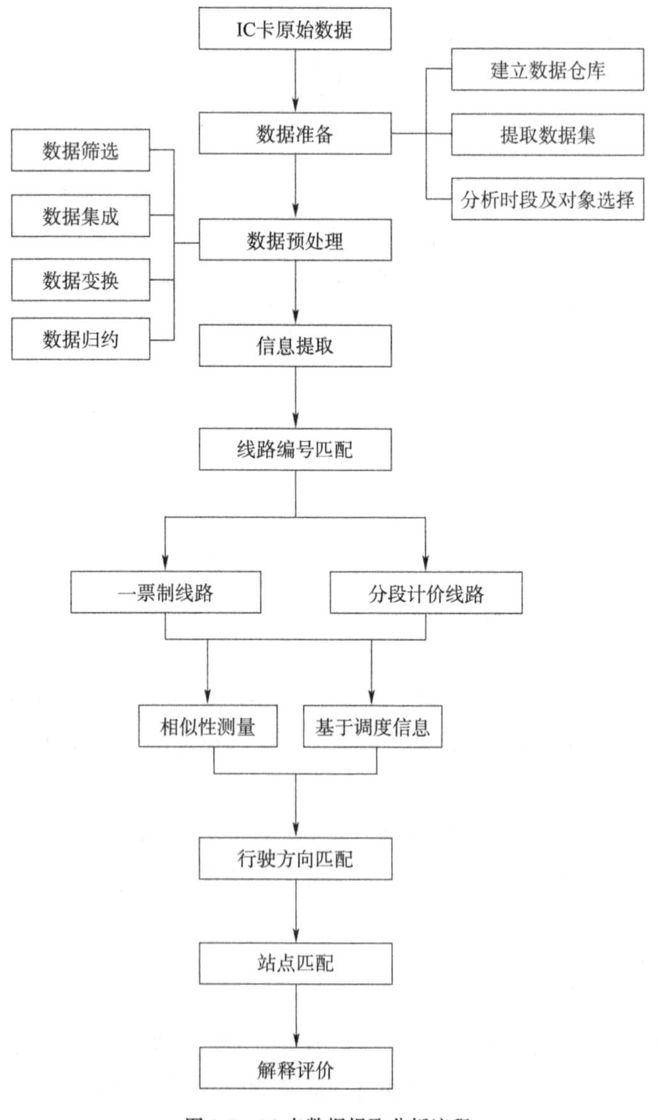

图 2-2　IC 卡数据提取分析流程

下面针对公交IC卡数据预处理各环节的具体方法进行介绍。

(1)数据筛选。

数据筛选主要是为了滤除不希望包括进来的数据,去除数据中的噪声并纠正其不一致。IC卡数据的不一致性,常表现在各类数据之间相同属性数据之间的定义,例如IC卡刷卡数据中的线路编号与公交线路基础数据中的线路编号,这在建立数据仓库的同时应加以统一。

以IC卡数据的字段"交易日期"为例,交易日期的字段数为八位,前四位表示年,第五、六位表示月,最后两位表示交易日,例如,20080403表示2008年4月3日。当交易日期中年份数据出现异于当前年、月份位数大于12、日期位数大于31时,视为异常数据。

对IC卡数据初步预处理后,诸如客流总量等特征量也可以得到,其中存在一些客流异常数据。如某地铁站点客流,统计全天的客流量小于100时,明显与实际情况有较大偏差,即把该天该站点的客流记录数定为异常数据。根据各站点统计出的总体客流规律,视偏差较大的数据为异常数据。

IC卡原始数据中存在许多用于管理、监控的数据,对于客流、线路运营数据分析没有太大意义,可视为冗余数据。例如,一卡通数据中测试标志的记录数,这些记录数只是起到测试机器的作用,对一卡通数据分析没有意义,因此,在预处理数据时可以剔除。

一卡通数据分析要求数据的完整性,如发生数据缺失,可能会导致统计结果产生较大误差。公交IC刷卡数据缺失的情况很少,公交调度资料由于人工统计容易发生缺失,这种情况可以根据经验和已知连续数据进行推测。

公交IC数据中的公交调度信息、公交线路信息、公交站点信息等是由人工输入,难免会有拼写、录入错误,例如,站点名称打字错误,则会对分析过程产生阻碍。当交易日期中出现字母时,也视为输入错误。

(2)数据集成。

数据集成主要是将多文件或多数据库运行环境中的异构数据进行合并处理。数据集成方法对于IC卡数据按日期或时间段进行挖掘时有重要的作用。如数据集中记录了一段时间内乘客的刷卡记录,对该数据集的聚集方法可以是按各条线路和各个站点分类汇总,也可以是对数据对象按月份、日期、时刻统计,照此方法聚集后的数据对象大大降低了数据量。

(3)数据变换。

数据变换涉及噪声去除技术及聚集技术,例如,可以聚集日刷卡数据,计算月和年客流量。

(4)数据归约。

对IC卡数据进行挖掘时,将数据库中的数据分组会涉及两个问题:一是数据应该分为哪几组;二是如何根据数据属性进行分组。这就需要数据分析者对分析对象有充分的认识,必要时需要采取实地调查,通过经验以及调查结果找到分组的标准,确定分组的方法。

2.2.3 数据特征及技术难点

公共交通刷卡数据主要指通过IC卡收集回来的客流刷卡数据,包括常规地面公交刷卡数据、地铁客流刷卡数据。这两套数据结构不同,其中,常规地面公交数据来自一卡通公司,地铁客流刷卡数据主要来自地铁运营公司。各类数据介绍如下。

(1)市政交通一卡通数据。

市政交通一卡通数据有公交双次刷卡数据和公交单次刷卡数据。

①公交双次刷卡数据:记录乘客上下车刷卡的公交站点位置及时间信息;

②公交单次刷卡数据:记录乘客上车刷卡的公交站点位置及时间信息。

公交 IC 卡数据记录的信息具体包括:交易类型、交易序号、交易日期、交易时间、实收金额、卡内余额、TAC 码、SAM 卡号、CSN、城市号、行业号、卡发行号、卡交易计数、卡类型、卡物理类型、月票类型、应收金额、线路号、车辆号、上车站、下车站、驾驶员号、监票员号。其中,除上车站与下车站内容,单、双次刷卡储存的其他信息形式均相同,单次刷卡数据的上车站和下车站编号分别为 0、1;双次刷卡数据中的上车站和下车站分别储存是站点编号。单次刷卡与双次刷卡的 IC 卡记录信息分别如图 2-3、图 2-4 所示。

交易类型	交易序号	交易日期	交易时间	实收余额	TAC码	卡发行号	卡交易计数	卡类型	应收金额	线路号	车辆号	上车站	下车站	司机号	监票员
06	01000000	20071231	71309	0.20	E713CFFA	14449514	2002	13	1	21	00014141	0	1	01001248	01004998
06	02000000	20071231	71427	0.40	473D499C	05230578	F200	01	1	21	00014141	0	1	01001248	01004998
06	03000000	20071231	71431	0.40	3C886EFF	18133357	3900	01	1	21	00014141	0	1	01001248	01004998
06	04000000	20071231	72129	0.20	3B64BD7B	15780922	D204	13	1	21	00014141	0	1	01001248	01004998
06	05000000	20071231	72331	0.40	DCFD3697	15199195	CC00	01	1	21	00014141	0	1	01001248	01004998
06	06000000	20071231	72713	0.20	E4265A13	14517986	E300	13	1	21	00014141	0	1	01001248	01004998
06	07000000	20071231	72714	0.40	8AB4D5EB	02374329	5204	01	1	21	00014141	0	1	01001248	01004998
06	08000000	20071231	72716	0.40	4214F0E3	18081788	7700	01	1	21	00014141	0	1	01001248	01004998
06	09000000	20071231	72723	0.40	B578EA5C	13788000	CF00	01	1	21	00014141	0	1	01001248	01004998

图 2-3 一卡通记录信息(单次刷卡)

GRANT_CARD_CODE	LINE_CODE	VEHICLE_CODE	BANCIID	ON_STATIONID	ON_STATIONNAME	ON_STATION_TIME	OFF_STATIONID	OFF_STATIONNAME	OFF_STATION_TIME	LOC_TREND
89555917	1	00620138	1	3	地铁八宝山站	2015/8/13 8:30:58	8	翠微路口	2015/8/13 6:51:25	2
06470983	1	00620138	1	4	玉泉路口西	2015/8/13 8:27:01	8	翠微路口	2015/8/13 6:51:45	2
82364883	1	00620138	1	1	老山公交场站	2015/8/13 8:36:32	8	翠微路口	2015/8/13 6:51:51	2
36506396	1	00620138	1	4	玉泉路口西	2015/8/13 8:27:01	10	军事博物馆	2015/8/13 6:55:02	2
44144989	1	00620138	1	6	五棵松桥东	2015/8/13 8:22:03	11	木樨地西	2015/8/13 7:02:17	2
03607495	1	00620138	1	2	老山南路东口	2015/8/13 8:30:58	12	工会大楼	2015/8/13 7:05:36	2
82180012	1	00620138	1	6	五棵松桥东	2015/8/13 8:22:03	13	复兴门内|南礼士路	2015/8/13 7:05:49	2
78126933	1	00620138	1	3	地铁八宝山站	2015/8/13 8:30:58	13	复兴门内|南礼士路	2015/8/13 7:05:50	2
82869685	1	00620138	1	3	地铁八宝山站	2015/8/13 8:30:58	13	复兴门内|南礼士路	2015/8/13 7:05:52	2

图 2-4 一卡通记录信息(双次刷卡)

刷卡日期、刷卡时间、刷卡对应的线路号、车辆号等信息是进行一卡通数据处理分析的重要基础信息。每一行代表一次刷卡记录,每一列则是刷卡记录的各类信息。

(2)地铁客流刷卡数据。

市政交通一卡通数据同样适用于地铁,但其一卡通数据信息与地面公交有所区别。

地铁收费系统分为简易系统和 AFC 系统。简易系统记录的信息包括:交易类型、SAM 卡号、交易金额、交易顺序号、卡内余额、交易日期、交易时间、卡序列号、卡交易计数、城市编码、行业编码、卡发行号、TAC、交易前余额、卡类型、卡物理类型、记录序号、应收余额、入口线路号、入口站号、检票口编号、进站时间、出口线路号、出口站号、检票口编号、联乘线路号、联乘站号、联乘金额、月票类型。AFC 系统则相对复杂,所包含的信息也更多,除了简易系统所包含的信息,还包括多种运营信息,如延误操作模式、延误站点、延误日期、旅程原始站点、旅程上一站点、旅程是否结束、旅程总金额、订票期的最后有效日期等。

建立地铁一卡通数据库的处理方法,与地面公交相同。各类刷卡数据的主要字段见表 2-2。

各类刷卡数据的主要字段　　表2-2

字　段	IC卡数据(一票制)	IC卡数据(双次刷卡)	AFC数据
1	线路编号	线路编号	线路编号
2	车辆编号	车辆编号	车辆编号
3	交易序号	交易序号	交易序号
4	IC卡编号	IC卡编号	IC卡编号
5	交易时间(上车时间)	上车站点编号	进站时间
6	—	下车站点编号	进站线路编号
7	—	交易时间(下车时间)	进站站点编号
8	—	—	交易时间(出站时间)
9	—	—	出站线路编号
10	—	—	出站站点编号

2.2.4　数据基本处理方法

目前,我国各地的公交刷卡计费方式分为单次刷卡和双次刷卡两种情况。其中,单次刷卡是指乘客搭乘公交车时,不考虑其乘坐的里程,采用相同的收费价格,乘客只需要在上车的时候刷卡交易,因此通常而言,系统只记录有乘客上车的时间和站点信息。双次刷卡也称为分段计价收费,通常根据乘车里程进行收费,乘客上车和下车时分别刷卡交易,交易系统将记录乘客的上下车站点和时间信息,相比于单次刷卡交易产生的数据,它可以更清晰地反映乘客出行过程。

2.2.4.1　单次刷卡数据处理方法

(1)车辆行驶方向匹配方法。

在市政交通一卡通数据的匹配工作中,确定线路车辆运行的方向是不可缺少的环节。保证车辆上、下行方向信息准确,站点匹配与客流统计等工作才有意义。而一卡通数据中并没有记录车辆行驶方向的信息,根据首末站点客流量判断车辆行驶方向的方法只适用于首末两端站点客流量差别较大,只适合潮汐性较强的线路,不具有普遍适用性。因此,目前仅仅依靠一卡通数据准确地确定出线路车辆行驶方向还难以实现。

随着公交车辆智能化的发展,通过车载GPS也可以获取车辆行驶方向。但受到公交车辆GPS设备覆盖率限制,且容易出现首班次数据丢失情况,不能保证IC卡数据中每个班次的方向都能被获取。

在车辆行驶方向匹配方面,公交一票制线路与分段计价线路有所不同。分段计价线路记录乘客上下车站点编号,可根据乘客上下车站点及站点编号方向规律来获得车辆行驶方向。一票制线路未记录乘客上下车站点,因此,需要借助其他数据,如调度信息或数据挖掘手段等来辅助判断车辆行驶方向。

下面介绍基于调度信息的方向匹配方法。

将车辆调度信息表中的各班次车辆号与IC卡数据中的车辆号进行匹配,是判断车辆行驶方向的简便方法。在公交线路行车计划表中,一般都详细记录着每个车辆的发车时间和起始站点,尤其是每天首末三个班次的车辆,一般情况下都严格按照行车计划发车。其他时段内,若某车辆在运营过程中出现较大延误而不能按时到达终点站时,该事件将被记录在调度运营信息表中,临时调整发车的班次、司售人员工号、时间、起始站点等信息也被记录,形成完整的事件数据库。因此,利用线路行车计划表以及调度运营信息表中的车辆编号、司售人员编号的信息,与一卡通数据中车辆编号、司售人员编号信息进行匹配,可进一步确定车辆的起始站点,从而确定车辆的行驶方向。具体分可为以下四个步骤。

第一步,匹配驾驶员编号;

第二步,匹配售票员编号;

第三步,根据发车计划表、调度运营信息表确定起始站点;

第四步,增加一卡通数据中车辆行驶方向的属性。

车辆行驶方向匹配流程如图2-5所示。

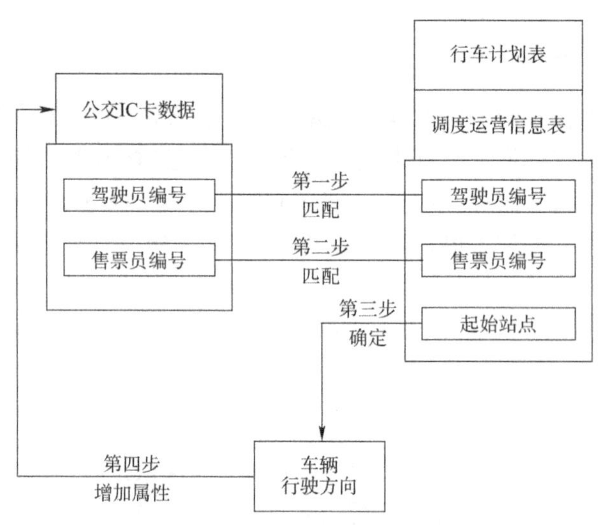

图2-5　车辆行驶方向匹配流程

上述匹配方法只针对地面公交线路。轨道公交线路的运营情况相对于地面公交线路更稳定,到站准点率很高,实际运营中车辆一般情况下能够按照行车计划发车,可直接参照行车计划表来确定车辆行驶方向。

(2)基于聚类分析的上车站点判断。

由于双次刷卡线路的一卡通数据记录了上、下车站的站点编号,使得客流上、下车站信息十分便于统计并能相对保证精确,而单次刷卡线路数据没有站点编号,需要采用相关方法进行处理。下面建立聚类分析方法,对单次刷卡线路车站号进行模糊识别,为各类客流指标特征统计提供精确、全面的数据。

通过在车站刷卡上车的实际情况可以得知,乘坐同一车次乘客的刷卡数据在时间上具有集中性,可以运用时间聚类方法将乘坐同一车次乘客的刷卡记录聚合成为一组。如果线路上每一个站点均有乘客刷卡,则产生的各组数据与公交线路沿途站点一一对应。但是,实际中公交线路基本不可能每个站点均有乘客上车刷卡,所以,通过聚类分析一卡通数据只能统计到有刷卡乘客站点的刷卡数据,而不能通过一一对应判断各组数据对应的公交站点。

根据一卡通数据的刷卡时间记录,线路编号、车辆编号与公交调度信息表发生多对一的关系。根据公交调度信息中的发车时间、到达时间即可推算公交车辆在所有公交站点停靠的时间,同时,根据不同站点间刷卡时间差对刷卡数据进行聚类分析。选取合适的时间差阈值,将小于阈值的归为上游站点,大于阈值的记录归为下游站点。对于阈值的选取,可根据实际调查的数据判定。依据阈值的选取,可以对上车站点进行识别,而刷卡时间可近似认为是公交车辆在公交站点的停靠时间,通过这两个时间的匹配,结合一卡通数据的聚类结果,即可较为准确地判断各上车站点。上车站点识别流程如图2-6所示。

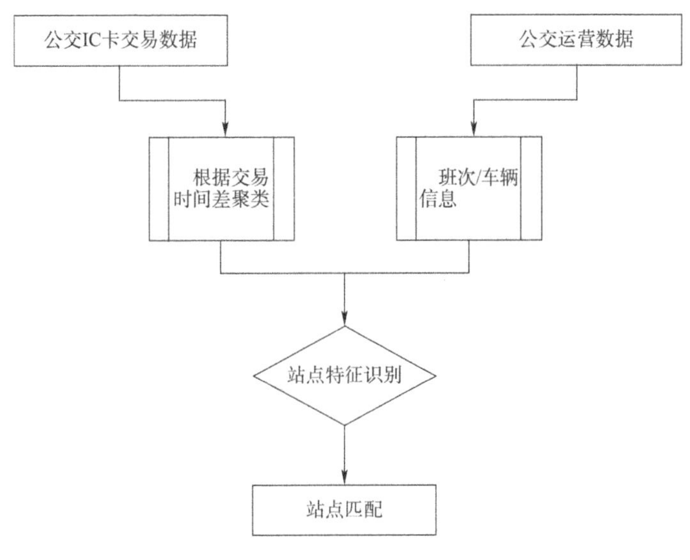

图2-6　上车站点识别流程

(3)站点匹配。

聚类结果产生后,需要与对应的站点匹配。由于中途部分站点会出现无客流的情况,若简单地按照聚类子集与途经站点的先后顺序匹配,误差较大,因此,需要根据公交运营规律来辅佐站点匹配。本书介绍基于站点客流量特征匹配方法。

通过对公交线路站点客流调查统计可知,特定时段内的线路站点客流是有规律可循的。受城市区域功能定位及土地使用的影响,不同站点所服务的乘客数量和范围不尽相同,因此,站点客流量曲线也呈现出具有规律的峰值,将具有客流峰值的站点作为线路的特征站点,可在站点匹配过程中作为标志点,以保证标志点和相邻站点的匹配结果精确,具体步骤如下。

设聚类子集k_i的客流量为p_i，客流峰值站点个数为 n，$D_{q-1,q}$为站点 $q-1$ 与 q 的站间距离，$\overline{V}_t$为站点间车辆运行平均速度，t 为交通时间段，$\overline{RT}_{(q-1,q)}$为站点平均运行时间，则站点匹配步骤如下：

步骤 1，根据客流统计规律特征，确定线路客流峰值站点个数，可以为一个或多个；

步骤 2，按照聚类子集中心m_i由大到小的交易时间从先到后顺序排列，取与客流峰值站点个数相等的前几个聚类子集k_i，与客流峰值站点匹配；

步骤 3，计算相邻聚类子集之间的时间距离与站点间平均运行时间，以客流峰值站点为基准点，根据相邻站点平均运行时间与聚类子集时间距离的大小关系匹配其余站点；

步骤 4，所有聚类子集与站点匹配完成后，对无匹配结果站点插入零值。

(4)基于站点吸引的下车站点判断。

由于单次刷卡线路的一卡通数据没有关于下车站点的记录，不能像判断上车站点一样，通过刷卡时间判断下车站点。但是，由于公交定线定站的运营特征，以及城市居民的出行特点，决定了公交出行在路线的选择和客流的分布上具有一定的规律性和稳定性。利用这些特性，本书采用基于站点吸引的下车站点判断方法。

①下车站点判断基本公式。基于站点吸引的下车站点判断方法，首先引入公交下车概率矩阵的概念。

$$P=(P_{ij})_{m\times m} \tag{2-1}$$

式中：P——公交下车概率矩阵；

P_{ij}——某乘客在公交站点 i 上车，那么其在站点 j 下车的概率；

m——线路停靠站(包含首末站)的个数。

以一条公交线路单向运行一趟的数据分析为例。用D_i表示 i 站点下车人数，S_i表示 i 站点上车人数。上车站点已进行过判断，因此，S_i可运用统计方法得到。

根据公交单向运行的特性，起始站点没有下车乘客，因此 $D_1=0$；

在第 2 个站点下车的乘客来自起始站上车的乘客，因此有：

$$D_2=S_1\times P_{13}+S_2\times P_{23} \tag{2-2}$$

依次类推，得到下车人数计算公式：

$$D_i=\sum_{k=1}^{i-1}(S_k\times P_{ki})\quad i=1,2,\cdots,m \tag{2-3}$$

式中：D_i——i 站点下车人数；

S_k——k 站点上车人数；

P_{ki}——某乘客在公交站点 k 上车，在站点 i 下车的概率。

②下车概率确定方法。根据已有的城市公交客流调查数据，决定站点下车概率主要有两个因素，一是下车站点与上车站点的站距，二是下车站点附近的土地利用性质。

居民公交出行距离分布具有一定的规律，近似服从正态分布。公交出行属于中长距离出行，出行距离在 5～10km 范围内的比例最大，出行距离过长或过短的居民很少采用公交出行方式。这主要是因为，如果居民出行距离过短，居民会采用步行方式或者自行车方式；如果出行距离过长，居民会倾向于选择私人汽车、出租车等出行。居民公交出行的距离特征反应在公交出行的途经站点数量上，表现为途经站点数量在某一个范围内，下车人数为最大，即下车概率最大，当途经站点较少或较多时，下车概率较小，可以看出，下车概率随途经站点数量服从泊松分布。因此，只考虑途经站点数量得到下车概率为：

$$F_{ij} = \frac{e^{-\lambda}\lambda^{(j-i)}}{(j-i)!} \tag{2-4}$$

式中：F_{ij}——i站点上车乘客在j站点下车的概率；

λ——平均公交出行途经站点数量，当i站点以后的站点数量小于平均出行途经站点数时，$\lambda = m - i$；

m——线路单向站点数量。

同时，居民公交出行也受用地性质影响。有购物休闲娱乐等设施在附近的站点与普通站点相比，该类站点的吸引半径更大，吸引力更强，而且附近多有交通枢纽，在这类站点上下乘客通常最多。由站点看来，某站点上车的人数越多，说明该站发生量越大，而公交出行具有很强的往返性，因此，站点发生吸引客流总量基本保持均衡，也就是说站点发生量同时可以反映站点的吸引量。根据统计各站点上车客流总量，计算各站点吸引强度。定义W_i为公交线路各站点吸引权：

$$W_i = \frac{S_i}{\sum_{k=1}^{m} S_k} \tag{2-5}$$

下车概率P_{ij}与居民公交出行途经站数与站点吸引强度相关，即：

$$P_{ij} \propto F_{ij} \tag{2-6}$$

$$P_{ij} \propto W_j \tag{2-7}$$

$$P_{ij} = \begin{cases} \dfrac{F_{ij} \times W_j}{\sum_{k=i+1}^{m} F_{ik} \times W_k} & i < j \\ 0 & i \geqslant j \end{cases} \tag{2-8}$$

式(2-8)代入式(2-6)，即可求得各站点下车人数。

③方法优缺点。基于站点吸引的下车站点判断方法，是根据站点上车人数，并确定站点间的下车概率来计算各站点的下车人数。因此，该方法不能判断单个公交乘客下车站点，不能通过其结果把握单个乘客的出行路径。但是，该方法约束条件较少，运算简单，得到结果较为准确，而且目前常用的公交规划及运营决策方法，只需要了解公交客流总量数据，因此，该方法是目前条件下比较好的下车站点判断方法。

2.2.4.2　双次刷卡数据处理方法

(1)直接获取的有效字段。

双次刷卡交易，从原始数据中可以直接获取以下有效字段。

①GRANT_CARD_CODE：IC卡卡号。

②DEAL_TIME：交易时间(下车刷卡时间)。

③LINE_CODE：线路号。

④ON_STATION：上车站点编号。

⑤OFF_STATION：下车站点编号。

(2)补充字段。

原始数据中可用字段有限,而且不能表征客流真实上下车站点等特征。因此,需要采用一定方法获取以下字段来完善常规公交刷卡数据。

①ON_STATION:上车站点名。

②OFF_STATION:下车站点名。

③ON_STATION_TIME:上车时间。

④BANCI:车辆班次。

⑤LOC_TREND:运行方向。

(3)数据匹配。

本书在处理过程中采用调查的方式获取了包含公交线路/站点名称与代号的对应关系表,在剔除一辆车数据量小于50之后,利用该对应表即可真实匹配客流的上车/下车站点名称。匹配流程如图2-7所示。

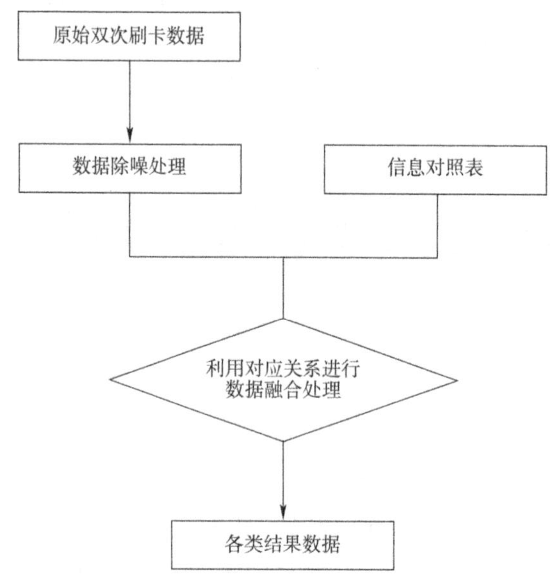

图2-7　常规公交数据匹配流程

其他三个字段的补全工作介绍如下。

①上车时间匹配。客流上车时间用客流下车时间来匹配,主要包括三种情况。

a. 上下车客流均有:本站上车时间取下车时间中位数。

b. 无下车人员:本站上车时间取前后相邻两站上车时间中位值推测。

c. 无上车人员:本站到站时间取前后相邻两站下车时间中位值。

首站上车人员时间可计算两站之间距离与公交平均行驶车速之间的比值,根据下一站下车乘客时间向前推测;若无法计算时,时间赋固定值,处理过程中将其滤掉。

②方向匹配。图2-8中所示为原始刷卡数据,图2-9所示为信息对照表,客流刷卡数据中包含了ON_STATION和OFF_STATION两个字段,并同时有代号表征,此代号与数据匹配用表中的REAL_NUM字段对应。匹配流程如图2-10所示。

LINE_CODE	VEHICLE_CODE	ON_STATION	OFF_STATION
104	00150722	0	6
104	00150722	0	9
104	00150722	1	10
43011	00150722	20	10
104	00150722	11	3
104	00150722	8	3
104	00150722	10	2
104	00150722	1	12
104	00150722	9	6
104	00150722	10	2
104	00150722	3	9
104	00150722	5	9
104	00150722	3	10
104	00150722	6	11
104	00150722	10	5

图2-8　原始刷卡数据样例

ROUTE_NAME	station_NUM	STATION_NAME	REAL_NUM	LONGITUDE	LATITUDE	LOC_TREND
104	1	北京站西	12	116.418123	39.903264	1
104	2	北京站西街西口	11	116.414702	39.900671	1
104	3	台基厂路口东	11	116.407132	39.899647	1
104	4	王府井路口北	10	116.405305	39.908576	1
104	5	新东安市场	9	116.406503	39.914151	1
104	6	灯市西口	8	116.404859	39.918513	1
104	7	美术馆北	7	116.404666	39.924143	1
104	8	大佛寺	7	116.402966	39.926365	1
104	9	宽街路口南	6	116.402833	39.929621	1
104	10	北兵马司	6	116.402592	39.934805	1
104	11	交道口南	6	116.402456	39.93827	1
104	12	方家胡同	5	116.402298	39.942969	1
104	13	安定门内	5	116.402198	39.9452	1
104	14	地坛西门	4	116.401965	39.952337	1
104	15	蒋宅口	3	116.401793	39.958627	1
104	16	安外甘水桥	3	116.401654	39.963103	1
104	17	安贞里	2	116.401426	39.970625	1
104	18	五路居	1	116.399555	39.973942	1
104	1	五路居	1	116.39956	39.973942	2
104	2	安贞里	2	116.401255	39.970624	2
104	3	安外甘水桥	3	116.401486	39.96339	2
104	4	蒋宅口	3	116.401627	39.958526	2
104	5	地坛西门	4	116.401838	39.950957	2
104	6	安定门内	5	116.402056	39.945063	2
104	7	方家胡同	5	116.402171	39.94247	2
104	8	交道口南	6	116.402327	39.937408	2
104	9	北兵马司	6	116.402443	39.934599	2
104	10	宽街路口南	6	116.402606	39.931195	2
104	11	大佛寺	7	116.402827	39.92614	2
104	12	美术馆北	7	116.404556	39.92351	2
104	13	灯市西口	8	116.404782	39.918021	2
104	14	新东安市场	9	116.406253	39.91415	2
104	15	王府井路口北	10	116.405189	39.908451	2
104	16	台基厂路口东	11	116.40713	39.899537	2
104	17	崇文门西	11	116.410412	39.899624	2
104	18	北京站西	12	116.418609	39.903343	2

图2-9　信息对照表

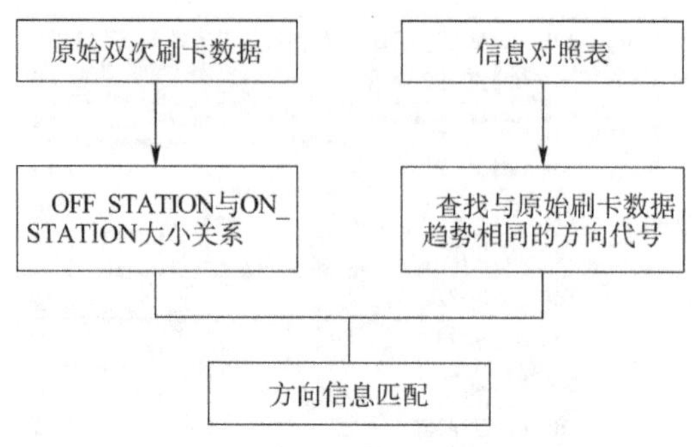

图 2-10 公交客流方向匹配流程

具体匹配过程为:若刷卡数据中代号为增加,图 2-8 中所示为从代号为 1 的站点上车,从代号为 10 的站点下车。查看匹配用表数据(图 2-10),呈现递增趋势的为 LOC_TREND 为 2 的方向,即五路居——北京站西方向。因此,最终匹配该条原始刷卡数据为客流乘坐 104 路五路居——北京站西方向公交车,上车站点为五路居,下车站点为王府井路口北。同理,从代号为 10 的站点上车,代号为 2 站点下车匹配结果为客流乘坐 104 路北京站西——五路居方向公交车,上车站点为王府井路口北,下车站点为安贞里。

③班次匹配。公交车一个班次指一辆公交车从始发站点至终到站点的一次过程。本书中识别班次主要利用原始数据中的车牌数据(VEHICLE_CODE)、客流交易时间(DEAL_TIME)、上车代号(ON_STATIONID)、下车代号(OFF_STATIONID)。公交班次信息匹配流程如图 2-11 所示。

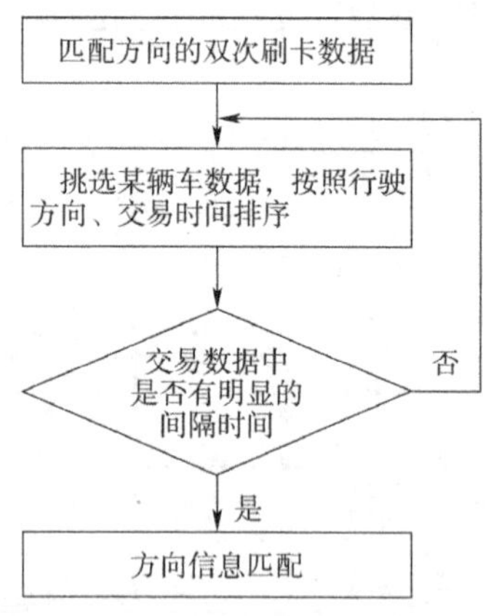

图 2-11 公交班次信息匹配流程

具体匹配过程为:利用方向匹配方法识别各条刷卡记录所处的公交车方向;循环遍历每个车牌数据,对各个车牌信息的数据分别处理识别,将数据按公交车车牌、公交车行驶方向、乘客交易时间排序;循环遍历选中公交车两个方向数据,公交车行驶轨迹为上下行两个方向循环往复且中间必会有一定休整时间,即发车间隔。因此,两个方向的客流刷卡数据中势必会有一个较为明显的刷卡时间间断。本书则主要利用此刷卡时间间隔将各个公交班次之间进行隔断划分并顺序排序。

(4)常规公交数据类型。

经过上述关键处理流程之后,主要输出的常规公交数据包括以下几个类型。

①站点客流数据:记录每辆公交车到达公交站点的时间以及上下车客流人数,掌握每个公交站点不同时刻对于公交客流的重要程度,为站点布设合理性、站点设施评价及改善提供精确的数据支持。

②断面客流数据:即断面客流,记录各线路每两个公交站点之间的客流量,感知公交断面客流量,发现客流拥堵点,对每辆公交车服务水平的评价,公交线路以及发车频次的优化,为疏散拥堵客流提供科学的理论支持。

③用户起讫点数据:记录每个乘客的上车地点、上车时间、下车时间、下车地点,可以精细了解到常规公交乘客的起讫点以及出行特性,感知到乘客的出行需求,为公交线路的优化及相关决策的制订提供数据支持。

④客流路径数据:记录每个乘客在常规公交系统内部的出行路径,感知乘客的出行链路,感知公交走廊客流的时空特性。

2.3 其他相关数据简介

除公交IC卡以外,手机信令数据以及浮动车数据也是公交研究中常用的两类数据。

2.3.1 手机信令数据

2.3.1.1 数据采集原理

手机数据是手机用户在使用过程中产生的大量位置、时间信息和相关用户特征信息。近年来,手机信令数据被广泛用于交通特征分析,与公交IC卡相比,通过手机信令数据可以获取公共交通出行者更为完整的出行轨迹。

依据数据来源分类,手机数据可分为从营运商获取的话单数据、信令数据和通过软件供应商获取的应用数据两大类。由于获取渠道的不同,两类数据具有不同的特征和实用价值。话单数据相比信令数据其数据密度较小,而信令数据在时间上是连续的,即只要用户开机,移动运营商的数据库里就会记录用户连接基站的坐标和连接时长,可以追踪用户在任意时刻的位置。信令数据的数据密度之大,为研究城市宏观交通规划问题提供了决策依据。本书中所用来分析群体移动的建模数据为信令数据。图2-12所示为两种类型的手机数据。两者的主要区别是:话单数据通过通信事件才会触发记录位置信息的指令,而信令数据在开机状态下就会上传位置信息。

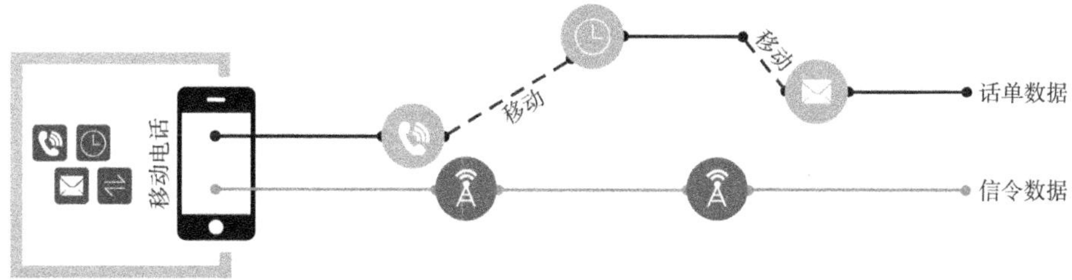

图2-12 手机数据类型示意

移动通信定位数据获取原理:用户待机状态的手机通过移动基站与通信网络保持联系,移动通信网络对手机所处的位置区信息进行记录,当用户在接打电话和收发短信时根据所记录的位置信息可以通过呼叫路由建立通话连接。手机用户的位置信息则存储在来访用户位置寄存器中。当手机用户在发生主叫、被叫、收发短信、开关机、周期性位置更新(长时间没有上报位置信息时触发)和正常位置更新(待机状态下跨越位置区时触发)等行为时,也会触发移动通信网络记录触发信息。

移动通信网络记录触发的信息数据库见表2-3。该数据库包括区别各用户的ID、通信事件发生的时间、发生动作时所在位置区编号、连接的蜂窝扇区编号以及动作发生的类型。

移动通信网络记录触发信息数据库 表2-3

字　段　名	信 息 内 容
IMSI	手机识别号,储存在用户识别卡(Subscriber Identity Module,SIM)中,可区别移动用户有效信息
TIME	时间戳,由厂商在采集卡上对成功发生的事件过程加上的时间标记,精确到秒
LAC	位置区编号
LONGITUDE	基站经度
LATITUDE	基站纬度
HLR	手机用户归属地信息
EventID	事件类型(如:1 周期性位置更新;2 关机;3 开机;4 正常位置更新)

2.3.1.2 数据处理技术

利用移动定位技术提取交通信息,首先需要在移动公司接入数据获取原始数据,通过对原始数据分析筛选,提取有效数据,然后再根据数据特点,通过一定的算法追踪个体,获得个体出行的基本参数,包括起讫点、到发时间、出行次数、出行目的、交通方式,同时,可通过使用多源数据进行校核,寻找规律,提高信息提取的准确性,最后根据应用的需要进行相应的筛选、集计、分析。基于移动定位技术提取交通信息及校核的基本流程如图2-13所示。

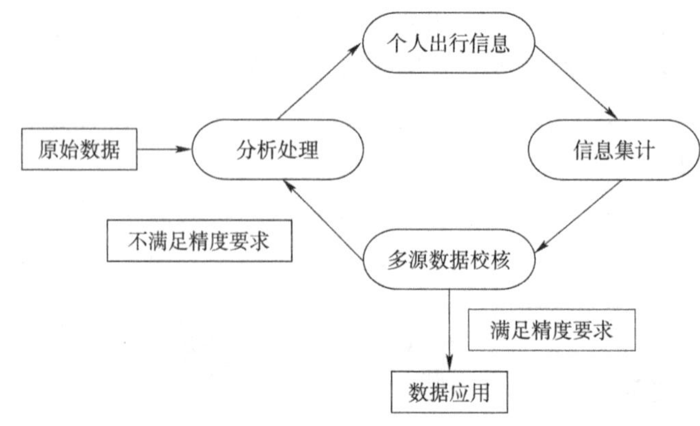

图2-13　基于移动定位技术提取交通信息及校核的基本流程

2.3.2　浮动车数据

2.3.2.1　数据采集原理

浮动车是指安装了车载卫星定位装置并行驶在城市主干道上的公交汽车和出租汽车。本书探讨对象以公交车为主。根据装备车载卫星定位系统的浮动车在其行驶过程中定期记录的车辆位置、方向和速度信息,应用地图匹配、路径推测等相关的计算模型和算法进行处理,使浮动车位置数据和城市道路在时间和空间上关联起来,最终得到浮动车所经过道路的车辆行驶速度以及道路的行车旅行时间等交通拥堵信息。

其核心设备是车载卫星定位数据采集设备(北斗或GPS),记录车辆的实时位置、方向和速度信息,利用无线通信网络传输模块将数据传输至后台中心,后台中心经过计算后返回道路的交通运行状态信息。浮动车数据采集技术原理如图2-14所示。

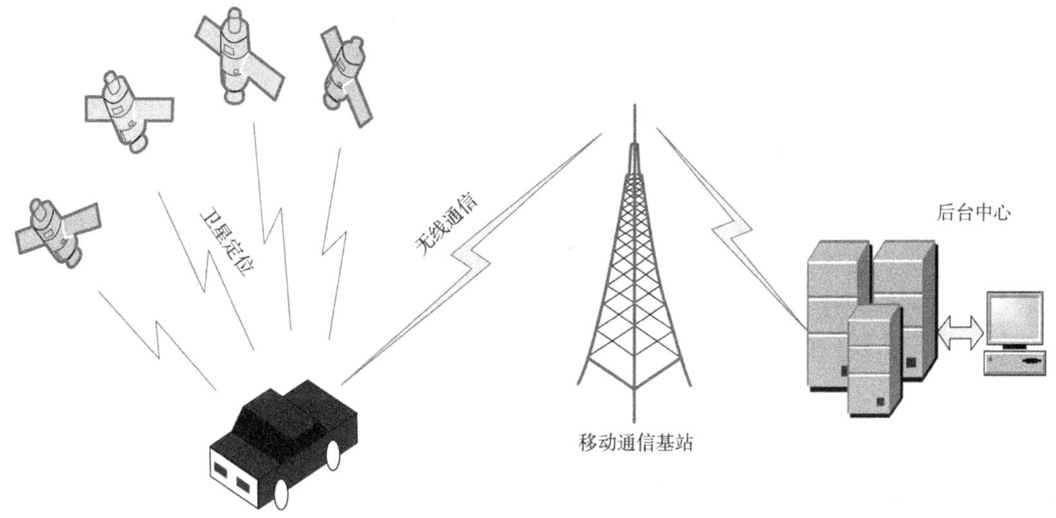

图2-14　浮动车数据采集技术原理

2.3.2.2　数据处理技术

目前,浮动车通过定位装置等采集数据并通过无线通信网络将车辆运行数据传回信息中心的技术已经比较成熟。然而,基于浮动车数据处理技术计算推测出的交通状态准确性仍不高,是浮动车技术中必须解决的关键问题。因此,运行于后台的信息处理子系统是浮动车系统的核心,浮动车信息处理流程主要包括车载定位数据接收、浮动车数据预处理、地图匹配、路径推测和路况计算五个过程。

(1)车载定位数据接收。

城市浮动车系统中的浮动车通常主要由城市公交车与出租汽车组成,二者具有行驶时间长和行驶范围大的特点,非常适合作为城市交通实时信息采集车。每辆浮动车上的车载定位设备按照一定的周期向后台信息中心上传一个定位点数据包,包括车辆编号、上传时间、位置坐标、瞬时速度、行驶方位角、运行状态等内容。

(2)浮动车数据预处理。

由于受到各种原因的影响,如定位设备信号失真、漂移,浮动车自身运营原因如上下客等,造成数据中存在大量不能正确反映道路交通状态的数据,这些数据不能用于交通状态的推测计算,而且还会加大计算处理的工作量和难度,干扰计算结果,因此,需要在数据处理前采取一定的规则将这些无效数据进行剔除,从而减小后续计算的工作量,提高计算的精度。

(3)地图匹配。

浮动车回传的定位坐标只能反映车辆的位置,而不能直接与路网路段相关联,因此,车辆在道路网中行驶的情况下,必须依赖地图匹配算法完成车辆位置与路网弧段的关联。地图匹配的目标是通过一定的算法弥补定位卫星的误差,把车辆坐标修正定位到准确的路段上,即主要完成车辆坐标数据点投影的工作,即通过将浮动车不同时刻的车辆定位数据向周围道路进行匹配投影,最终获得其可能行驶道路和相应投影点的信息。

(4)路径推测。

路径推测位于地图匹配之后,主要是综合每辆浮动车在某一时间段(通常是几分钟)内的所有车辆点数据,根据时间和道路的连续性,最终确定该车辆在本周期内的行车路线,然后进一步可以获得路线上每个定位点对应的唯一的投影点和道路信息。

(5)路况计算。

路况计算处理的对象是推测出的行车路线数据,主要是路段运行速度、行驶时间数据。计算每辆车相邻两个定位点之间途经道路的拥堵状况和旅行时间,对横跨相邻路链的路线在交点处进行分割,依次完成所有浮动车所行驶道路的路况信息计算。最后对每条路链上所有车辆产生的路况信息做进一步的融合处理,生成以路段为单位的实时动态交通信息。

第3章 公交运行智能监测与分析

3.1 公交运行智能监测指标体系

3.1.1 指标构建思路

根据公交线网运行状态监测支撑目标和政府公交运营监测专班对监测工作提出的要求，公交运行监测指标体系的建立一般遵循以下总体思路。

借鉴国内外公交线网运行状态监测指标体系经验，着重从政府管理部门角度设计评价城市公交线网运行状态监测分析指标，以支撑公交线网优化调整，公交运营企业服务质量考核评价等工作。

在指标体系的构成方面，采取分层构建的方式，设置准则层，分层说明城市公交线网某些特定方面的运行状态情况，如公交运力与运量、车辆运行状态、公交能耗、安全、经济、乘客服务等方面。

3.1.2 指标选取原则

在公交线网运行状态监测指标选取过程中采取多目标原则，结合定量和定性分析方法，基于国内外相关研究成果和应用经验借鉴，建立满足行业管理业务需求的公交线网运行状态监测指标体系应遵循以下原则。

(1)科学性。

公交线网运行状态监测指标的选择、指标计算方法、基础数据的采集必须以科学理论准则为依据，确保指标数据来源可靠、准确，评价指标目的明确，定义准确，且能够量化处理。

(2)可比性。

公交线网运行状态监测指标体系设计要求各项指标尽可能采用国际上通用的名称、概念和计算方法,使之同类城市公交系统具备必要的可比性。此外,具体评价指标也应具有时间维度上的可比性,从而对城市公交线网运行状态监测指标体系进行动态分析和评价。

(3)可操作性。

公交线网运行状态监测指标体系应是简易性和复杂性的统一,要充分考虑指标基础数据能够通过各种不同方法可采集和指标计算方法精简可量化。指标体系结构要尽可能简单,具体指标要通俗易懂,保证易被公众所接受。

(4)完整性。

公交线网运行状态监测指标体系目标主要支撑城市公交线网优化、政府决策支持、企业评价考核和乘客出行服务等方面。选取指标应系统、全面地反映监测目标多元化的要求,涵盖当前及未来一个时期城市公交发展方向与工作重点。

(5)可获取性。

指标的选取应充分考虑利用既有可获取的各类相关大数据,包括实时运行数据、IC 卡数据、定位数据(北斗或 GPS)及各类静态数据等,以数据驱动公交运行的智能检测与分析。

3.1.3 指标体系构建方法

公交线网运行状态监测分析涉及面广、内容多,指标选取考虑的因素也多,因此,用简单的线性结构难以描述各指标的内在联系。根据指标构建思路,一般采用层次分析法建立树状关系结构,运用目标层次分类展开法将目标按逻辑分类向下展开为若干目标,再把各个目标分别向下展开成分目标或准则,依此类推,直到可定量或进行定性分析(指标层)为止。

目标层次分类法是最常用的方法,选取的指标直接与目标相关,具有层次性,并可随着目标的增多而扩充。公交线网运行状态监测分析指标体系由准则层、指标层两个层次构成。准则层反映公交线网运行状态某一方面的监测情况,具体由若干个评价指标构成。评价指标是公交线网运行状态监测指标体系结构的最小单位,反映准则层某一要素的监测现状。评价指标采用定义、单位、计算公式、基础数据来源、统计维度等要点进行综合描述。指标体系结构如图 3-1 所示。

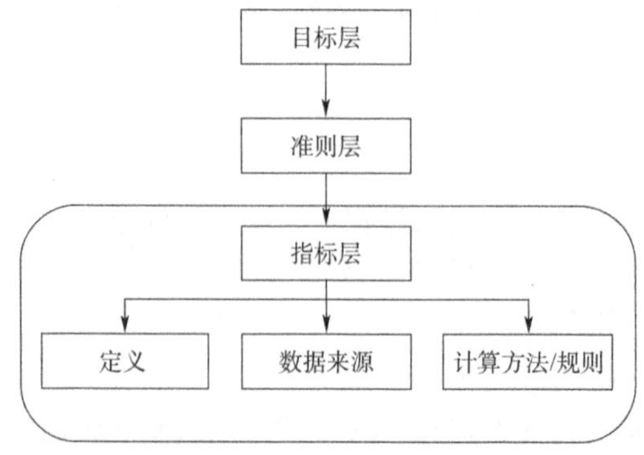

图 3-1　公交线网运行监测分析指标体系结构图

3.1.4　指标体系的构建

基于国内外指标研究及应用经验借鉴和行业管理部门业务需求，按照评价指标的选取原则，从六个维度设计指标体系的准则层，具体包括车辆运行、客流、调度、安全、服务和其他。指标体系如图3-2所示。

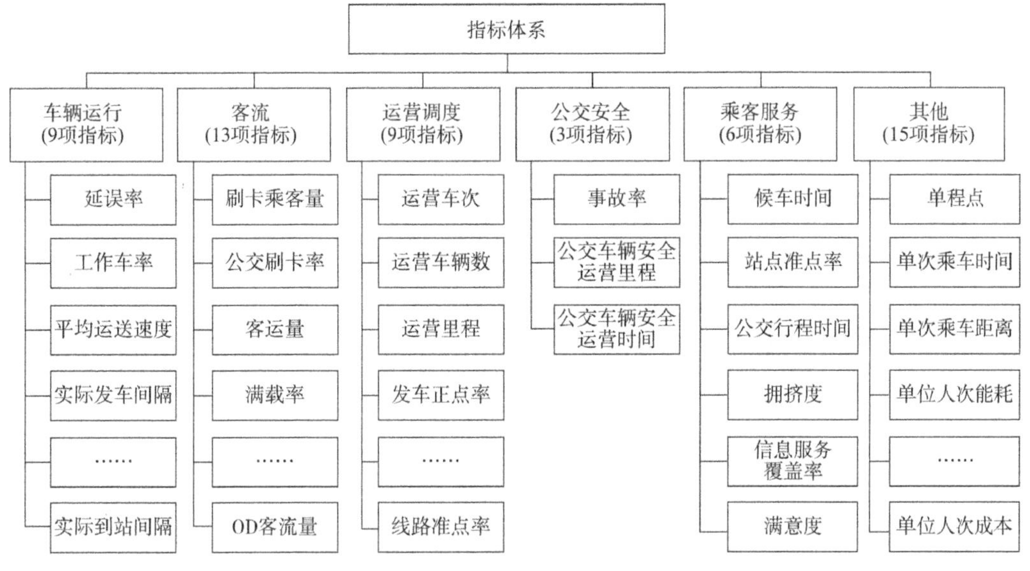

图3-2　公交线网运行监测分析指标体系

3.1.4.1　车辆运行

车辆运行主要反映公交运营效率和运营质量，共9项指标，见表3-1。

车辆运行准则层指标　　表3-1

准则层	指标项	指标含义
车辆运行	延误率	反应公交车辆到站的延误情况
	平均运送速度	直接反映公交车辆运行效率情况，间接反映公交快捷性情况
	重点通道运送速度	反映重点通道车辆运行效率情况
	公交专用道运送速度	反映公交专用道车辆运行效率情况
	平均运送速度比	反映公交车辆畅行情况
	实际发车间隔	反映公交发车频率
	实际到站间隔	直接反映公交车辆运行状况，间隔反映公交服务可靠性情况
	行车间隔稳定度	直接反映公交车辆运行状况，反映公交服务可靠性情况
	工作车率	反映公交车辆实时运力投放率情况

3.1.4.2　客流

客流主要反映公交日常运送乘客状况，共有13项指标，见表3-2。

客流准则层指标 表 3-2

准则层	指 标 项	指 标 含 义
客流	刷卡乘客量	反映使用公交一卡通刷卡客流情况
	在线刷卡乘客数	反映使用公交一卡通刷卡的实时客流情况
	站点刷卡登降量	直接反映公交站点刷卡上下车客流情况,间接反映公交站点设置合理性
	公交刷卡率	反映公交一卡通的使用情况
	车辆上下车乘客数	反映车辆载运乘客效率情况
	客流不均衡系数	反映客流量不均衡程度的情况
	满载率	反映城市公交舒适性情况
	高峰小时最大断面满载率	反映早晚高峰时公交站点间的最拥挤情况
	OD 客流量	反映公交起终点间的客流量情况
	断面客流量	反映公交站点间客流量情况
	高峰小时最大断面客流量	反映早晚高峰时公交站点间的最大客流情况
	客运量	反映城市公交总体运营效果情况
	最高日客运量	反映城市公交最高客运量情况

3.1.4.3 运营调度

运营调度主要反映公交运营调度和指挥的效果与质量,共9项指标,见表3-3。

运营调度准则层指标 表 3-3

准则层	指 标 项	指 标 含 义
运营调度	全网运行车次	反映全网线路为完成运营业务开行车辆的总次数
	线路运行车次	反映运营线路为完成运营业务开行车辆的总次数
	发车正点率	反映公交服务可靠性情况
	线路准点率	反映公交线路按照计划发车的准点情况
	运营车次	反映城市公交运力供给情况
	运营车辆数	反映城市公交车辆供给情况
	在线运营车辆数	反映城市公交实时车辆供给情况
	运营里程	反映城市公交总体运营效果情况
	高峰小时配车数	反映城市公交总体运营效果情况

3.1.4.4 公交安全

公交安全指反映公交运营安全服务方面的情况,共3项指标,见表3-4。

公交安全准则层指标 表 3-4

准 则 层	指 标 项	指 标 含 义
公交安全	事故率	反映城市公交服务安全性情况
	公交车辆安全运营里程	反映公交车辆安全运营的距离情况
	公交车辆安全运营时间	反应公交车辆安全运营的时间长短

3.1.4.5 乘客服务

乘客服务直接反映为公交乘客所提供服务质量的高低,间接反映公交服务便捷性情况,共6项指标,见表3-5。

乘客服务准则层指标 表3-5

准则层	指标项	指标含义
乘客服务	候车时间	反映乘客平均候车时间
	站点准点率	反映公交站点服务准点情况
	公交行程时间	反映公交乘客平均出行时间
	拥挤度	反映公交服务舒适性情况
	信息服务覆盖率	反映公交信息服务覆盖情况
	满意度	反映公交乘客满意度情况

3.1.4.6 其他

其他包括公交出行特征、能耗和经济方面,具体内容如下。

(1)公交出行特征是直接反映公交乘客出行特征,间接反映公交服务便捷性情况,共8项指标。

(2)公交能耗反映城市公交在缓解交通拥堵、节能减排等方面所做出的贡献,共2项指标。

(3)公交经济指反映公交运营成本和票价合理性的指标,共5项指标,见表3-6。

出行特征、能耗和经济准则层指标 表3-6

准则层	指标项	指标含义
出行特征	单程点	反映公交线路运行顺畅程度
	大间隔发生次数	反映大间隔发生的情况
	串车发生次数	反映公交运行效率的情况
	单次乘车时间	反映乘客乘坐公交时间
	单次乘车距离	反映公交乘客出行距离
	公交运送速度稳定性	反映公交服务可靠性情况
	低速运行区间	直接反映公交运行的低速区间
	人均乘车次数	反映公交服务便捷性情况
能耗	单位能源消耗强度	反映公共交通对城市节能减排的贡献情况
	单位人次能耗	反映公共交通对城市节能减排的贡献情况
经济	公交车辆运营成本	反映公共交通车辆运营成本情况
	单位人次成本	反映公共交通票价的合理性
	车公里成本	反映公共交通运营成本情况
	线路运营成本	反应线路运营成本情况
	公交企业年运营成本	反应公交企业年运营成本情况

综上，在借鉴国内外相关研究成果及公交行业管理部门的业务需求的基础上，设计得出公交线网运行状态监测分析指标体系，包括6个准则层55个具体指标。

3.2 基于智能监测指标的线路运行状态分析

本书以北京骨干线430路为例，进一步说明基于智能监测指标的线路运行状态分析的思路和方法。

3.2.1 线路基本概况

430路是连通亚北地区与中心城区，服务于天通苑、北苑等大型社区，并途经北苑路的骨干公交线路。线路起终点为地坛西门→东沙各庄公交场站；东沙各庄公交场站→安定门，总长度约21km。线路自地铁天通苑北站南—和平西桥南区间与轨道交通5号线并行，平西王府路口南—立水桥北站区间与BRT3并行（BRT3走快速公交专用道、430走社会车道）。

3.2.2 客流分析

430路客运量在全市公交线路中处高位水平。2018年，430路年日均客运量15201人次，北京市日均客运量在1万人次以上的公交线路共355条，430路位于第166位，如图3-3所示。

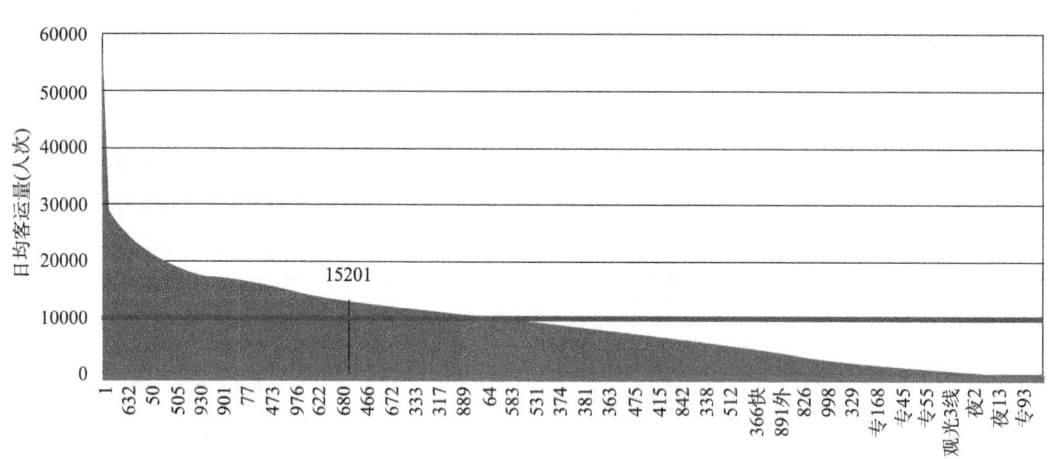

图3-3 线路年日均客运量排名

430路早晚高峰潮汐特征明显。出城方向工作日早高峰时段平均刷卡乘客数733人次，晚高峰时段平均刷卡乘客数1442人次；进城方向工作日早高峰时段平均刷卡乘客数2394人次，晚高峰时段平均刷卡乘客数677人次，如图3-4所示。

（1）登降量较大的站点。东沙各庄公交场站、东沙各庄（服务东沙各庄地区），地铁天通苑北站南（接驳地铁5号线），慧忠路东口（5号线沿线且设站具有互补性）。

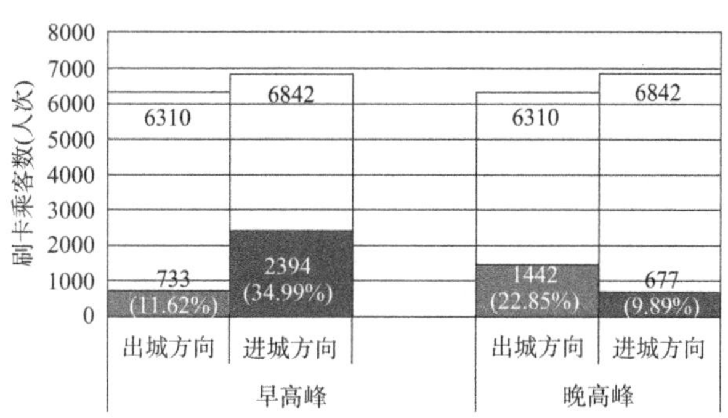

图 3-4　进出城早晚高峰刷卡乘客数对比

(2)登降量较小的站点。

①出城方向:东小口、丽水园(处立水桥北路单行路段),地铁立水桥站(与 5 号线功能重复)。

②进城方向:天通苑太平庄、天通西苑北(与 5 号线功能重复),地坛西门、安定门(线路城区末端)。

(3)进出城登降量。

①出城方向:上车客流主要集中在城区段(地坛西门→地铁大屯路东口区间的站点)和北苑,且各站差异不明显;下车客流主要集中东沙各庄公交场站、平坊(地铁 5 号线、BRT3 无法覆盖区域)。

②进城方向:上车客流主要集中东沙各庄公交场站、东沙各庄、平坊;下车客流主要集中在城区路段(地坛西门→地坛大屯路东站区间的站点)和地铁天通苑北站南(接驳地铁 5 号线)。

进出城各站点登降量如图 3-5 所示。

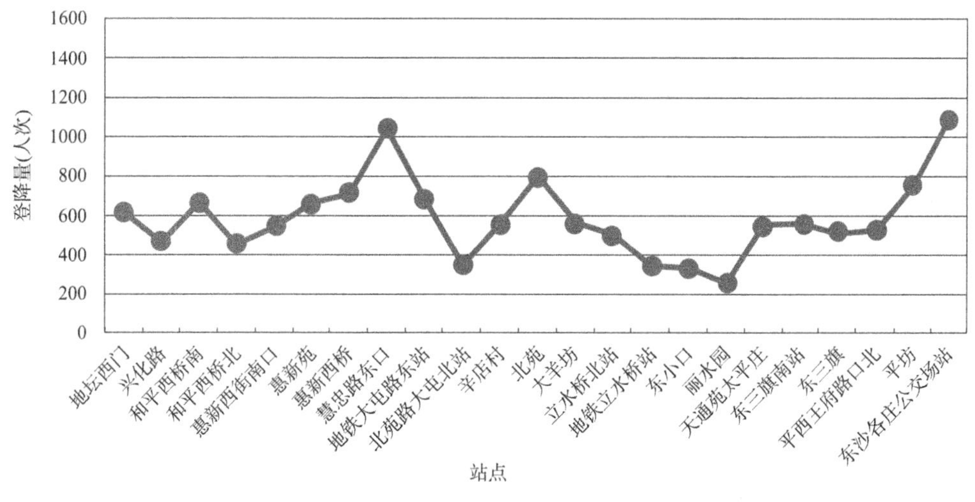

a)进城方向站点登降量

图　3-5

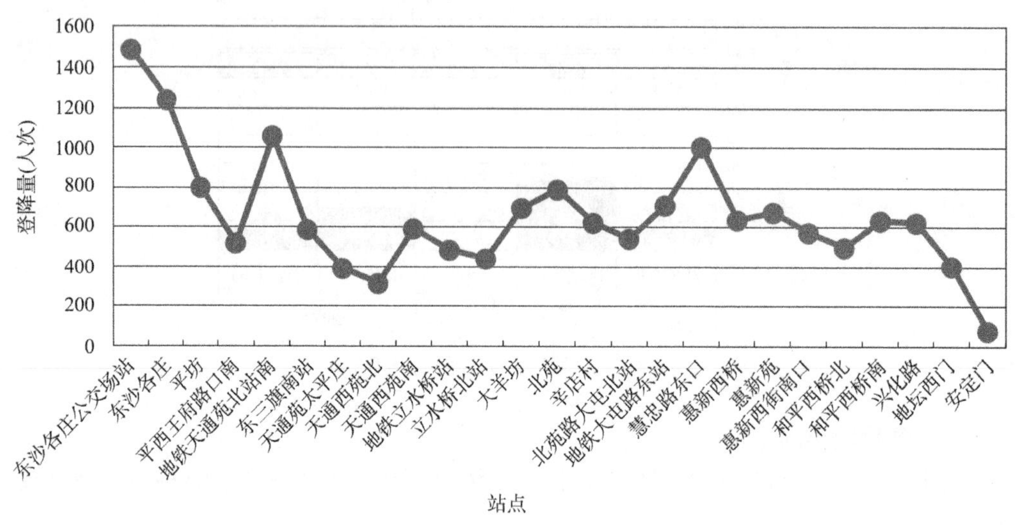

b)出城方向站点登降量

图 3-5　进出城方向站点登降量分布

3.2.3　运力分析

(1)运营车辆。

如图 3-6 所示,2019 年 1 月份工作日最高运营车辆数 40 辆,工作日平均实际运营车辆数为 36 辆。

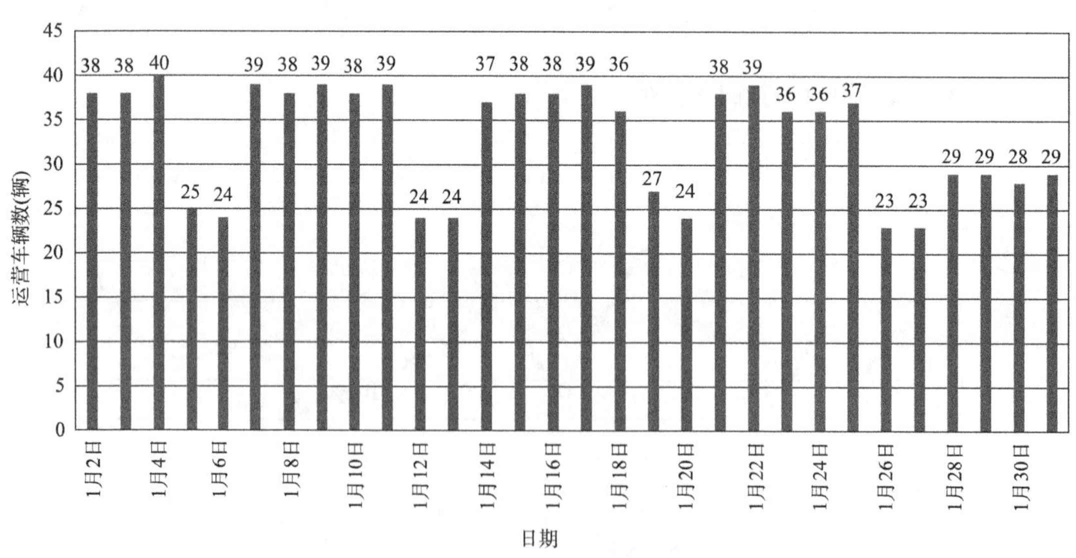

图 3-6　实际运营车辆数

(2)发车间隔。

出进城方向的公交发车间隔见表 3-7、表 3-8。

出城方向发车间隔 表3-7

东沙各庄公交场站→安定门(进城)			
时段	调度系统数据		
	实际发车间隔(min)	发车次数	计划发车间隔(min)
7:00之前	6.78	7	6.78
7:00~8:00	6.34	9	6.32(主要是6~8min)
8:00~9:00	7.60	8	7.48
9:00~10:00	9.26	6	9.12
10:00~11:00	9.14	7	9.07
11:00~12:00	8.18	7	8.10
12:00~13:00	13.59	4	13.28
13:00~14:00	15.23	4	14.90
14:00~15:00	12.50	5	12.57
15:00~16:00	9.21	7	9.41
16:00~17:00	7.28	9	7.15
17:00~18:00	8.41	7	8.36
18:00~19:00	10.99	6	10.98
19:00~20:00	11.94	5	11.92
20:00~21:00	10.19	7	10.08
21:00~22:00	11.91	5	12.20
22:00~23:00	10.99	1	10.29

进城方向发车间隔 表3-8

地坛西门→东沙各庄公交场站(出城)			
时段	调度系统数据		
	实际发车间隔(min)	发车次数	计划发车间隔(min)
7:00之前	16.15	4	16.15
7:00~8:00	9.34	7	9.23
8:00~9:00	7.32	8	7.28
9:00~10:00	7.16	9	7.21
10:00~11:00	6.92	9	6.68(主要是5~8min)
11:00~12:00	11.07	6	11.11
12:00~13:00	10.77	6	10.72
13:00~14:00	10.47	6	10.41
14:00~15:00	10.56	6	10.57
15:00~16:00	10.78	6	10.75

续上表

时　　段	调度系统数据		
	实际发车间隔(min)	发车次数	计划发车间隔(min)
16:00~17:00	11.03	6	11.24
17:00~18:00	7.93	8	7.94
18:00~19:00	7.75	8	7.77
19:00~20:00	9.16	7	9.12
20:00~21:00	11.34	6	11.08
21:00~22:00	12.37	5	12.32
22:00~23:00	13.46	4	13.42
23:00~24:00	11.88	1	11.91

①出城方向:计划发车间隔主要集中在5~8min(8:00~11:00、17:00~19:00)、10~12min(7:00~8:00、12:00~17:00、21:00~23:00)。

②进城方向:计划发车间隔主要集中在6~8min(6:00~9:00、11:00~12:00、16:00~18:00)、10min(9:00~11:00、18:00~22:00)。

3.2.4 运行情况分析

(1)运行时间。

如图3-7所示,计划单程运行时间60~75min,主要集中在70min。出城方向:7:00~19:00运行时间集中在68~75min,其他时间段主要集中在60min。进城方向:7:00~21:00运行时间集中在70~75min,其他时间段主要集中在60min。出城方向平均运行时间为71.57min,进城方向平均运行时间为79.16min。

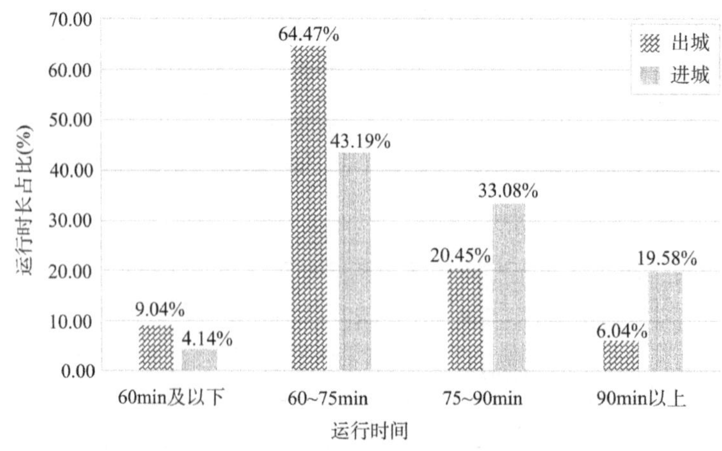

图3-7　运行时间占比图

全程运行时间超80min的车次主要集中在进城方向7:00~10:30、出城方向16:30~18:30;其中,进城方向7:30~9:00时段内发车的车辆全程行程时间超100min。

出城方向 5:30 ~ 6:00、23:00 ~ 23:30 运行时间最小，平均运行时间均为 58min；进城方向 22:30 ~ 23:00 运行时间最小，平均运行时间 60min。

(2) 大间隔。

出城方向：日均发生大间隔次数 410 次；大间隔次数最多的站点是平西王府路口北，约 22 次。发生次数最多的时段为 6:00 ~ 8:00，约 88 次。惠新西街南口 6:00 ~ 7:00 发生大间隔次数最多，日均 3.04 次。

进城方向：日均发生大间隔次数 361 次，大间隔次数最多的站点是和平西桥南，约 20 次，发生次数最多的时段为 13:00 ~ 15:00，日均 72 次。

(3) 串车。

出城方向：日均发生串车次数 202 次；串车次数最多的站点是东沙各庄公交场站、平坊，约 13 次；发生次数最多的时段为 10:00 ~ 12:00，约 46 次；平坊 19:00 ~ 20:00 发生串车次数最多，日均 2.05 次。

进城方向：日均发生串车次数 225 次；串车次数最多的站点是和平西桥南，约 19 次；发生次数最多的时段为 8:00 ~ 10:00，约 45 次；11:00 ~ 13:00、17:00 ~ 19:00 串车次数较高，分别达 38 次、37 次；和平西桥南在 9:00 ~ 10:00、12:00 ~ 13:00 串车次数最多，日均串车次数分别为 2、2.05 次。

(4) 运行速度。

进城方向低效运行区间明显多于出城方向；和平西桥南—和平西桥北路段运行速度较低，出城方向和进城方向分别为 9.47km/h、10.66km/h。

出城方向和平西桥南—和平西桥北全天均处于低效运行水平；5:00 ~ 9:00、13:00 ~ 21:00 该区段车辆运行速度低于 10km/h；出城方向早高峰时段丽水园—天通苑太平庄路段运行速度较低；晚高峰时段惠新西桥—慧忠路东口区间运行速度较低。

进城方向低效运行路段较多，尤其集中在早高峰时段；进城方向和平西桥北—和平西桥南全天均处于低效运行水平，7:00 ~ 12:00 运行速度低于 10km/h；进城方向早高峰时段东沙各庄公交场站—东沙各庄、地铁天通苑北站南—天通西苑北运行速度较低；晚高峰时段天通西苑南—地铁立水桥站运行速度较低。

3.3　基于智能监测指标的线网运行状态分析

本书从四个维度设计指标体系的准则层进行公交线网运行状态的运行分析，具体包括公交服务可靠指数、公交出行幸福指数、绿色出行指数、独立参数。公交服务可靠指数从公交供给侧提出评价指标，评价了城市公共交系统提供持续稳定公共交通供给的能力。公交出行幸福指数从公交需求侧提出评价指标，使用公共交通出行的居民在接受公共交通系统服务时感受到的幸福度。绿色出行指数体现城市绿色交通整体运营状态的评价指标。独立参数描述城市公交系统基本运营状况、设施情况等，体现城市公交服务保障能力。

本书同样以北京市为例，对北京市公交线网运行状态进行评价分析。表 3-9 是指标分析结果。

公交线网运行评价指标体系　　表3-9

指　标　层	参　数　层	计 算 结 果
公交服务可靠指数	准点率	78.0%
	大间隔发生率	0.61 次/车次
	工作日早高峰准点率	67.4%
	公交专用道线网覆盖率	7.6%
	公交专用道服务覆盖率	13.1%
公交出行幸福指数	平均换乘次数	1.34 次
	平均换乘时间	13.25min
	居民便捷搭乘率	91.2%
	重点区域可达性	独立展示
	线网覆盖率	67.1%
	线路平均运行速度	19.02km/h
	平均出行时耗	34.56min
	单位距离行程时耗	2.75min
	重点通道高峰平均运送速度	27.62km/h
	重点通道平峰平均运送速度	30.31km/h
	公交专用道高峰平均运送速度	29.70km/h
	高峰满载率	76.0%
绿色出行指数	公交出行比例	22%
	单车出行比例	12.1%
	轨道出行比例	16.5%
	单车投放密度	55 辆/km^2
	单车使用密度	222 次/km^2
	公交线网密度	2.8km/km^2
	地铁线网密度	0.042km/km^2
	公交地铁衔接率	98.8%
	公交单车衔接率	0.2002
	地铁单车衔接率	0.5075
独立参数	单车投放量	90 万辆
	单车出行量	364 万辆
	公交线路数量	1620 条
	公交线路运营里程	4.6 万 km
	地铁线路数量	26 条
	地铁线网运营里程	940.6km

3.3.1 公交服务可靠指数

公交服务可靠指数包括运营稳定性和线网可靠性两部分。

运营稳定性由准点率、大间隔发生率以及用于评价日常通勤人群乘车体验的工作日早高峰准点率三个指标表征。由于北京市早高峰拥堵的原因,公交工作日早高峰准点率为67.4%,低于平均准点率78.0%。北京公交的大间隔发生率为0.61次/车次,这意味着每趟公交车在一次完整的运营周期内平均遇到0.61次大间隔。

线网可靠性主要由公交专用道的覆盖率来表征,北京设置的公交专用道共覆盖7.6%的公交线网并服务于13.1%的出行人次。

3.3.2 公交出行幸福指数

公交出行幸福指数是从乘客的角度出发,评价乘客出行的便利程度、速度以及舒适性。

便利性包括换乘相关的平均换乘次数及平均换乘时间。北京居民在一次完整的出行中(从出发地到目的地)平均换乘1.34次,平均花费13.25min。该指标统计了公交及地铁两种出行方式,以及两种不同出行方式间的换乘行为。同时,便利性也包括可达性相关的居民便捷搭乘率、重点区域可达性和线网覆盖率。共有91.2%的北京市民步行小于500m即可到达最近的公交站点,该指标中居民的分布使用手机信令识别得到。北京全市的公交线网共覆盖了北京市67.1%的城市道路网。

速度相关的指标有线路平均运行速度、平均出行时耗、单位距离行程时耗、重点通道高峰平均运行速度、重点通道平峰平均运行速度、公交专用道高峰平均运送速度。北京市公交车的平均运行速度为19.02km/h,由于道路等级更高,重点通道的运送速度高于平均运行速度,其平峰速度为30.31km/h,高峰速度为27.62km/h,该指标中重点通道包括了北京市的高速公路、城市快速度及部分主干道。在早晚高峰期间社会车辆禁止驶入公交专用道,公交专用道覆盖的路段公交车的平均运送速度更高,达到了29.70km/h。北京居民的地面公交平均出行时耗为34.56min,其时间分布如图3-8所示,其中14%乘客的出行时间较长,超过了60min。北京市民乘坐公共交通方式平均每公里花费的时间为2.75min,该指标中包括了公交和地铁两种出行方式及换乘所花费的时间。

舒适性主要由评价拥挤程度的高峰满载率来表征。北京市主要交通线路高峰时段的乘客极值平均为额定载客量的76.0%。

3.3.3 绿色出行指数

以绿色交通分担率相关的指标中可以看出,地铁出行是北京居民最普遍选择的绿色出行方式。北京居民的出行,选择地铁出行的出行次数占全部出行次数的比例是16.5%,略高于单车的12.1%,稍低于公交的22%。

绿色交通密度的相关指标表征了北京市全市范围内各类绿色出行方式的供给密度及共享单车的使用密度,其中包括:共享单车的投放密度约为55辆/km^2,单车使用密度约为222次/km^2,公交线网密度为2.8km/km^2,地铁线网密度为0.042km/km^2。

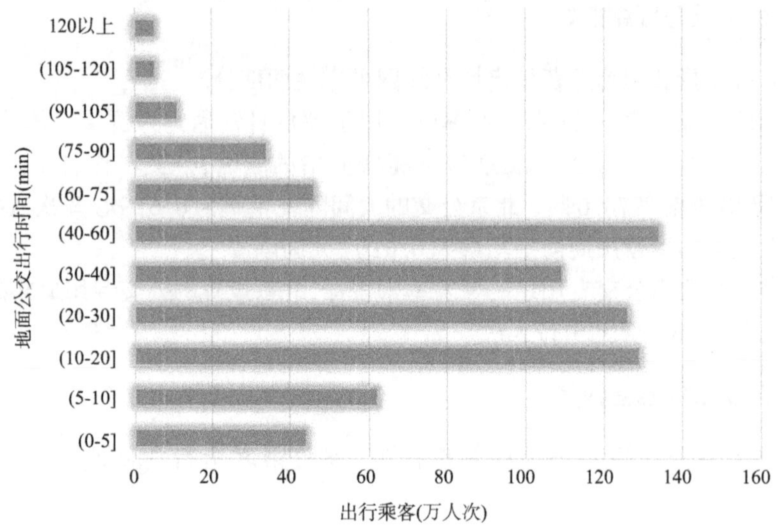

图 3-8　出行时耗分布

从绿色交通衔接率的相关指标中可以看出，北京的公交—地铁衔接率较高，地铁站周边150m 内有公交站的概率是98.8%，地铁—单车衔接率高于公交—单车衔接率，即每位从地铁出站的乘客将可以寻找到的共享单车数量约为公交乘客的2.5 倍。其中，衔接率最高的地铁站是：分钟寺站、欢乐谷景区站、小红门站、南楼辛庄站和安河桥北站。

第 4 章 数据驱动的公交线网健康诊断与优化

4.1 基于大数据的线网健康诊断

4.1.1 公交线路综合评价指标体系

运用层次分析法将公交线路“健康指数”综合评价指标体系分为三层：目标层、准则层、指标层。

评价等级可以定为三级：健康、亚健康和不健康，则评价向量为：

$$V=(\text{健康},\text{亚健康},\text{不健康})$$

然后，确定目标层与准则层的权重向量与隶属度矩阵，进行模糊综合评价。

本书采用三层模糊综合评价模型，得到最终评价结果。

公交线路“健康指数”评价从线路布局合理性、可靠性、客流供需平衡性、效益性四个准则进行考虑。

(1)布局合理性。

线路布局合理性包括线路长度平均偏差、线路非直线系数、线路平均站距、枢纽节点关联度和线路途经核心区长度指标。

(2)可靠性。

可靠性包括平均发车间隔、到站不规律指数和平均运送速度指标。

(3)客流供需平衡性。

客流供需平衡性包括高峰时段线路断面满载率、断面客流不均匀系数和客流方向不均衡系数。

(4)效益性。

效益性主要包括车公里客运量这一个指标。评价指标体系如图4-1所示。

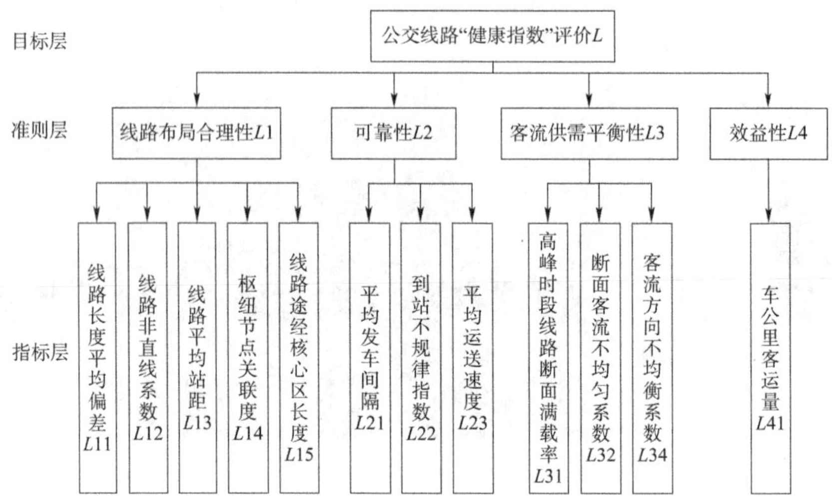

图4-1　公交线路"健康指数"评价指标体系

4.1.2　各评价指标定义及评价指标分级值

(1)线路长度平均偏差。线路长度为公共交通线路经过的道路中心线总长度,线路长度平均偏差指线路长度与平均值的差的绝对值与平均值的比,计算公式为:

$$线路长度平均偏差 = |线路长度 - 平均值|/平均值 \tag{4-1}$$

线路过长或过短都不利于调度《城市道路设计规范》指出:市区公共汽车与电车主要线路的长度宜为8~12km。

(2)线路非直线系数。线路非直线系数为公交线路长度与线路起、终点之间的空间直线距离之比,是路网布局规划中的一项重要指标,计算公式为:

$$线路非直线系数 = 公交线路长度/线路空间直线距离 \tag{4-2}$$

《城市道路设计规划》指出:公共交通线路非直线系数不应大于1.4。

(3)线路平均站距。线路平均站距指线路各站点间距离的平均值,是路网布局规划中的一项重要指标,快线、普线、支线的指标分级值不同,单位:m。其计算方法为:

$$线路平均运距 = 公交线路长度/(线路站点数 - 1) \tag{4-3}$$

《城市道路交通规划设计规范》对公共交通站距有标准的规定,见表4-1。

公共交通站距(单位:m)　　表4-1

公共交通方式	市　区　线	郊　区　线
公共汽车与电车	500~800	800~1000
公共汽车大站快车	1500~2000	1500~2500
中运量快速轨道交通	800~1000	1000~1500
大运量快速轨道交通	1000~1200	1500~2000

(4)枢纽节点关联度。枢纽节点关联度是指一条线路与公交枢纽或轨道交通的衔接程度,可计算为距离轨道或 BRT 的距离。公交线路站点与轨道或 BRT 站点之间换乘距离越小,其靠近轨道或 BRT 站点,有利于多模式线路间换乘接驳,减少乘客换乘时间及换乘距离,提供更多的方案供乘客选择,提高乘客的出行速度。

(5)线路途经核心区长度。线路途经核心区长度主要针对郊区线路,当其穿越核心区时,线路可靠性低,并且对核心区交通产生较大影响。

(6)平均发车间隔。平均发车间隔指公交线路相邻两辆运营车辆发车之间的平均间隔时间,一般取线路的首站或末站一边统计的值计算。计算方法为:

平均发车间隔 = 首(末)站总运营时间/首(末)站总发车班次

对 IC 卡刷卡数据进行处理得到平准发车间隔各类别的累积频率直方图,并以此为基础得到该指标评价指标分级值。

(7)到站不规律指数。到站不规律指数是评价公交线路运行可靠度的关键指标,公交线路运行过程中车辆到站的规律性是乘客关心的问题,通常采用高峰时期到站不规律系数。其计算方法为:统计时期内,公交线路相邻到达车站的两公交车的时间间隔大于平均到站间隔 1.5 倍或小于平均到站间隔 0.5 倍的班次之和与统计时期内总班次的比值。

对 IC 卡刷卡数据分双次刷卡和单次刷卡进行整理,得到该指标的评价指标分级值分别为(0.35,0.5,0.6)和(0.15,0.3,0.4)。

(8)平均运送速度。平均运送速度为公交线路长度与起止站之间行程时间之比,单位:km/h。它是反映乘客出行便捷性的重要指标,分析线路运送速度一般采用高峰速度。计算方法为:

平均运送速度 = 运营线路起点至终点里程/单程行驶时间 ×60

对 IC 卡刷卡数据进行处理得到平准发车间隔各类别的累积频率直方图,并以此为基础得到该指标评价指标分级值。

(9)高峰时段线路断面满载率。该指标以高峰期间线路的断面最大满载率计算值作为评价依据,指在客运高峰期间车辆在主要线路的高单向、最大断面上的实际载客量与额定载客量之比。计算方法为:

高峰时段线路段面满载率 = 断面最大客流/车辆额定载客量

对 IC 卡刷卡数据进行处理,计算高峰时段线路断面最大满载率,分早晚高峰统计高峰时段线路断面满载率。

(10)断面客流不均衡系数。反映了线路的客流均衡性。计算方法为:

断面客流不均衡系数 = 站点断面客流量/平均断面客流量

对 IC 卡数据处理分析,得出站点断面客流量与平均断面客流量。当比值较大,说明线路客流不均衡,在部分断面处出现客流较大的情况,可考虑发跨站快车。

(11)客流方向不均衡系数。客流方向不均衡系数定义为在一条线路的高断面上,高单向客流量与双向客流量的平均值之比,是反映公交线路双向客流量差异的指标。计算方法为:

客流方向不均衡系数 = 高单向客流量/双向客流量平均值

对 IC 卡刷卡数据进行处理,分早晚高峰统计双向客流量。

(12)车公里客运量。车公里客运量定义为平均每辆公交车每公里的载客人数,单位:人次/车 km,反映的是公交线路运营效益的关键指标。通过该指标与公交线路每车每公里的运营成本比较,可以分析公交线路的运营效益状况。计算方法为:

车公里客运量 = 线路全日客运总量/日运营总里程

4.2 基于健康诊断的公交线网优化调整方法

常规公交线路的调整应以满足客流需求为主要目标,并保证调整线路和受影响线路具有良好的服务水平,同时,还应考虑与交通设施(道路设施、公交站场、站点)供给水平相协调。另外,线网几何结构应能保障公交系统的高效运营及末端可达性,以及和其他线路(包括公交和轨道)的方便接驳,并保证与接驳线路之间具有良好的运力匹配。

因此,本书将从客流均衡性、设施供给平衡性、线路几何合理性以及线路之间协调性等目标出发,建立科学、合理、定性和定量相结合的评估指标体系,并给出实用易于操作的预评估方法。研究思路如图 4-2 所示。其中,常规公交线路调整方案包括新开线路、撤销线路、缩短线路、延长线路、调整线路走向五种类型。结合公交线路“健康指数”评价结果,针对亚健康和不健康的线路制订调整方案。针对不同类型的公交线路调整方案,分别从调整对象、评估原则、评价指标及评分标准、综合评估汇总四个方面展开。

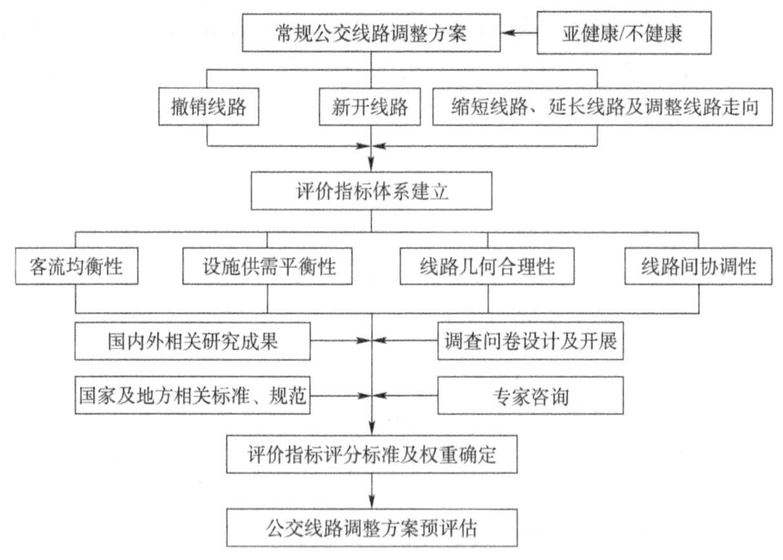

图 4-2 公交线路调整评估指标及标准研究技术路线图

4.2.1 新开线路

解决部分地区现有公交运力不足或有路无车的问题,可在新城和城区边缘地区新开与轨道交通、公交快线形成“饲喂”关系的支线。评判新线路是否有必要开通的原则如下:

(1)有利于提高对换乘轨道及公交快线的伺服能力;

(2)站点设置与轨道及公交快线换乘方便,距离短;

(3)具有一定的客流需求;

(4)公交站场满足停放及调度需求。

基于上述原则,构建新开线路评估指标体系如图 4-3 所示。

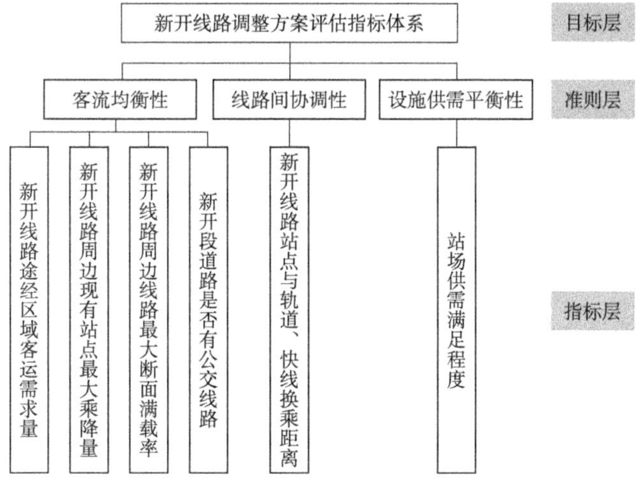

图 4-3　新开线路评估指标体系

4.2.2　撤销线路

撤销线路,主要根据是该公交线路的服务与其他公交线路服务有较大的重叠,或者该公交线路的服务被更高服务水平的公交方式取代,在运能充足的情况下,可以考虑撤销该公交线路。线路是否需要撤销的评估原则如下:

(1)应优先撤销与其他线路重叠较多且线路客运量较小的线路;

(2)替代线路应能满足撤销线路客流需求;

(3)撤销后引发的换乘客流在允许范围内。

基于上述原则,构建撤销线路评估指标体系如图 4-4 所示。

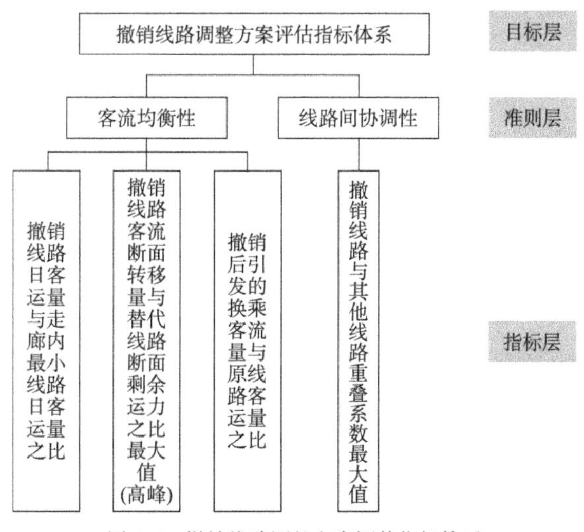

图 4-4　撤销线路调整方案评估指标体系

4.2.3 缩短线路

缩短线路主要针对拟撤出中心城区的市郊公交线路及穿越中心区的长距离公交线路，其评判原则如下：

(1)断点一般设在登降量较大、断面客流量较小的站点；

(2)出行起终点分别在缩短段与保留段的客运量占总客运量的比例应较小；

(3)替代线路应能满足缩短线路段客流需求；

(4)公交站场满足线路停放及调度需求。

缩短线路的具体评估指标体系如图4-5所示。

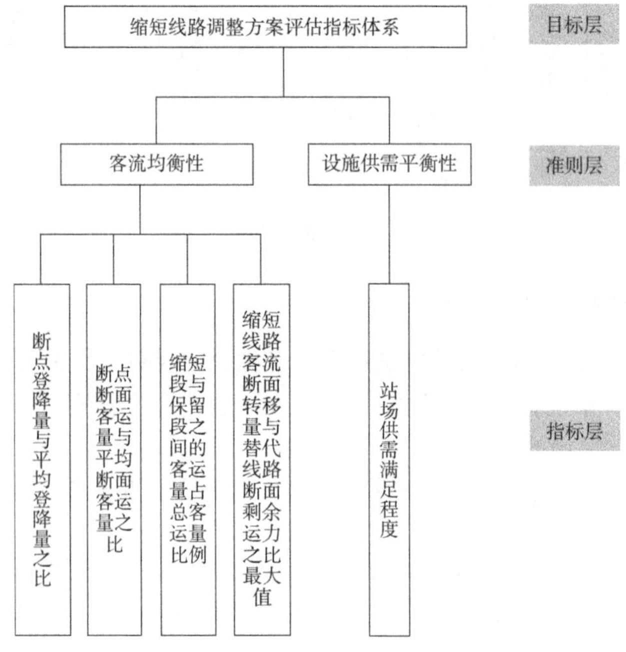

图4-5 缩短线路调整方案评估指标体系

4.2.4 延长线路

与其他公交线路服务不发生重叠的前提下，在没有公交服务或公交服务供给不足的区域可适当延长现有公交线路。对于较大的扩大线路服务范围，接驳地铁或客运主枢纽，将线路适当延长可替代一些较短线路，减少线路重复等情况也可考虑延长线路。线路延长的基本原则如下：

(1)满足没有公交线路地区的公交出行需求；

(2)有公交线路运行时，延长段吸引客运量占总客运量的比例应较高；

(3)线路不宜过长；

(4)公交站场满足停放及调度需求。

评估指标体系如图4-6所示。

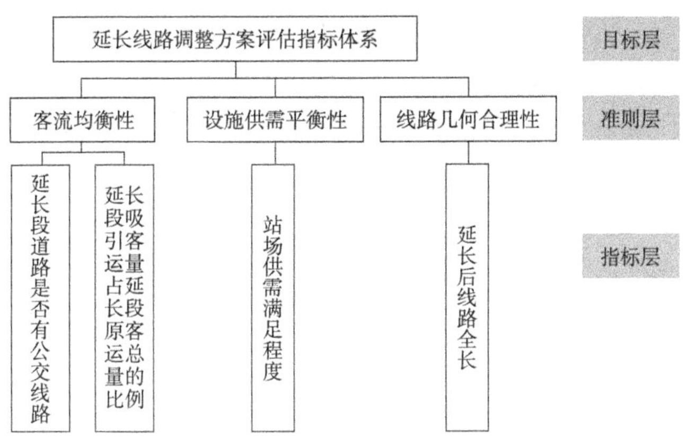

图4-6　延长线路调整方案评估指标体系

4.2.5　调整线路走向

调整线路走向一般可分三种情况。各情况下的调整对象与评估原则见表4-2。

调整线路走向的评估原则　　表4-2

调整对象	评估原则
相邻道路有路无车的线路	(1)满足没有公交线路地区的公交出行需求; (2)撤销段受影响客流应较小,换乘比例应较低; (3)调整段替代线路应能满足被调整线路转移过来的客流需求
调整中间站点方便换乘轨道交通的线路	撤销段受影响客流应较小,增加换乘比例应较低
拟撤出中心城区、延长至其他地区的市郊公交线路	(1)满足没有公交线路地区的公交出行需求; (2)撤销段受影响客流应较小,增加换乘比例应较低; (3)有公交线路运行时,延长段内向调整线路转移的客运量比例应较高; (4)线路不宜过长

(1)相邻道路有路无车的线路。对于相邻道路有路无车进行调整的公交线路只考虑客流均衡性准则。评估指标体系如图4-7所示。

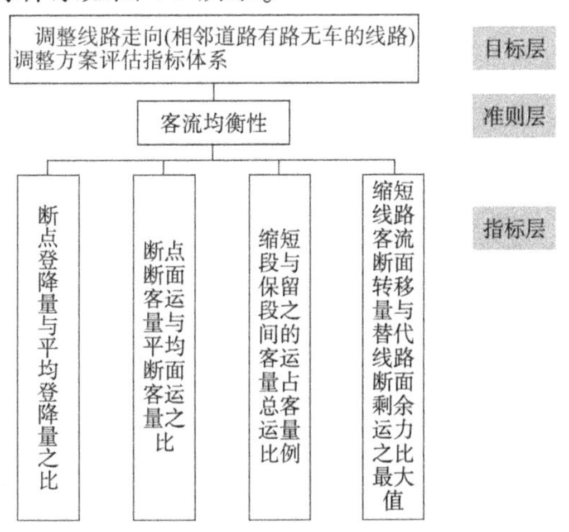

图4-7　相邻道路有路无车进行调整的公交线路评估指标体系

(2)调整中间站点方便换乘轨道交通的线路。对于调整中间站点方便换乘轨道交通的线路只考虑客流均衡性准则。评估指标体系如图 4-8 所示。

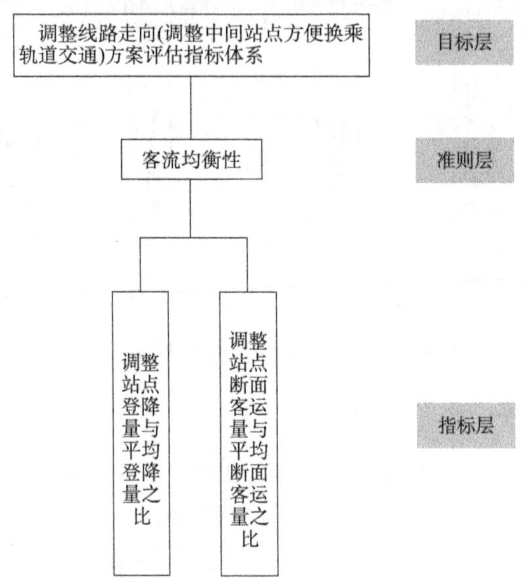

图 4-8　中间站点方便换乘轨道交通的线路进行调整的公交线路评估指标体系

(3)拟撤出中心城区、延长至其他地区的市郊公交线路。评估指标体系如图 4-9 所示。

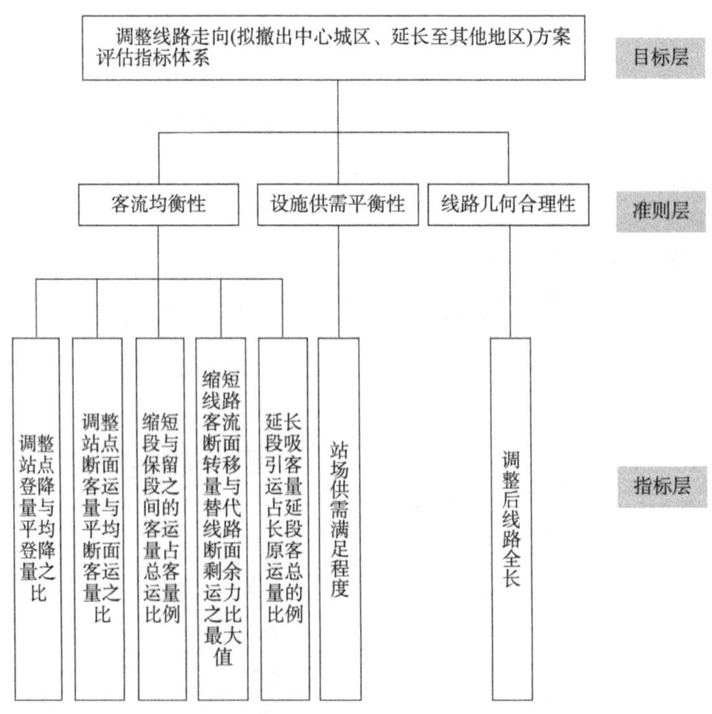

图 4-9　拟撤出中心城区、延长至其他地区的市郊公交线路评估指标体系

4.2.6　线路调整方案评估流程及权重的确定

对于调整方案采用两级评价进行预评估，在一级评价中，根据专家咨询意见的结果确定各调整方案的一级重要指标，要求一级重要指标的评分标准必须全部为 +1，否则，不建议实施该调整方案。调整方案满足一级评价要求后，结合各准则和指标的权重通过加权平均计算调整方案综合分，依据其结果判定是否建议实施该方案。公交线路调整方案预评估流程图如图 4-10 所示。

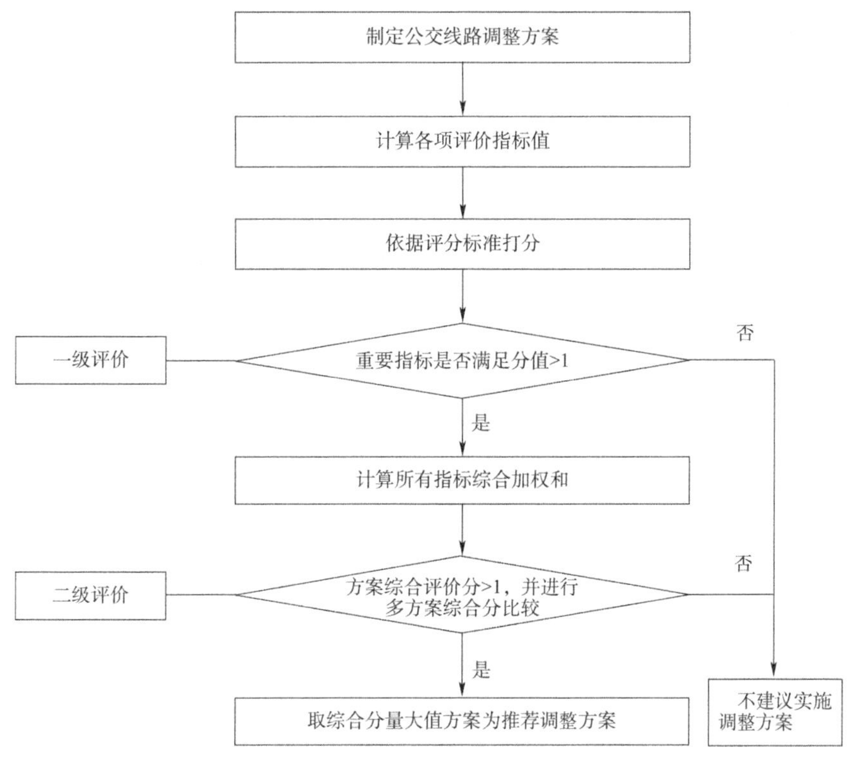

图 4-10　公交线路调整方案预评估流程图

4.2.7　应用案例

本书以北京 728 路公交线路调整为例，说明数据驱动的线路优化调整方法。

4.2.7.1　线路概况

北京 728 路公交线路起点为老山公交场站，终点为武夷花园，全长 52km，728 线路途经二环，线路的评价结果为不健康。撤出线路东段从四惠到武夷花园共 9 站，共 18km，替代线路为公交线路 322、快速公交 2 线支、648 等。

4.2.7.2　评估指标计算

(1)断点登降量V_a与平均登降量$\overline{V}$之比($S1$)。

通过公交 IC 卡数据统计分析，728 路上下行全天站点登降量以及站点登降量与平均登降量之比计算结果分别如图 4-11 和图 4-12 所示。断点西单路口东登降量与平均登降量之比为 0.02,该指标得分为 -1。

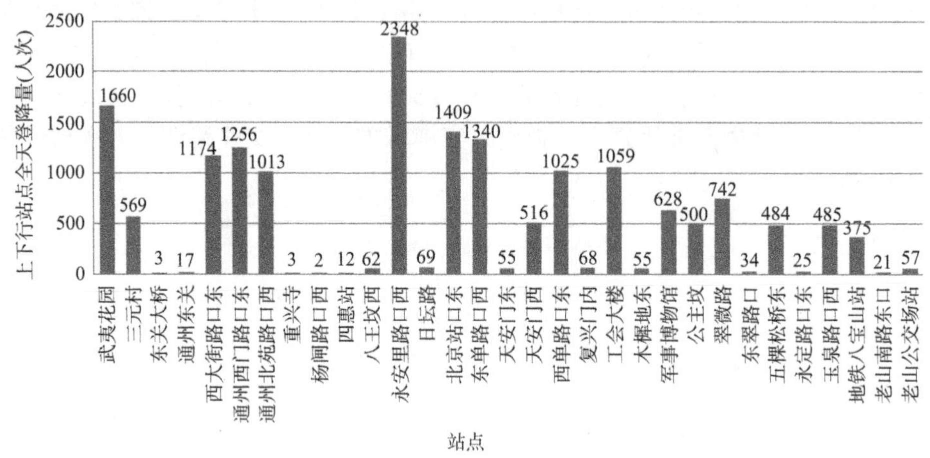

图 4-11　728 路上下行站点全天登降量分布图

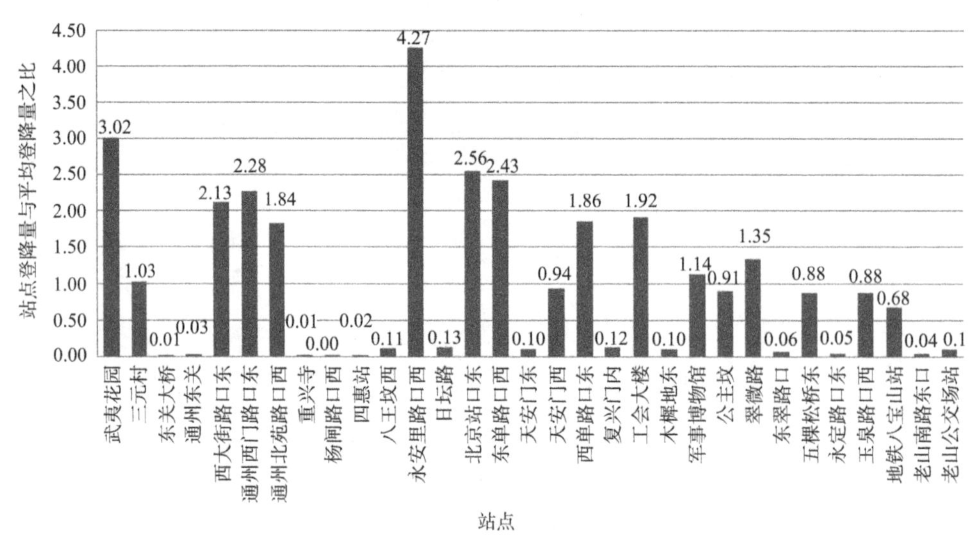

图 4-12　728 路上下行站点全天站点登降量与平均登降量之比分布图

(2)断点断面客流量Q_a与平均断面客流量 Q 之比($S2$)。

通过公交 IC 卡数据统计分析,728 路上下行全天断面客流量与平均断面客流量之比计算结果如图 4-13 所示。断点新街口西站断面客流量与平均断面客流量之比为 1.53,该指标得分为 0。

(3)缩短段与保留段之间的客流量占总客运量的比例($S3$)。

通过线路 IC 卡客流刷卡记录,对站间 OD 客流分布进行统计分析,OD 分析示意图如图 4-14 所示,其结果见表 4-3。线路的缩短段(四惠—武夷花园)与保留段(武夷花园—老山公交场站)之间出行的客流量占总客运量的比例为 27.23%,该指标得分为 +1。

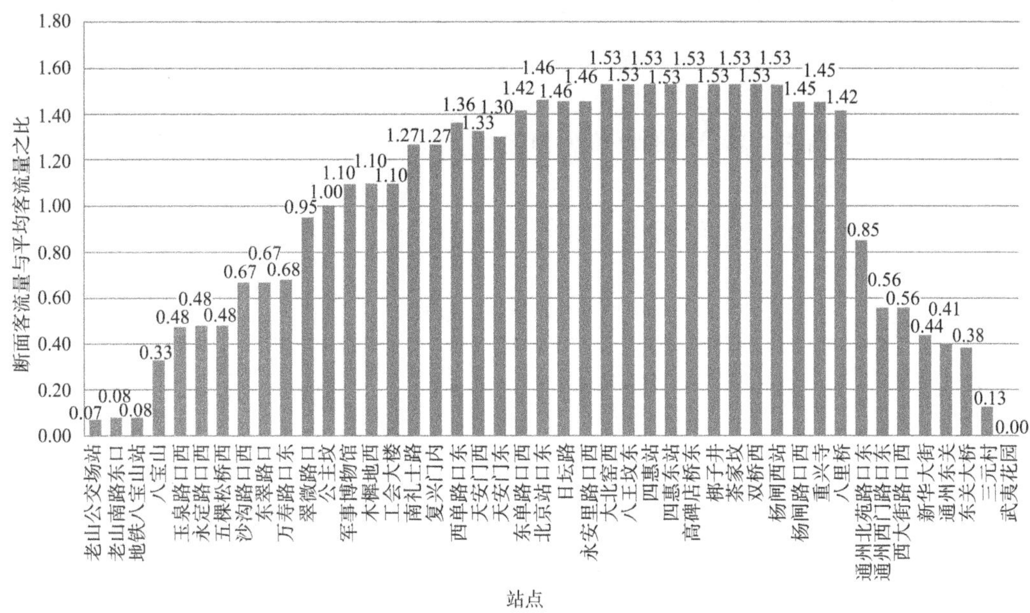

图 4-13　728 路上下行全天断面客流量与平均断面客流量之比分布图

图 4-14　728 路站间客流 OD 分析示意图

728 路站间 OD 客流分布统计结果　　表 4-3

线路站点区间	老山公交场站—四惠	四惠—武夷花园	(老山公交场站—四惠)—(四惠—武夷花园)
站点区间客流量(人次)	7503	3581	4148
站点区间客流量占线路总客流量比例(%)	49.26	23.51	27.23

(4)缩短线路客流断面转移量与替代线路断面剩余运力之比最大值($S4$)。

728 路缩短段的替代线路包括公交线路 322、快速公交 2 线支、648。替代线路的剩余运力完全满足客流转移的需要。因此,对该评估指标深入计算分析,认为该指标小于 0.75,得分为 +1。

(5)站场供需满足程度($S5$):缩短线路断点可利用的周转车位。

四惠枢纽站目前能满足停车周转和调度要求,该指标得分为 +1。

4.2.7.3　缩短线路方案评估

缩短线路包括客流均衡性和设施供需平衡性两个准则。指标相对于准则的权重向量 $A_1=(0.20,0.23,0.30,0.27)$,$A_2=(1)$;各准则相对于总目标的权重向量 $A=(0.59,0.41)$;

对于客流均衡性准则,各指标评分等级向量:$R_1 = [-1, 0, +1, +1]^{\mathrm{T}}$,对于设施供需平衡性准则,各指标评分等级向量:$R_2 = [+1]^{\mathrm{T}}$,通过各指标的权重和评分等级求其加权平均和,得到两个准则的评价分值分别为 $B_1 = A_1 \cdot R_1 = 0.37$ 和 $B_2 = A_2 \cdot R_2 = +1$;

由 B_i 构造各准则关于总目标的评价分值向量:$R = [0.37, +1]^{\mathrm{T}}$,并求该方案关于总目标的综合评分值 $B = A \cdot R = (0.59, 0.41)[0.37, +1]^{\mathrm{T}} = +0.68$。

综合评分值 B 大于 0 建议实施该公交线路调整方案。将所有的评估指标得分值及评价结论汇总到表 4-4。

缩短线路评估汇总表 表 4-4

准则	准则层相对于总目标权重	目标层指标	目标层指标相对于准则层权重	指标计算值	得分	是否为一级评价指标
客流均衡性	0.59	S1:断点登降量与平均登降量之比	0.20	0.02	-1	否
		S2:断点断面客运量与平均断面客运量之比	0.23	1.53	0	否
		S3:缩短段与保留段之间的客运量占总客运量比例	0.30	27.23%	+1	是
		S4:缩短线路客流断面转移量与替代线路断面剩余运力之比最大值	0.27	<0.8	+1	否
设施供需平衡性	0.41	S5:站场供需满足程度	1	1	+1	否
一级评价结论	一级指标的评分全部为 +1,进行二级评价					
二级评价结论	综合评分值 $B = 0.68 > 0$,建议实施该方案					

4.3 数据驱动的单线路优化调整方法

前文提到了基于健康诊断的公交线网优化调整方法,该方法可以较好地针对整个公交线网进行综合评价,并给出合理的预调整方案。然而在实际工作中,针对全网的公交调整工作量大、时间周期长,无非做到常态更新调整,而单条线路的优化调整方法则可以弥补其不足。因此,本节将对单线路的优化调整方法进行说明。

4.3.1 问题导向的线路调整可行性研判

针对新建小区、工业园区、地铁新线、市民新增服务诉求、提案建议,场站、道路导改需要,运营秩序改善,降本增效背景下的低效线路调整,以问题为导向,充分分析线路调整的必要性,研判线路调整可行性,确定通过新开线路、调整线路、撤销线路、调整运营时间、增撤站等一种或几种方式组合解决问题,满足诉求。

线路调整优化背景与主动优化、被动调整的关系见表 4-5。

线路调整优化背景与主动优化、被动调整的关系 表4-5

主被动性	优化背景或目的
主动优化	新建就业/居住区/公交场站新增服务
	减重复
	新开轨道站点
	改善运营质量
	营业时间调整
被动调整	场站腾退
	道路导改
	政策配合

4.3.2 目标导向的线路优化方案前评估与后评价

线路调整方案形成后，针对新开、调整、撤销、调整运营时间、增撤站五个动作，从线网覆盖性、线路可达性、乘车便利性、客流适应性、运营适应性等不同方面，对一条或成组方案进行目标能否达成的前评估和目标是否已达成的后评价，通过不同指标的变化，建立线路调整正、负面清单，客观反映线路优化实效。

4.3.3 评估指标体系

为保障评估内容的全面性、准确性和科学性，本次评估通过固化评估方法，重点从线网覆盖性、线路可达性、乘车便利性、客流适应性以及运营适应性五个方面，针对公交线网优化调整方案进行评估。

(1)线网覆盖性。

线路调整后相关路段和站点公交覆盖情况。

(2)线路可达性。

线路调整对客流走向服务能力、与地铁站点及交通枢纽公交接驳情况的影响，是否会造成部分客流走向无直达公交线路的情况。

(3)乘车便利性。

线路调整对乘客乘车方便程度的影响，如增加换乘、增加步行距离。

(4)客流适应性。

线路调整后受影响的客流情况，以及相关线路的客流承载匹配情况。

(5)运营适应性。

线路调整对公交运营保障条件的影响，如公交场站保障条件、站点设置条件、运营配套设施条件、途经路段通行条件和交通运行情况等。

4.3.4 优化调整方法

单线路优化调整以数据为驱动，充分利用手机信令、刷卡数据、人口经济数据等大数据，同时，结合线路布局、客流特征、服务水平与运营车辆特性等因素，生成初步线路调整方案。进而以线网覆盖性、线路可达性、乘客便利性、客流适应性、运营适应性为评估指标构建评价体系,基于大数据进行评价指标计算,并根据指标评价结果判断线路最终优化调整方案,如图 4-15 所示。

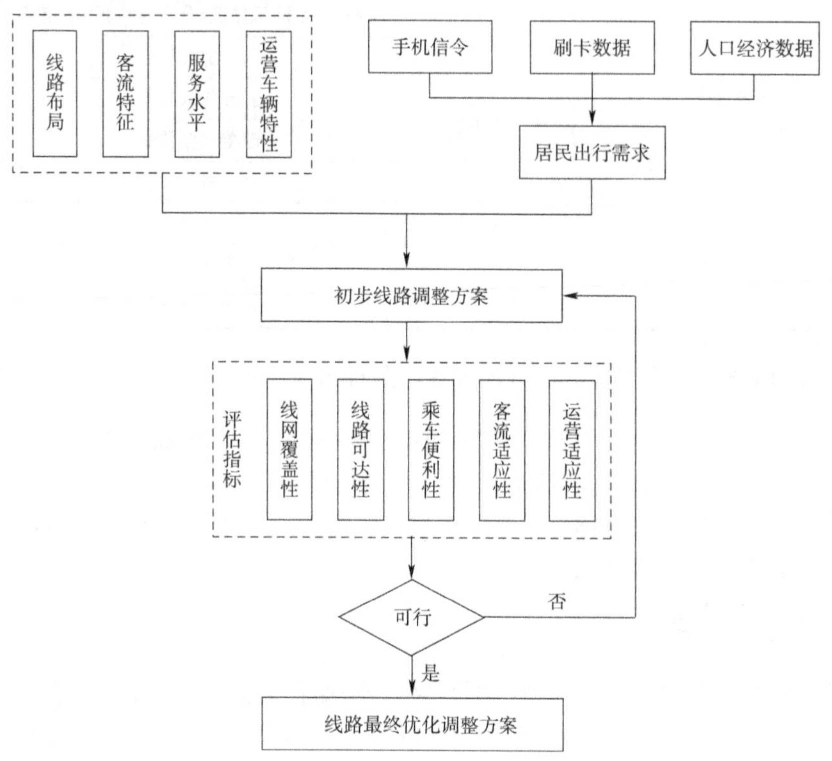

图 4-15 数据驱动的单线路优化调整方法

4.3.5 应用案例

本书以北京 103 路为例,进行数据驱动的单线路优化调整方法说明。

(1)运营现状。

103 路首末站为动物园枢纽站—北京站西,包括 23 个站点,站点基本信息见表 4-6。线路运营里程 14km,运营车辆数 34 辆。全日 364 车次,高峰小时 11 车次。日均客运量 15704 人次。

103 路站点基本信息 表 4-6

动物园枢纽站—北京站西		北京站西—动物园枢纽站	
站点编号	站点名称	站点编号	站点名称
1	动物园枢纽站	23	北京站西
2	二里沟	22	北京站西街西口
3	百万庄	21	台基厂路口东
4	甘家口大厦	20	王府井路口北
5	甘家口东	19	新东安市场
6	阜外西口	18	灯市西口
7	展览路	17	美术馆
8	阜成门外	16	沙滩路口西

续上表

动物园枢纽站—北京站西		北京站西—动物园枢纽站	
站点编号	站点名称	站点编号	站点名称
9	阜成门	15	故宫
10	阜成门内	14	北海
11	白塔寺	13	西安门
12	西四路口东	12	西四路口东
13	西安门	11	白塔寺
14	北海	10	阜成门内
15	故宫	9	阜成门
16	沙滩路口西	8	阜成门外
17	美术馆	7	展览路
18	灯市西口	6	阜外西口
19	新东安市场	5	甘家口北
20	王府井路口北	4	甘家口大厦
21	台基厂路口东	3	百万庄
22	崇文门西	2	二里沟
23	北京站西	1	动物园枢纽站

(2)调整方案。

为配合王府井步行街延长改造方案,103 路路由拟调整为:首末站不变(动物园枢纽站—北京站西),由动物园枢纽站发出,沿 103 路原路由至沙滩,经北河沿大街、东安门大街至金鱼胡同,再沿 103 路原路由至北京站西;拟增设美术馆、灯市西口站;拟撤销东安门大街西口、北京妇产医院、沙滩路口南站。调整后,103 路运营里程为 13.65km。

(3)评估分析。

①线网覆盖性。线路撤销区段灯市口西街—东安门大街路段无公交覆盖,减少 350m 线网覆盖;新增常规公交线路在东安门大街西口站(仅观光 2 线覆盖)的站点覆盖性,增加了常规公交线路在东安门大街的公交覆盖,增加 400m 线网覆盖。

②线路可达性。线路调整后,保留王府井路口北—新东安市场区间,可以维持其他线路调整后该区间的通达性。

线路调整后,可增加与东安门大街西口—北京妇产医院区间可达性。

③乘车便利性。线路调整后,动物园枢纽站—北京站西方向受影响 OD 对数为 35 对,不再能够直达,日均约 442 人次增加一次换乘;北京站西—动物园枢纽站方向受影响 OD 对数为 35 对,不再能够直达,日均约 602 人次增加一次换乘,见表 4-7。

受影响的 OD 列表　　表 4-7

动物园枢纽站—北京站西		北京站西—动物园枢纽站	
起点	终点	起点	终点
1 ~ 16	17,18	19 ~ 23	17
17	19 ~ 23	17、18	1 ~ 15

④客流适应性。线路撤销区段内,103 路动物园枢纽站—北京站西方向各站点日均登降量合计约为 639 人次,平均站点登降量为 319.5 人次;103 路北京站西—动物园枢纽站方向各站点日均登降量合计约为 735 人次,平均站点登降量为 367.5 人次。上述客流可改乘 111 路、104 路线路。

⑤运营适应性。线路绕行北河沿大街、东安门大街后,将导致脱线行驶双向距离增加 2.8km。北河沿大街与东华门大街交叉路口东侧存在路中央隔离护栏,车辆无法通行。

(4)建议。

①需考虑无轨电车蓄电池的续航能力,确保车辆运营。

②北河沿大街与东华门大街交叉路口东侧存在路中央隔离护栏,同步调整完善交通设施,保障行车安全与道路通畅。

③建议密切关注王府井核心区线路调整对客流的影响,重点监测相关站点客流变化情况,合理安排运力,保障运营。

4.4 公交运行监测及优化决策平台开发

4.4.1 平台框架

公交运行评估及优化决策平台面向城市公共交通发展规划与运营组织等核心问题,基于海量个体公共交通出行大数据与城市公交线网静态数据,实现了公交运行状态的全息监测与可视化,针对运行效率、服务水平以及绿色低碳等几个方面,构建了城市公交健康评价指标体系与方法,通过自动、实时、在线的公交运行仿真手段搭建了公交优化决策平台,为城市交通主管部门及公交运输企业的实际生产工作提供有力的决策支持。公交运行监测及优化平台架构如图 4-16 所示。

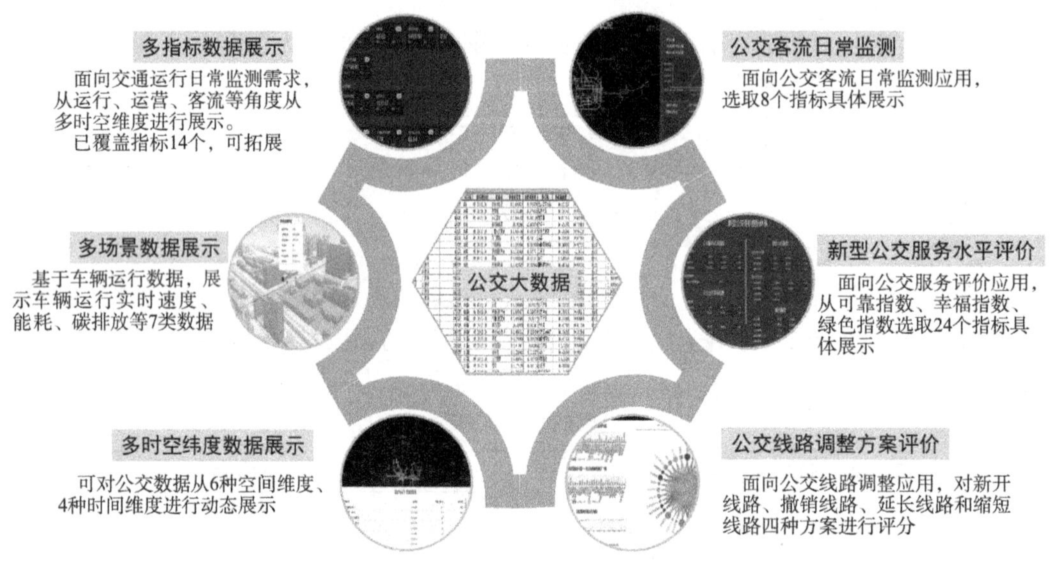

图 4-16 公交运行监测及优化平台架构

4.4.2　平台功能

(1)系统查询功能,包括:
①可从线路、站点、行政区、途经区域等维度查询线路基本情况;
②可在地图点选,查看途经站点线路信息。
(2)公交监测数据展示,包括:
①公交运行状态监测指标多维度展示;
②数据每分钟更新;
③数据可外接接口,扩展数据维度;
④空间维度:全网、线路、站点、行政区、500 小区、2006 小区;
⑤时间维度:日、早高峰、晚高峰、小时、15min。
(3)公交车辆运行监测,包括:
①基于车辆实际运行状态及实时数据,展示车辆在途动态运行信息;
②可用于公交车辆实时监测,掌握车辆运行信息;
③及时监控车辆油耗及排放,可用于能耗仿真;
④可内嵌车厢内视频,及时监控车内情况。
(4)公交客流监测,包括:
①地面交通拥挤情况监测;
②24h 客流实时监测,可用于掌握客流实时状态;
③刷卡数据监测;
④满载率实时监测,可用于对特殊时期满载率实时监测及考核评价。
(5)新型公交发展水平评价指标体系,包括:
①公交出行可靠度评价;
②公交出行幸福度指数评价;
③公交绿色出行指数评价;
④其他指标评价。
(6)线路调整方案评估,包括:
①可面向线路撤销、新开线路、延长线路、缩短线路进行评估展示;
②从登降量、影响 OD、运行时间等维度评估;
③生成调整方案评分,并生成指标评估报告。

第 5 章 需求响应公交运行优化

根据美国交通运输研究委员会(Transportation Research Board,简称 TRB)的定义,需求响应公交是一种路径可变的公交服务,它可以根据乘客的具体需求进行公交路径的选择,提供乘客合乘的运输服务。

需求响应公交一般能够在小于 24 小时内灵活地满足出行需求,是一种用户向系统发起即时或预约的出行需求,系统根据算法将匹配的车辆以不固定的时间、站点和线路的形式来满足用户需求的出行服务模式。

5.1 需求响应公交概述

需求响应式公交(Demand Responsive Transit,简称 DRT)在国外发展和研究较早。美国《公交通行能力和服务质量手册》(第 3 版)(*Transit Capacity and Quality of Service Manual, The third edition*)中明确 DRT 为公交的一种形式,其特点是可以根据乘客需求灵活安排中小型车辆的出行和调度,以共享乘车的方式在接送地点之间运营,历史上曾被称为拨号叫车服务(dial-a-ride pservice)。服务模式主要包括:多对多(many to many)、多对少(many to few)、多对一(many to one)、少对多(few to many)和少对少(few to few)。

类似的公交服务还有订阅公交(Subscription bus)、灵活式公交(flexible route-bus),也有文献称灵活式公交为柔性公交,它们的共同特点是服务以需求为导向。灵活性公交的运营模式介于传统的常规公交与需求响应式公交之间。

20 世纪 70 年代,美国、欧洲、新加坡等出现定制公交,定制公交是一种对需求有服务承诺期的个体服务的通勤班车。

20 世纪 90 年代,国外出现电召公交车服务,即通过电话预订出行服务,主要服务于通勤群体、特殊群体(老人、残疾人等)的公交出行。目前,国外已经开始尝试响应速度更快的网约公交服务。

从 2013 年起,我国开始进行定制公交的尝试。目前,我国多个城市已开通需求响应公交线路。

结合需求响应公交在主要城市的开通运营现状,本书从开通时间、公交类型、开通线路、乘车费用、预订方式和配套设施等方面进行了比较分析。

(1)从开通时间看。

2013 年开始开通定制公交,目前发展相对比较成熟。

(2)从公交类型看。

需求响应公交主要以商务班车为主,这是由于需求响应公交主要面向通勤群体,这部分需求量大,市场相对成熟。在商务班车的基础上,还推出旅行专线等类型,以满足乘客多样化的需求。

(3)从开通线路看。

由于大城市通勤群体较大,通勤范围较广,从而对需求响应公交线路的需求量更大。

(4)从乘车费用看。

目前,主要有两种计费方式:一是购买单程单次的车票,实行分段计价方式;二是按周或按月预定,目前多数城市是将两者结合实行,且实行整月预订有优惠的措施。总体来看,需求响应公交票价虽然高于普通公交,但大大低于出租车和私家车的费用,尤其对于路程较远的乘客,需求响应公交更能体现其票价的相对低廉性。

(5)从预约方式看。

由于需求响应公交具有"定制"这一特点,所以需要乘客提前预订,各个城市的预订平台主要集中在官网预订、微信平台和手机 App 等方式上,乘客可以根据自己需要选择合适线路,对未开通线路,可提交自身需求,达到人数下限时即可开通。

(6)从配套设施看。

各个城市需求响应公交的配置情况大体相同,即车内均配有车载 Wi-Fi、车载空调,且保证一人一座,相对于普通公交,具有更舒适、更方便的特点。

(7)从运营主体看。

由于地面公交具有社会性、大众性和公益性的特点,目前需求响应公交的运营商主要为各个城市的公交集团。然而,随着市场的不断发展和完善,需求响应公交也会吸引众多资本的投入,既为需求响应公交市场注入新的活力,也对传统的政府主导的地面公交系统管理带来新的挑战。

根据服务自由度不同,需求响应公交运营模式从最接近传统的公共交通、预定站点的线路服务到最复杂、接近出租车的服务模式可以分为五种,即定站定线模式(接近传统公交)、定站定线 + 动态站点模式、定线 + 站点需求预约模式、首末定站不定线模式和不定站不定线模式(类似出租车)。需求响应公交在运营过程中没有固定的站点和时刻表,其行驶路线的建立完全按照乘客出行需要,具体如图 5-1 所示。

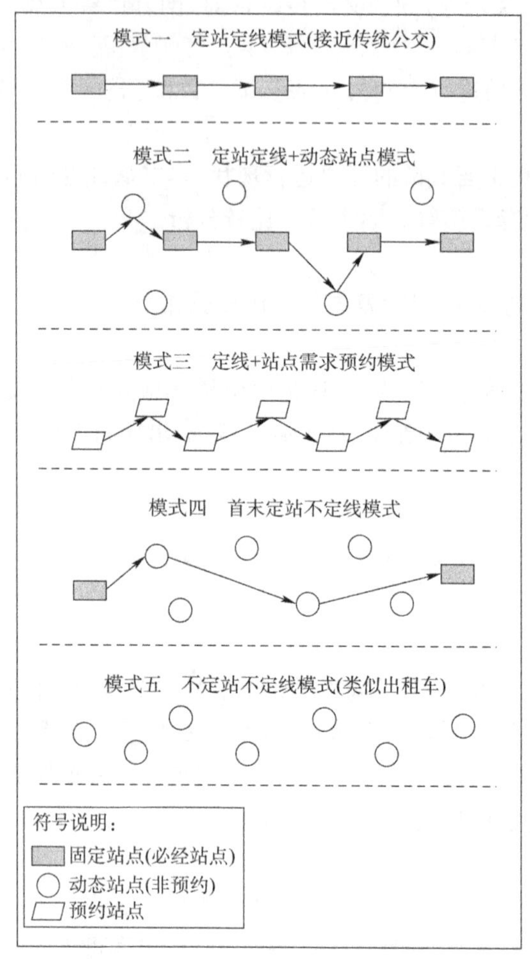

图 5-1　五种响应需求的公共交通模式

5.2　潜在需求识别

需求预测是所有公共交通付诸实践前必须进行的一项关键工作。需求响应公交的站点设置、线路选取等都基于需求预测。

5.2.1　需求空间聚类技术

需求空间聚类是应用场景和服务模式匹配的基础工作。分析潜在的需求响应公交的O、D 点及出行时间与城市空间结构之间的关系，所得研究成果为需求响应公交应用场景和服务模式的匹配提供了基础。

公共交通数据主要包括公交 IC 卡数据、轨道交通 AFC 数据是提取出行数据的基础，为后续出行者空间特征分析提供支持。

5.2.1.1　DBSCAN 算法相关定义

典型的基于密度的聚类算法有由 Ester M. 等人提出的 DBSCAN(Density-Based Spatial Clustering of Applications with Noise, DBSCAN)算法，如图 5-2 所示。DBSCAN 算法与 K-Means、BIRCH 等聚类算法有所不同，它将类设定成密度相连的对象的最大集合，可以将拥有非常高密度的部分聚为一类，而且能够在存在“噪声”的目标对象里寻找出所有可能的形状的类簇。

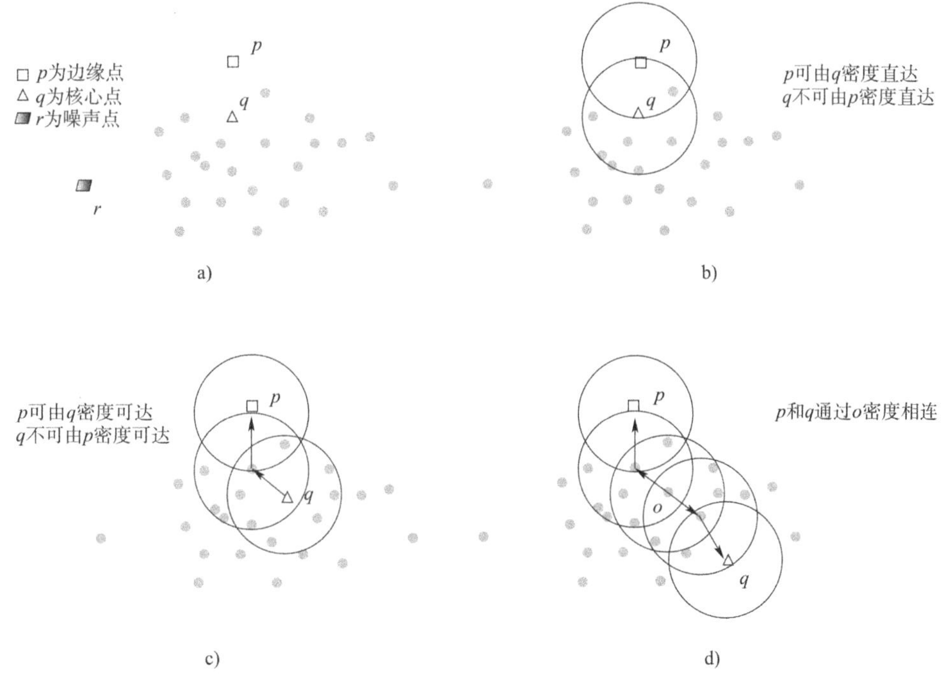

图 5-2　DBSCAN 算法示意图

DBSCAN 聚类算法是基于一组邻域来描述样本集的紧密程度，它使用参数(ε, $MinPts$)来描述邻域的样本分布紧密程度。其中，参数 ε 描述了某一样本邻域的距离阈值，参数 $MinPts$ 描述了距某一样本的距离为 ε 的邻域内样本数量的阈值。

综上所述，DBSCAN 算法被定义为一组由密度可达关系导出的最大密度相连的样本集合。每个簇中可以有一个或者多个核心对象。如果簇中只有一个核心对象，则簇里其他的非核心对象样本都在这个核心对象的 ε 邻域里；如果簇中有多个核心对象，那么簇里的任意一个核心对象的 ε 邻域中一定存在另一个核心对象，否则，这两个核心对象无法密度可达。由此，这些核心对象的 ε 邻域里所有的样本的集合组成的一个簇。

5.2.1.2　DBSCAN 聚类算法的流程

在确定簇样本集合时，DBSCAN 算法使用的方法很简单，它任意选择一个没有类别的核心对象，然后找到所有这个核心对象能够密度可达的样本集合，即为一个聚类簇。接着继续选择另一个没有类别的核心对象去寻找密度可达的样本集合，这样就得到另一个聚类簇。该过程一直运行到所有核心对象都有类别为止。

DBSCAN 算法的伪代码见表 5-1。

DBSCAN 算法伪代码 表 5-1

```
算法:DBSCAN 算法,一种基于密度的聚类算法
输入:D:一个包含 n 个对象的数据集
     ε:半径参数
     MinPts:邻域密度阈值
输出:基于密度的簇的集合
算法流程:
(1)标记所有对象为未被访问;
(2)do
(3)    随机选择一个“未被访问”的对象 p;
(4)    标记 p 为“已被访问”;
(5)    if p 的 ε-邻域至少有 MinPts 个对象
(6)      创建一个新簇 C,并把 p 添加到 C;
(7)      令 N 为 p 的 ε 邻域中的对象的集合;
(8)      for N 中每一个点 p'
(9)        if p'是“未被访问”
(10)         标记 p'为“已被访问”;
(11)         if p'的 ε-邻域至少有 MinPts 个点,把这些点添加到 N;
(12)         if p'还不是任何簇的成员,把 p'添加到 C;
(13)       end for
(14)       输出 C;
(15)     else 标记 p 为噪声;
(16) until 没有标记为“未被访问”的对象;
算法结束
```

由此可见,DBSCAN 算法通过计算样本点间的紧密联系程度,找到密度相连点的最大集合并将其划分为一类,不同的密度相连集合构成了最终的聚类结果。因此,DBSCAN 算法能够识别噪声点,有效地防止了离散程度较大的样本点对聚类结果的影响。同时,DBSCAN 算法根据密度相连关系自动生成类别,可以根据数据特征生成类别而不需要指定聚类数,对数据的适应性强。DBSCAN 算法的聚类参数 ε 及 $MinPts$ 往往根据经验选取,如果选择不合理对整体的聚类效果影响很大。

5.2.1.3 基于 DBSCAN 算法的需求空间聚类

在现有的编程语言中,如 Python 语言,编译软件有“DBSCAN”的算法程序包,此程序包在计算两点之间距离时采用的距离公式为欧几里得距离,通常用于计算平面两点间的距离,如式(5-1):

$$d = \sqrt{(x_2 - x_1)^2 + (y_2 - y_1)^2} \tag{5-1}$$

式中:(x_1, y_1)、(x_2, y_2)——分别为平面中两点的坐标。

由于公共交通数据中乘客出行点通常以经纬度表示,这些点不属于同一平面,所以,不能使用两点求直线距离的欧几里公式。所以,需要对 DBSCAN 算法中的距离公式进行改善,将常用计算二维空间两点距离的欧几里得距离改为通过两点的经纬度计算距离的 Haversine 公式。

假设地球为一个球体,而非椭圆体。地球赤道半径为6378km,极地半径为6356km。这两者的距离相差较小,可将地球看似球体进行计算,从而简化计算复杂度。使用Haversine公式计算空间两点距离(D)如式(5-2):

$$\sin(D/2R) = haver\ \sin(\varphi_2 - \varphi_1) + \cos(\varphi_1)\cos(\varphi_2) haver\ \sin(\Delta\lambda) \tag{5-2}$$

式中:R——地球半径,取值是6378137.0m;

φ_1、φ_2——两点的纬度;

$\Delta\lambda$——两点经度的差值。

则空间两点距离的表达式如式(5-3)。

$$D = 2R\mathrm{arc}\ \sin(\sin^2((\varphi_2 - \varphi_1)/2) + \cos(\varphi_1)\cos(\varphi_2)\sin^2(\Delta\lambda/2)) \tag{5-3}$$

本书采用公交IC卡数据,运用改进的DBSCAN聚类算法,对乘客出行的O点、D点集合分别聚类,根据两个集合聚类后的结果对OD轨迹归类,进而分析OD轨迹的空间相似性。

首先,运用改进的DBSCAN聚类算法实现空间聚类。空间相似的OD轨迹存在完全重叠、只有一个点重叠、两个终端都在有限的距离内三种情况,如图5-3所示。因此,在OD聚类过程中,应该分别判断不同OD轨迹之间的出发点和目的地是否在距离阈值内。城市的公共交通车站形成一个固定的唯一点集,其中,出发地和目的地都属于这一点集。因此,可以采用所有OD轨迹中唯一出发地和唯一目的地进行分析,而不是所有出发地和目的地作为群集对象来找到空间相似性。

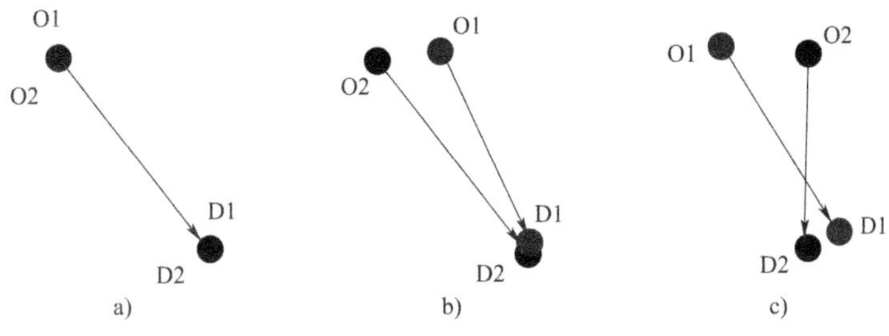

图5-3 空间相似OD轨迹

图5-4a)所示,假设有10条OD轨迹。步骤1,提取出发地(O点)和目的地(D点)的唯一点集合,分别为{O1,O2,O3,O4,O5,O6}和{D1,D2,D3,D4,D5}(图5-4b)。步骤2,利用改进的DBSCAN聚类算法分别对两个集合聚类,可以得到2个出发地集群(OC_1,OC_2)和3个目的地集群(DC_1,DC_2,DC_3)(图5-4c)。步骤3,基于步骤二中的出发地集群、目的地集群的聚类结果,将原始OD轨迹进行归类分组,形成最终的空间聚类结果(图5-4d)。以出发地集群OC_1为例,以OC_1为出发地的OD轨迹共有5条(OD-ID:1,2,3,7,10)。在步骤2中,根据改进的DBSCAN聚类算法将5个目的地(D1,D2,D3,D4,D5)聚集形成3个目的地集群(DC_1,DC_2,DC_3)。因此,将OD轨迹与出发地集群、目的地集群相结合,涉及的5条OD轨迹被归类为3组(聚类ID:1,2,3)。综上所述,图5-4a)原有的10条OD轨迹通过空间聚类的过程归类分组成5组。

OD-ID	上车站点	下车站点
1	O1	D1
2	O1	D2
3	O2	D3
4	O3	D4
5	O3	D4
6	O4	D4
7	O4	D5
8	O5	D5
9	O5	D5
10	O6	D4

a)

步骤1：提取唯一点集

O1,O1,O2,O3,O3,
O4,O4,O5,O5,O6

唯一上车站点：
O1,O2,O3,O4,O4,O5,O6

D1,D2,D3,D4,D4,
D4,D5,D5,D5,D4

唯一下车站点：
D1,D2,D3,D4,D5

b)

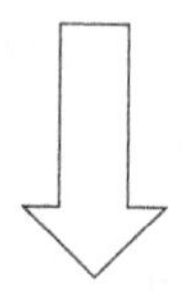

步骤2：两个点集分别聚类

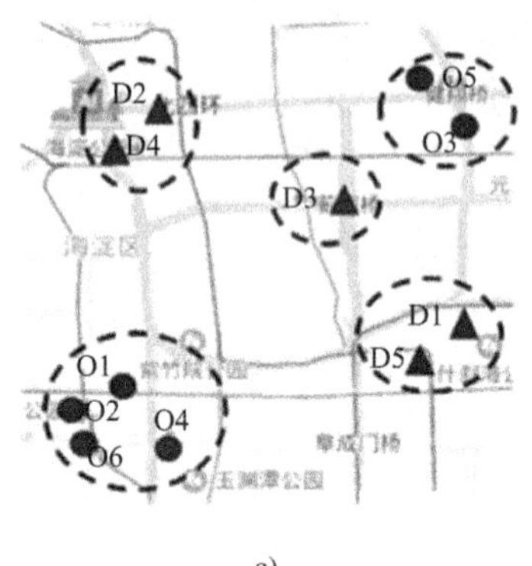

c)

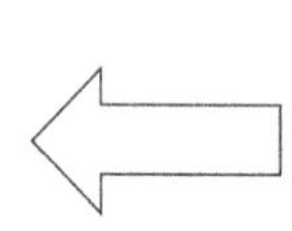

步骤3：OD轨迹归类分组

组-ID	OD	OD-ID	O点分组	D点分组
1	O1D1	1	OC1	DC1
2	O1D2	2	OC1	DC3
	O6D4	10		
3	O2D3	3	OC1	DC2
	O4D3	7		
4	O3D4	4	OC2	DC3
	O3D4	5		
	O3D4	6		
5	O5D5	8	OC2	DC1
	O5D5	9		

d)

图 5-4　OD 轨迹空间聚类过程

在空间聚类之后，定义两个变量，分别为 P 和 N。其中，P 代表潜在线路的概率，如式(5-4)：

$$P_i = \frac{M_i}{M_a} \tag{5-4}$$

式中：P_i——线 i 的概率；

M_i——组 i 中的天数；

M_a——数据集时间跨度内所有工作日的数量。

N 代表该线路的潜在乘客数量，如式(5-5)：

$$N_i = \frac{S_i}{M_i} \tag{5-5}$$

式中：S_i——组 i 中的所有乘客；

M_i——组 i 中的天数。

通常情况下，大多数簇中包含多个出发地或目的地，在此选择频率最高的出发地或目的地作为潜在需求响应公交线路的起点或终点。

5.2.1.4　案例应用

通过对北京市公共交通出行旅客进行研究，实现空间需求的聚类和潜在线路的提取。

首先，为了确定空间距离阈值，在对唯一上车站点(O 点)集合(总共 1029 个站点)聚类时不断更改空间距离阈值(L)，将 L 分别设置为 500m、850m 和 1000m。在这种情况下，由于每个车站都是唯一、独立的，所以，最小包含点数 *MinPts* 值设为 0，采用上节聚类方法得到不同 L 取值下簇的数量分别是 751(L = 500m)、518(L = 850m)和 413(L = 1000m)。结果表明空间聚类在 850m 处获得更好的结果。当 L 为 500m 时，聚类结果太分散。当它增加到 1000m 时，结果太集中了。两个值都不能很好地表征站之间的空间接近度。因此，我们使用 850m 作为空间距离阈值。

同理，在对唯一下车站点(D 点)集合(总共 4181 个站点)聚类时不断更改空间距离阈值(L)，将 L 分别设置为 50m，100m 和 500m。在这种情况下，由于每个车站都是唯一、独立的，所以，*MinPts* 值为 0，采用上节聚类方法得到不同 L 取值下簇的数量是 3057(L = 50m)、2135(L = 100m)和 773(L = 500m)，其中空间聚类在 100m 处获得更好的结果。当 L 为 50m 时，聚类结果太分散；当它增加到 500m 时，结果太集中了，两个值都不能很好地表征站之间的空间接近度。因此，使用 100m 作为空间距离阈值。

空间聚类之后，根据式(5-4)和式(5-5)，建议 P 取值为 1，提取的潜在线路结果共 3837 条数据，见表 5-2。

需求响应公交潜在线路的详细信息　　表 5-2

序　号	上车站点(O 点)	下车站点(D 点)	P	N
1	沙河	西二旗	1	3400.4
2	天通苑南	西二旗	1	2337
3	回龙观	西二旗	1	2328.6
…	……	……	…	…
3837	苹果园	鼓楼大街	1	48.8

5.2.2　需求转化方法

5.2.2.1　需求转化预测模型

客流需求转化预测的目的是探究需求响应公交的运行与其他交通方式之间的竞争关系，即预测其他交通方式的需求向需求响应公交转化的比例或数量。

(1)非集计模型。

非集计模型以其高效、低成本,同时可包含多种变量、可移植性较高等众多优点成为研究人员研究的热点,它被广泛应用于交通工程、经济学、社会学等多个领域。非集计模型在交通方式划分研究中是以单个出行者作为分析对象,个体原始数据不直接做统计处理来构造模型,而是充分利用每组调查样本数据的内在联系,求出描述个体选择行为的概率值,最后将模型计算的概率值转化为全体分区居民的选择概率值。其特点是调查的个人数据能够得到充分地挖掘,要求的样本较小。

非集计模型代表性模型为 Probit 模型和 Logit 模型。相比于 Probit 模型,Logit 模型更加准确,且弹性强、适用性强。因此,利用 Logit 模型对出行方式选择进行计算。

当交通方式选择项多于两个时,选择利用多元 Logit 模型对概率 P_i 进行计算。

$$P_i = \frac{e^{\mu V_i}}{\sum_{j=1}^{n} e^{\mu V_j}} \quad 或 \quad P_i = \frac{e^{\mu V_i}}{\sum_{j \in A_n} e^{\mu V_j}} \tag{5-6}$$

式中:P_i——选择交通方式 i 的概率,$i=1,2,3,\cdots,n$;

V_i——交通方式 i 的确定效用,$i=1,2,3,\cdots,n$;

V_j——交通方式 j 的确定效用,$j=1,2,3,\cdots,n$。

式(5-6)即为多项 Logit 模型,记为:MNL 模型。

(2)变量的选择。

影响出行模式决策行为的因素分外因和内因。外因包括政策、社会经济发展水平、服务水平等,内因包括交通主动权、时耗、费用、年龄、家庭拥有交通工具等。如前所述,基于随机效用理论的 MNL 模型认为,个体将选择给自己带来最大效用的出行模式。一般情况下确定效用 V_i 表示为线性形式:

$$V_i = \sum_{k=1}^{K} \theta_k X_{ik} = \theta_1 X_{i1} + \theta_2 X_{i2} + \cdots + \theta_k X_{ik} \tag{5-7}$$

式中:X_{ik}——出行者的第 i 个选择方案中所包含的第 k 个特征变量;

K——特征变量的个数;

X_i——出行者的选择方案 i 的特征变量;

θ_k——第 k 个变量所对应的位置参数。

则对于任意的方案 i,其被选择的概率可写成:

$$P_i = \frac{e^{V_i}}{\sum_{j=1}^{n} e^{V_j}} = \frac{1}{\sum_{j=1}^{n} e^{(V_j - V_i)}} = \frac{1}{\sum_{j=1}^{n} e^{\left(\sum_{k=1}^{K} \theta_k (V_{jk} - V_{ik})\right)}} \tag{5-8}$$

由式(5-8)可知,选择概率 P_i 与选择方案效用的水平本身(即效用的绝对值)无关,它仅与选择方案的效用差有关。因此,在选择特征变量时只有选择那些使选择方案的效用产生了差异的变量才有意义。选择特征变量一般遵循以下原则:

①变量能够明确描述选择方案的特征;

②变量应当尽量包括可调节的政策变量;

③变量之间应当相互独立。

通过对比无需求响应公交和有需求响应公交两种情况下不同交通方式所占的比例,可以计算得到需求转化的比例。

5.2.2.2　案例应用

(1)数据来源及分析说明。

需求转化模型的数据主要通过行为调查(Revealed Preference,简称 RP 调查)和意向调查(Stated Preference,简称 SP 调查)获取,本案例的调查问卷主要获取旅客选择不同出行方式的特征,问卷内容包括:个人基本属性、近一次出行特征和方式选择意愿。

本案例针对模型建立,进行了一项针对机场环境下的旅客出行 RP&SP 问卷调查。整个调查共获取有效调查问卷约 1700 份,根据调查问卷,对各相关因素进行统计分析。

①年龄特征。在问卷调查过程中,接受调查的旅客的年龄介于 18 ~ 30 岁之间的人数有一半之多,18 ~ 45 岁之间的人数占了总数的 78.92%,这也反映了乘坐飞机出行人群的年龄特征,具体如图 5-5 所示。

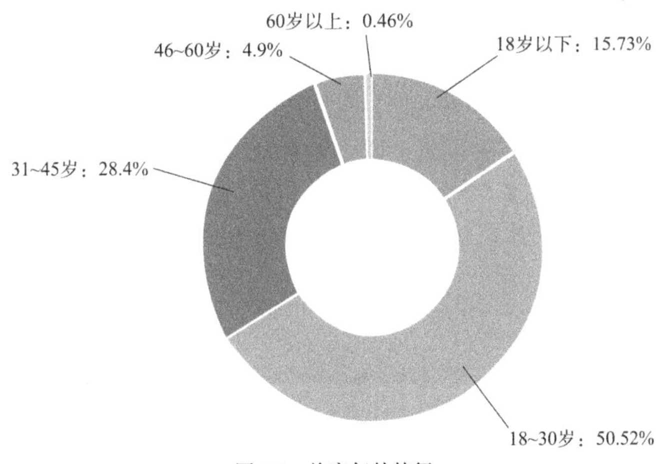

图 5-5　旅客年龄特征

②收入特征。分析发现,月收入水平在 2000 元以下的旅客主要为学生,若不考虑这个群体,月收入超过 5000 元的人数高于 2000 ~ 5000 元的人数。因此,可以认为旅客的收入水平会影响个人的出行方式选择,具体如图 5-6 所示。

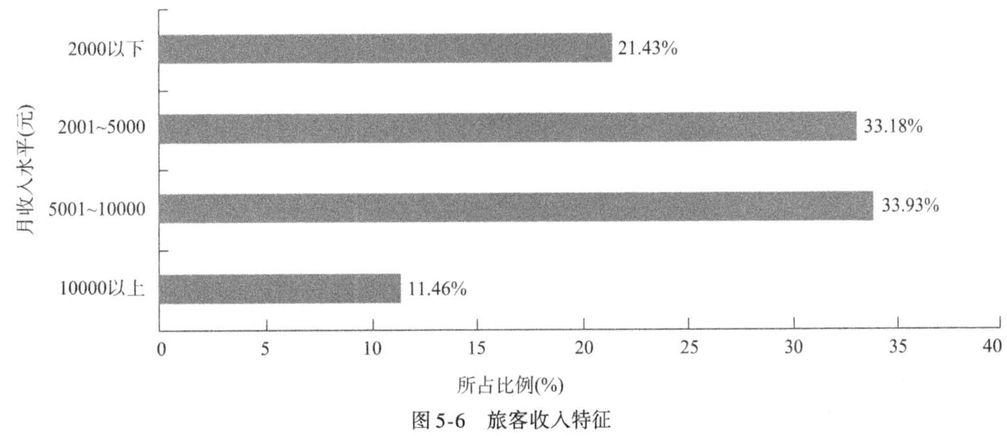

图 5-6　旅客收入特征

③出行同的特征。旅客乘机出行的目的主要是旅游和出差,上学和接送机的人群较少,而且上学的人群受假期影响较大,具体如图5-7所示。

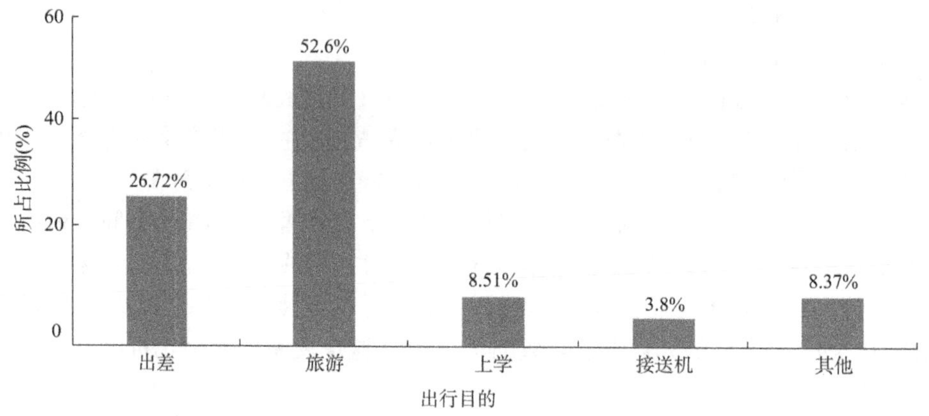

图5-7 旅客出行目的特征

④出行时间特征。旅客离开机场后,出行时间较长的人数较多,出行时间在40min以下的旅客仅占24.47%,出行时间在40min以上的旅客占75.53%。其中,出行时间为41~60min的旅客最多,占比达到28.76%。图5-8可以反映出机场旅客到达机场后的出行时间特征,也可间接反映出旅客到达机场后的出行距离分布特征。

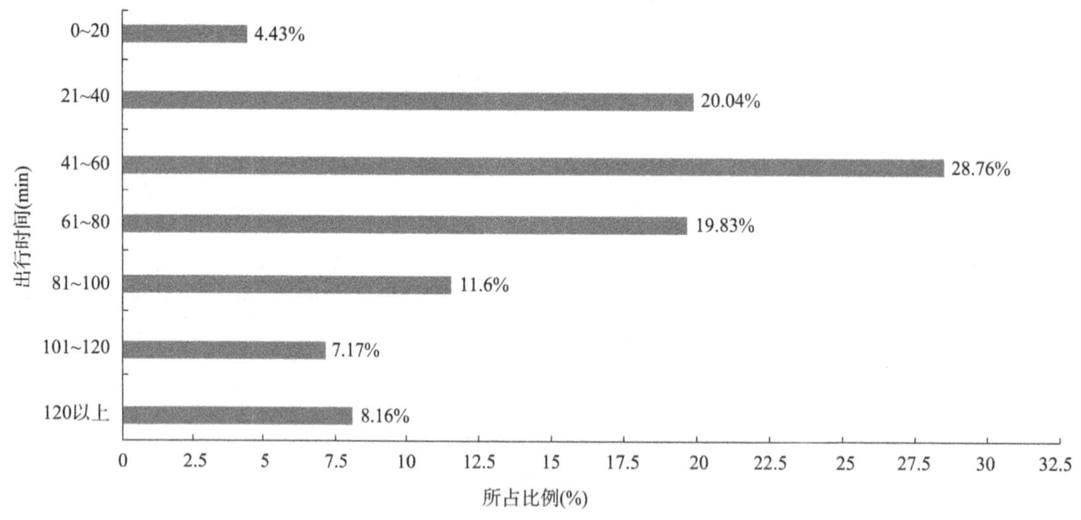

图5-8 出行时间特征

⑤步行和候车时间。旅客更加在意候车时间较短的出行方式,而现有的机场巴士发车间隔较大,旅客乘坐需要长时间候车,也额外地增加了旅客出行的时间成本,而需求响应巴士可以根据订单量,及时为旅客提供巴士服务,大大缩短了旅客的候车时间,并且需求响应巴士也是一种可以提供"门到门"服务的交通方式,因此,可以弥补现有机场巴士的缺点,提高其竞争力,具体如图5-9所示。

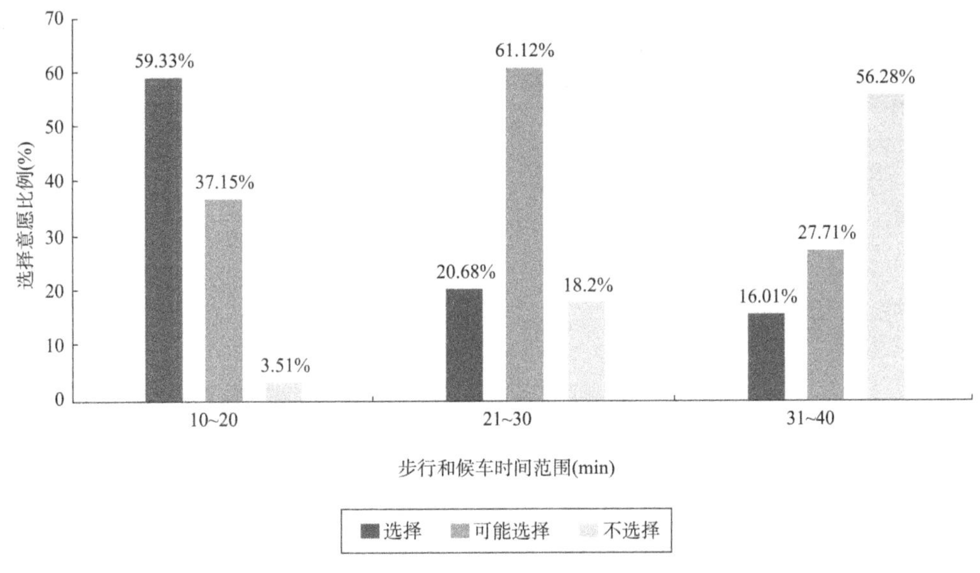

图5-9　步行和候车时间选择意愿统计

⑥不选择机场巴士的原因。统计分析旅客不选择机场巴士的原因如图5-10所示。在这些原因当中,舒适性因素占比较低,线路布局、运营的相关因素是旅客放弃选择机场巴士的主要原因。因此,此项调查还可以为机场巴士的优化方向提供有力的支撑。

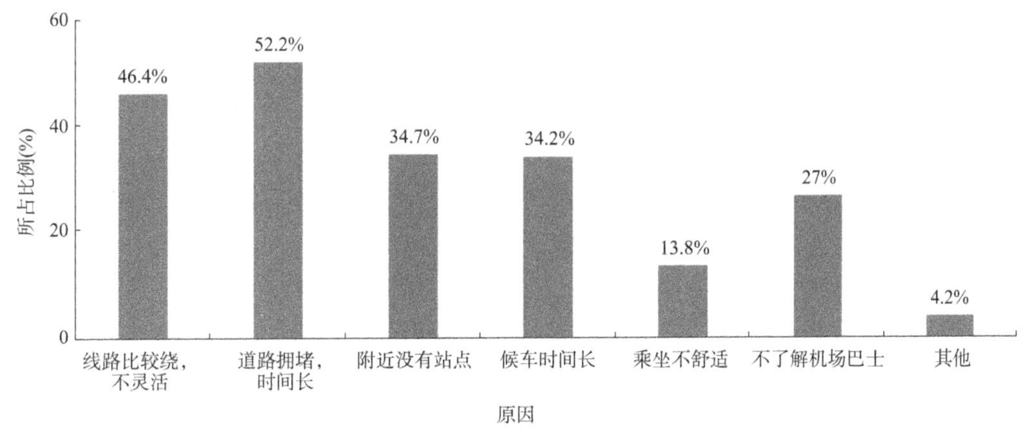

图5-10　不选择机场巴士的原因

⑦到达机场的时间。旅客到达机场的时间分布如图5-11所示,高峰时间集中于8:01~14:00,旅客占比达到约50%,14:00后旅客达到量逐渐减少。

通过以上分析,旅客的收入、到达机场的时间、出行时间以及步行和候车时间是影响旅客选择巴士的主要因素。因此,本次需求转化预测模型将选取旅客的收入、到达机场的时间、出行时间以及步行和候车时间作为自变量。

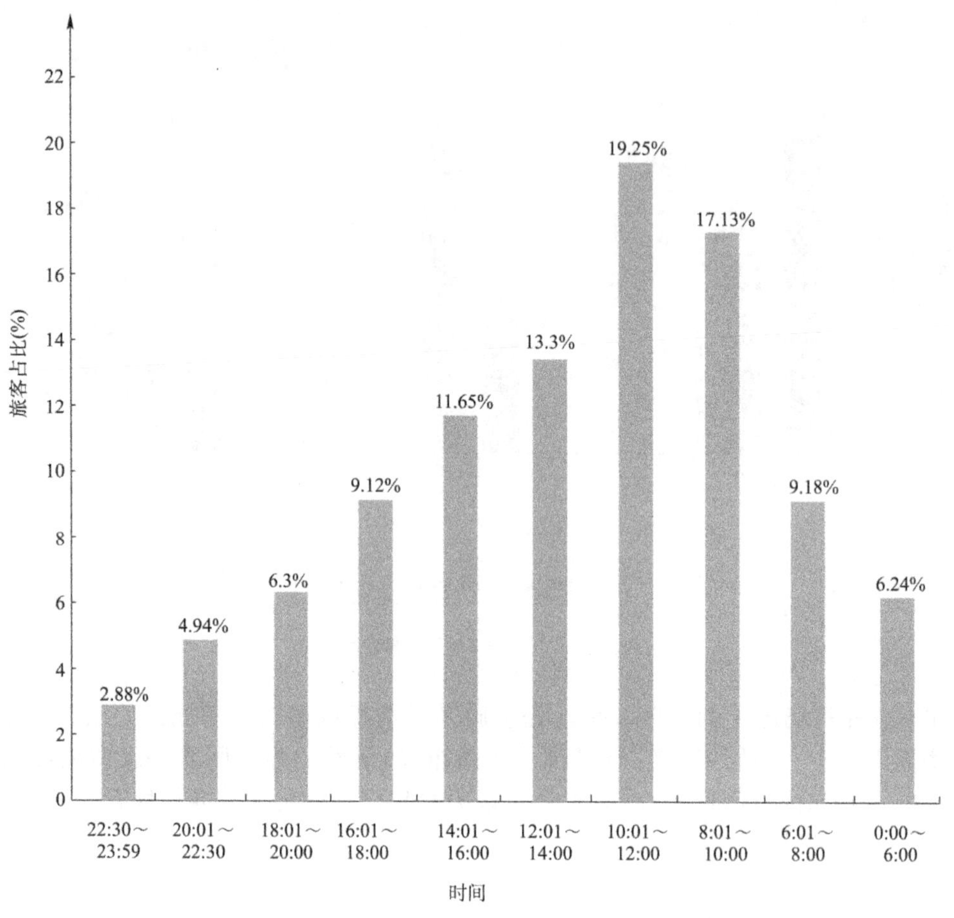

图 5-11 旅客到达机场时间分布

(2)预测结果分析。

通过调查问卷结果的分析,旅客的收入、到达机场的时间、出行时间以及步行和候车时间是影响旅客选择巴士的主要原因。因此,利用这几项因素在 SPSS 软件中对 Logit 模型进行参数拟合,求解结果见表 5-3 和表 5-4。

需求响应巴士参数估计 表 5-3

交通方式		B
1	截距	4.549
	行程时间	0.006
	步行候车时间	-0.193
	到达时间	-0.041
	[收入=1]	0.405
	[收入=2]	0.323
	[收入=3]	-0.267

续上表

交通方式		B
2	截距	8.605
	行程时间	-0.003
	步行候车时间	-0.592
	到达时间	-0.008
	[收入=1]	0.348
	[收入=2]	0.022
	[收入=3]	-0.217
3	截距	7.691
	行程时间	-0.006
	步行候车时间	-0.515
	到达时间	0.099
	[收入=1]	-0.894
	[收入=2]	-1.121
	[收入=3]	-0.764
4	截距	14.271
	行程时间	-0.029
	步行候车时间	-10.052
	到达时间	-0.085
	[收入=1]	-0.416
	[收入=2]	-0.212
	[收入=3]	-1.504
5	截距	3.238
	行程时间	0.003
	步行候车时间	-0.108
	到达时间	-0.039
	[收入=1]	-0.043
	[收入=2]	-0.129
	[收入=3]	-0.316

出行需求转化 表5-4

交通方式	无需求响应公交时调查样本的方式选择占比(%)	有需求响应公交时调查样本的方式选择占比(%)	转化比例(%)
地铁	34.90	26.90	22.92
出租车	24.30	19.90	18.11
网约车	4.40	3.70	15.91

根据计算结果,绘制需求转化曲线如图5-12所示。

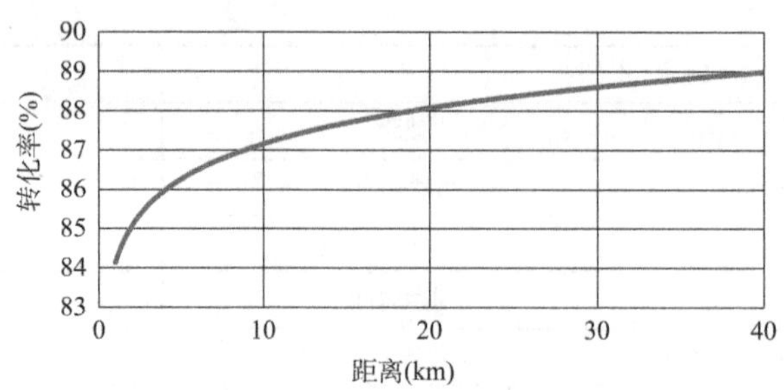

图 5-12　公共交通向预约巴士随距离转移的变化趋势图

由图 5-12 可以看出,目的地至机场的距离与交通方式的转移存在一定的相关性,随目的地至机场的距离增加,需求响应公交转化率逐步升高,呈对数曲线形式。

各类主要交通方式向需求响应公交转移的概率统计图如图 5-13 所示。相比其他交通方式,地铁转化为需求响应公交的转移率更大,其次依次为出租车、网约车,网约车和出租车的转化比率较为接近。

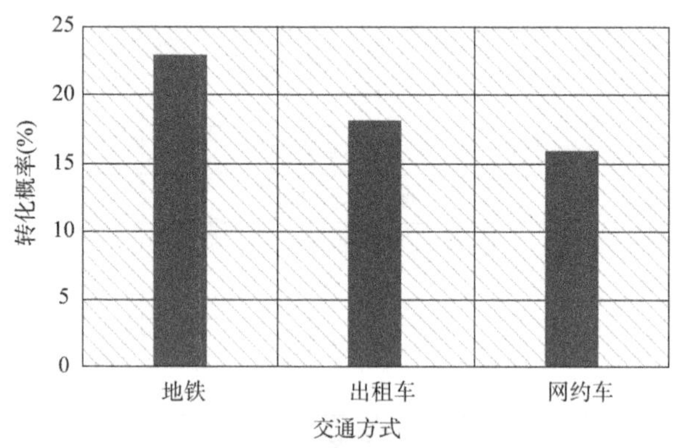

图 5-13　各类主要交通方式向需求响应公交转移的概率统计图

5.3　需求响应型灵活线路公交路径优化方法

需求响应公交通过预约平台收集乘客出行需求,并根据一段时间内收集的出行需求信息制订或调整公交车辆的开行方案,因此,该类公交较常规公交而言更加灵活,也更能彰显其智能化与信息化的服务水平。本节基于一次性出行预约需求,建立灵活线路路径优化模型,并介绍禁忌搜索算法与基于可变邻域的模拟退火算法对模型进行求解。

5.3.1　线路优化模型建立

5.3.1.1　问题描述

在服务区域内站点分布及公交线路数均已给定的前提下,基于预约的出行需求信息,在不需公交换乘的情况下,为每条线路制订能够响应出行需求的走行方案,同时确定每条线路的最优场站发车时间。区域内站点分布、出行需求及车辆走行路径的示例如图 5-14 所示。

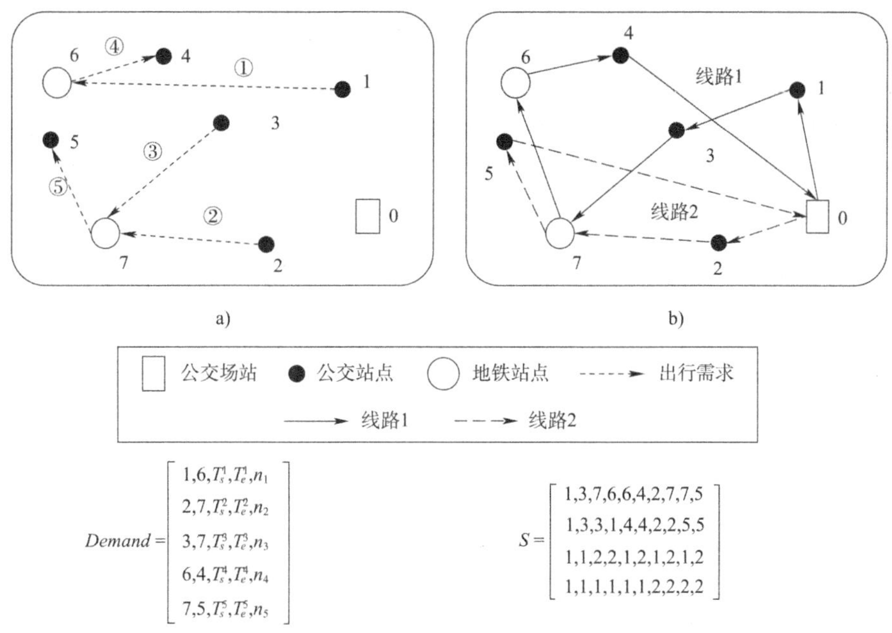

图 5-14　站点分布、出行需求及车辆路径示例

现结合图 5-14，给出本研究的假设条件如下：

①区域内有一个发车场站和若干公交与地铁站点，车辆由场站发出且最终回到场站；区域内所有出行需求产生于公交/地铁站点并终止于地铁/公交站点，即不考虑地铁或公交站点间的出行需求；

②车辆在其线路上任意相邻的两站点间的走行路径为路网中该两点间的时间最短路，且路段旅行时间固定；

③车辆的站点停靠时间为定值，与上下车人数无关；

④原则上，乘客可通过预约平台输入起点或终点的时间窗约束，而实际上，在早高峰时段内研究区域中的出行终点往往为地铁站点，而非出行的最终目的地，因此，乘客对其时间窗的概念较弱；对于晚高峰时段，乘客对出行终点的时间窗要求也并不严格。基于此，为简单起见，假设乘客在预约平台仅输入起点时间窗，而终点时间窗约束可通过乘客最大在车时间约束得到体现。

由图 5-14a）可知，当前区域内有五条出行需求信息，分别将其记入矩阵 *Demand*，即 *Demand* 中每一行代表一条出行需求记录，而每列信息从左至右依次表示：需求起始站点、终止站点、时间窗上限、时间窗下限以及需求人数。在实际中，*Demand* 中各项信息均由用户在预约时输入。在图 5-14b）中，两条公交线路执行所有需求任务，而公交路径信息存入矩阵 S 中。矩阵 S 的第一行依次记录所有线路的经停站点（场站 0 除外）；第二行表示在相应站点所执行的需求编号；第三行对乘客上车或下车进行辨识，若为上车站点，则记为 1，否则，记为 2；第四行记录当前路径编号。

另一方面，若改变车辆在场站的发车时间D_0，则乘客在车时间、车辆走行时间以及时间窗惩罚均有可能发生改变，进而会对后续运行产生重要影响。基于此，所要优化的决策变量

即为车辆路径矩阵 S 与各线路的发车时间D_0。在D_0的求解方面，下一节详细阐述了在给定车辆路径的情况下，D_0的改变对后续车辆运行的影响，并基于对相关影响因素的分析提出了一种D_0的解析式求解算法。在确定各线路的最优发车时间D_0后，即可计算当前车辆路径方案下的目标函数值，并基于目标函数值对车辆路径矩阵 S 进行优化。

5.3.1.2 目标函数

由于需求响应公交问题需兼顾公交企业与乘客利益，因此，其目标函数包括企业成本与乘客出行成本。在本节所研究的需求响应公交问题中，公交线路数已给定，因此，企业成本仅与车辆走行距离相关，即仅与车辆路径矩阵 S 相关；而乘客在车时间除了与 S 相关外，还与车辆在场站的发车时间D_0相关。因此，目标函数可表示为：

$$C_T = C_S(S) + D_I(S, D_0) \tag{5-9}$$

式中：C_S——企业运营成本；

C_I——乘客在车成本；

C_T——总成本。

其中，企业运营成本 C_S可进一步表示为：

$$C_S = \mu_1 \sum_r \sum_i d^r_{i,i+1} \tag{5-10}$$

式中：i——线路上站点；

$d^r_{i,i+1}$——线路 r 上任意两相邻站点之间的最短距离；

μ_1——相关权重系数。

在给定路网条件下，对$\forall r, i$、$d^r_{i,i+1}$均为已知且固定不变。

乘客在车时间即为车辆在其下车站点的到达时间与上车站点的服务时间之差，因此，乘客在车成本 C_I可表示为：

$$C_I = \mu_2 \sum_r \sum_k \sum_i (\delta_1(r,k,i) \cdot A^r_i - \delta_2(r,k,i) \cdot B^r_i) \cdot n_k \tag{5-11}$$

式中：A^r_i——线路 r 上第 i 个站点的到达时间；

B^r_i——线路 r 上第 i 个站点的服务时间；

n_k——需求 k 所对应的出行人数；

$\delta_1(r,k,i)$、$\delta_2(r,k,i)$——均为$\{0,1\}$变量，如果需求 k 所对应乘客在第 r 条线路的第 i 个站点上车，则$\delta_1(r,k,i)=1$，否则，$\delta_1(r,k,i)=0$；如果需求 k 所对应乘客在第 r 条线路的第 i 个站点下车，则$\delta_2(r,k,i)=1$，否则，$\delta_2(r,k,i)=0$；对任意的 r、k、i，$\delta_1(r,k,i)$与$\delta_2(r,k,i)$的取值均可通过矩阵 S 获取；

μ_2——相关权重系数。

由假设条件②、③可知，在给定路网下，线路相邻两站之间的走行时间及站点停靠时间均为定值，因此，对任意线路 k，其站点到达时间A^r_i、站点发车时间D^r_i以及站点服务时间B^r_i间存在如下关系：

$$A^r_i = D^r_{i-1} + t^r_{i-1,i} \tag{5-12}$$

$$D^r_i = B^r_i + t_s \tag{5-13}$$

$$B^r_i = \max\{A^r_i, T^{r,i}_s\} \tag{5-14}$$

式中：$t_{i-1,i}^{r}$——线路 r 上相邻两站之间的最短路走行时间；

t_s——站点停靠时间；

$T_s^{r,i}$——线路 r 上站点 i 的时间窗下限，即最早服务时间。

由式(5-14)可知，若车辆到站时间早于最早服务时间，则需等待至最早服务时间才能开始服务；否则，车辆到达时间即为站点服务时间。值得注意的是，式(5-14)中的 $T_s^{r,i}$ 所对应站点 i 既可为上车站点，也可为下车站点，只有当 i 为上车站点时，式(5-14)具备约束力，此时，$T_s^{r,i}$ 通过矩阵 *Demand* 得到；若 i 为下车站点，$T_s^{r,i}$ 为由站点 i 所对应需求的上车站点的发车时间决定。

基于式(5-12)～式(5-14)，式(5-11)中 A_i^r 与 B_i^r 可进一步表示为：

$$A_i^r=\begin{cases}\max\{A_{i-1}^r,T_s^{r,i-1}\}+t_s+t_{i-1,i}^r & 1<i\leqslant|r|\\ D_0^r+t_{01}^r & i=1\end{cases} \tag{5-15}$$

$$B_i^r=\max\{D_{i-1}^r+t_{i-1,i}^r,T_s^{r,i}\}\qquad 1\leqslant i\leqslant|r| \tag{5-16}$$

式中：$|r|$——线路 r 所经过的站点数（不包含场站），且有 $|r|=\sum_k\sum_i[\delta_1(r,k,i)+\delta_2(r,k,i)]$。

通过式(5-15)～式(5-16)可知，对于给定线路 r，若车辆的场站发车时间 D_0^r 已知，则可以顺次计算出车辆在后续站点的到达时间、服务时间与发车时间，进而可得到乘客在车成本。

5.3.1.3 约束条件

令 $L\,d_i^r$ 表示线路 r 上站点 i 与 $i+1$ 之间的断面客流量，则 $L\,d_i^r$ 可表示为：

$$L\,d_i^r=\sum_k\sum_{i_1=1}^{i}\delta_1(r,k,i_1)\,n_k-\sum_k\sum_{i_1=1}^{i}\delta_2(r,k,i_1)\,n_k\quad 1\leqslant i<|r| \tag{5-17}$$

另外，本模型考虑了乘客最大在车时间约束，即规定所有乘客的在车时间不能大于其最短路旅行时间的 λ 倍($\lambda>1$)。因此，对于任意的 r、k、i，均有：

$$\delta_1(r,k,i)\cdot A_i^r-\delta_2(r,k,i)\cdot B_i^r\leqslant\lambda\,t_{\min}^k \tag{5-18}$$

式中：$t_{\min}^k$——需求 k 所对应起始站点与终止站点之间的最短路旅行时间。

该约束也可通过在下车站点设定时间窗的方式得到体现。若线路 r 上站点 i 为需求 k 所对应的乘客下车站点，则令其时间窗下限 $T_s^{r,i}$ 为需求 k 所对应的乘客下车站点的发车时间加 $t_{\min}^k$；令其时间窗上限 $T_e^{r,i}$ 为需求 k 所对应的乘客下车站点的发车时间加 $\lambda\,t_{\min}^k$。以上对下车站点时间窗的设定与式(5-18)具有同等约束效力。因此，通过以上方式，乘客最大在车时间约束可一并归结为服务时间窗约束。基于上述分析，现给出本模型的约束条件如下：

$$T_s^{r,i}\leqslant B_i^r\leqslant T_e^{r,i}\quad\forall r,1\leqslant i\leqslant|r| \tag{5-19}$$

$$T_s^{r,i}=\begin{cases}T_s^k & 若\delta_1(r,k,i)=1\\ D_j^r+t_{\min}^k & 若\delta_1(r,k,i)=1\ 且\delta_2(r,k,i)=1\end{cases} \tag{5-20}$$

$$T_e^{r,i}=\begin{cases}T_e^k & 若\delta_1(r,k,i)=1\\ D_j^r+\lambda\,t_{\min}^k & 若\delta_1(r,k,i)=1\ 且\delta_2(r,k,i)=1\end{cases} \tag{5-21}$$

$$L\,d_i^r\leqslant P\quad\forall r,1\leqslant i<|r| \tag{5-22}$$

$$D_{|r|}^r+t_{|r|,0}^r-D_0^r\leqslant T_{\max} \tag{5-23}$$

$$\sum_{r}\sum_{i}\delta_1(r,k,i) = 1 \quad \forall k \tag{5-24}$$

$$\sum_{r}\sum_{i}\delta_2(r,k,i) = 1 \quad \forall k \tag{5-25}$$

$$\sum_{i}\delta_1(r,k,i) + \sum_{i}\delta_2(r,k,i) = 0 \text{或} 2 \quad \forall k,r \tag{5-26}$$

式(5-19)~式(5-21)为服务时间窗约束,式(5-20)与式(5-21)分别就站点 i 为上车站点或下车站点讨论了其时间窗取值,也正基于此,式(5-19)涵盖了乘客最大在车时间约束。式(5-22)为车辆载荷约束,其中 P 为车辆额定载荷;式(5-23)为车辆最大走行时间约束,其中$T_{\max}$表示车辆最大走行时间;式(5-24)~式(5-25)表示所有需求均被执行且每个出行需求被执行一次;式(5-26)表示每个需求对应的上车与下车需求被同一辆车执行,若需求 k 被线路 r 执行,则等号右端取 2,否则取 0。

由于以上约束与决策变量之间的关系较复杂,且无法直接根据输入数据判断其约束强度,因此,在实际求解中将其视为软约束,即若约束被违背,则在原目标函数基础上追加相应的惩罚函数。为此,现定义三类惩罚,即时间窗惩罚C_{P1}、超载惩罚C_{P2}与车辆走行时间惩罚C_{P3},与之对应的三个惩罚函数分别定义为$g_1(x)$、$g_2(x)$、$g_3(x)$,则C_{P1}、C_{P2}、C_{P3}可分别表示为:

$$C_{P1} = \sum_{r}\sum_{k}\sum_{i}\delta_1(r,k,i)\, n_k\, g_1(B_i^r) \tag{5-27}$$

$$C_{P2} = \sum_{r}\sum_{i} g_2(L\,d_i^r)\cdot d_{i,i+1}^r \tag{5-28}$$

$$C_{P3} = \sum_{r} g_3(D_{|r|}^r + t_{|r|,0}^r - D_0^r) \tag{5-29}$$

由式(5-27)~式(5-29)可以看出,C_{P2}仅与车辆路径矩阵 S 相关,而C_{P1}、C_{P3}与 S 及场站发车时间D_0均相关,因此,目标函数可改写为:

$$C_T = C_S(S) + C_I(S,D_0) + C_{P1}(S,D_0) + C_{P2}(S) + C_{P3}(S,D_0) \tag{5-30}$$

5.3.2 最优场站发车时间计算

本节基于已给定的车辆路径矩阵 S,意图通过一种解析的方法确定各线路的场站发车时间D_0。由于上车站点的时间窗为已知且固定,而下车站点的时间窗由相应上车站点的发车时间决定,因此,场站发车时间D_0对两类时间窗的影响机理不同。基于此,本节将两类时间窗分开考虑,分别将上车站点与下车站点的服务时间窗惩罚表示为C_{P11}、C_{P12};而C_{P12}由乘客在车时间决定,因D_0对其影响机理与乘客在车成本 C_I相同,因此,将C_{P12}与 C_I合并考虑,并用 C_{IP}表示二者之和。基于以上分析,D_0的改变可产生三大方面影响:其一,影响后续上车站点的到达时间,进而引起C_{P11}的变化;其二,可能影响部分乘客在车时间,进而引起 C_{IP}的变化;其三,影响车辆走行时间,进而引起C_{P3}的变化。

假设某线路途经站点数为 $2\times m$,即承担 m 个出行需求任务。令 $I=\{i_1,i_2,\cdots,i_m\}$ 表示该线路上车站点在线路上的位置集合,其对应的时间窗下限、上限集合可分别表示为$T_s^I=\{T_s^{i1},T_s^{i2},\cdots,T_s^{im}\}$、$T_e^I=\{T_e^{i1},T_e^{i2},\cdots,T_e^{im}\}$。对于$\forall i_u\in I$,$D_0^{iu,s}$表示由相应时间窗下限$T_s^{iu}$反推求得的场站发车时间,亦可将其理解为使站点$i_u$的松弛时间为 0 的临界发车时间。对于$\forall T_s^{iu}\in T_s^I$,计算其相应的$D_0^{iu,s}$并存入矩阵$D_0^{Is}$中,即$D_0^{Is}=\{D_0^{i1,s},\cdots,D_0^{iu,s},\cdots,D_0^{im,s}\}$。类似地,可求得 T_e^I所对应的发车时间矩阵$D_0^{Ie}=\{D_0^{i1,e},\cdots,D_0^{iu,e},\cdots,D_0^{im,e}\}$,其中,$D_0^{iu,e}$可理解为使站点$i_u$时间窗惩罚发生变化的临界发车时间。

由上述定义可知，在D_0逐渐增大的过程中，线路上各上车站点的松弛时间从前至后依次变为零，即若当前上车站点i_u存在松弛时间，则D_0的微小延后不会导致i_u后续站点到达时间、服务时间以及发车时间的变化。

下面依次量化分析D_0对乘客在车成本与在车惩罚、上车站点时间窗惩罚及车辆走行时间惩罚的影响。

5.3.2.1　D_0对乘客在车成本与在车惩罚的影响

假设需求 k 被线路 r 执行，相应上车站点与下车站点在 r 上的位置分别为i_{k1}、i_{k2}，因此，其对应的乘客在车成本$C_I^{k,r}$与在车时间惩罚$C_{P12}^{k,r}$可分别表示为：

$$C_I^{k,r} = \mu_2 \delta_1(r,k,i) \cdot n_k \cdot (r,k,i) \tag{5-31}$$

$$C_{P12}^{k,r} = \delta_1(r,k,i) \cdot n_k \cdot g_1(A_{ik2} - B_{ik1}) \tag{5-32}$$

式中：A_{ik2}——站点i_{k2}的到达与服务时间；

B_{ik1}——站点i_{k1}的到达与服务时间。

若$(i_{k2} - i_{k1}) > 1$且i_{k2}、i_{k1}间存在其他上车站点，则令i_n为i_{k2}之前且距i_{k2}最近的上车站点，i_n对应的场站发车时间记为$D_0^{in,s}$。当$D_0^r \leqslant D_0^{in,s}$时，$D_0^r$的变化不会引起$A_{ik2}$的变化；$i_{k2}$、$i_{k1}$间其他上车站点对应的场站发车时间均不大于$D_0^{in,s}$，因此，$D_0^{in,s}$为保证$A_{ik2}$不随$D_0^r$增大而增大的最大场站发车时间。同理，$i_{k1}$对应的场站发车时间记为$D_0^{ik1,s}$，且$D_0^{ik1,s}$为保证$B_{ik1}$不随$D_0^r$增大而增大的最大场站发车时间。因此，当$D_0^r$由$D_0^{ik1,s}$增至$D_0^{in,s}$的过程中，乘客在车时间$(A_{ik2} - B_{ik1})$随之线性减小。$\Delta D_0^r = -\Delta(A_{ik2} - B_{ik1})$，即$\partial(A_{ik2} - B_{ik1}) / \partial D_0^r = -1$。

基于上述分析，$C_I^{k,r}$与$C_{P12}^{k,r}$对D_0^r的导数可分别表示为：

$$\frac{\partial C_I^{k,r}}{\partial D_0^r} = \begin{cases} -\delta_1(r,k,i) \cdot \mu_2 n_k & D_0^r \in [D_0^{ik1,s}, D_0^{in,s}] \\ 0 & \text{其他} \end{cases} \tag{5-33}$$

$$\frac{\partial C_{P12}^{k,r}}{\partial D_0^r} = \begin{cases} -\delta_1(r,k,i) \cdot n_k \dfrac{\partial g_1(A_{ik2} - B_{ik1})}{\partial(A_{ik2} - B_{ik1})} & D_0^r \in [D_0^{ik1,s}, D_0^{in,s}] \\ 0 & \text{其他} \end{cases} \tag{5-34}$$

对于线路 r 执行的所有需求 k，将式(5-33)、式(5-34)所对应的分段函数曲线相叠加，可得线路 r 上乘客在车成本与在车时间惩罚之和C_{IP}^r对D_0^r的导数：

$$\frac{\partial C_{IP}^r}{\partial D_0^r} = -\sum_k \left(\frac{\partial C_I^{k,r}}{\partial D_0^r} + \frac{\partial C_{P12}^{k,r}}{\partial D_0^r} \right) \tag{5-35}$$

5.3.2.2　D_0对上车站点时间窗惩罚的影响

仍将需求 k 在线路 r 上所对应的上车站点记为i_{k1}，则其对应的上车时间窗惩罚$C_{P11}^{k,r}$可表示为：

$$C_{P11}^{k,r} = \delta_1(r,k,i) \cdot n_k \cdot g_1(B_{ik1}) \tag{5-36}$$

令i_{k1}所对应集合D_0^{le}中的场站发车时间为$D_0^{ik1,e}$，则当$D_0^r > D_0^{ik1,e}$时，必然有$B_{ik1} > T_e^{ik1}$且B_{ik1}开始随D_0^r的推移而增大。$\Delta B_{ik1} = \Delta D_0^r$，即$\dfrac{\partial B_{ik1}}{\partial D_0^r} = 1$。因此，$D_0^{ik1,e}$为保证$C_{P11}^{k,r}$不随$D_0^r$增大而增大的最大场站发车时间。基于此，$C_{P11}^{k,r}$对$D_0^r$的导数可表示为：

$$\frac{\partial C_{P11}^{k,r}}{\partial D_0^r}=\begin{cases}\delta_1(r,k,i)\cdot n_k\dfrac{\partial g_1(B_{ik1})}{\partial B_{ik1}} & D_0^r\in(T_e^{ik1},+\infty)\\ 0 & \text{其他}\end{cases} \tag{5-37}$$

对于线路 r 执行的所有需求 k，将式(5-37)所对应的所有函数曲线相叠加，可得线路 r 上的上车站点时间窗惩罚C_{P11}^r对D_0^r的导数：

$$\frac{\partial C_{P11}^r}{\partial D_0^r}=\sum_k\frac{\partial C_{P11}^{k,r}}{\partial D_0^r} \tag{5-38}$$

5.3.2.3 D_0对车辆走行时间惩罚的影响

对于途径 $2m$ 个站点的线路 r 而言，其走行时间T_k可表示为：

$$T_k=D_{2m}^r+t_{2m,0}^r-D_0^r \tag{5-39}$$

式中：D_{2m}^r——车辆在最后一个站点的发车时间；

$t_{2m,0}^r$——线路 r 的最后一个站点到场站的最短路走行时间。

因此，线路 r 的车辆走行时间惩罚C_{p3}^r可表示为：

$$C_{p3}^r=g_3(D_{2m}^r+t_{2m,0}^r-D_0^r) \tag{5-40}$$

对于最后一个上车站点i_m，其对应集合D_0^{ls}中的场站发车时间为$D_0^{im,s}$，当$D_0^r>D_{2m}^r$时，有$\Delta D_{2m}^r=\Delta D_0^r$，故$C_{p3}^r$不随$D_0^r$变化而变化，因此，$D_0^{im,s}$为保证$D_{2m}^r$不随$D_0^r$增大而推移的最大场站发车时间。因此，$C_{p3}^r$对$D_0^r$的导数可表示为：

$$\frac{\partial C_{P3}^r}{\partial D_0^r}=\begin{cases}-\dfrac{\partial g_3(D_{2m}^r+t_{2m,0}^r-D_0^r)}{\partial T_k} & D_0^r\in[0,T_s^{im}]\\ 0 & \text{其他}\end{cases} \tag{5-41}$$

在得到$\frac{\partial C_{IP}^r}{\partial D_0^r}$、$\frac{\partial C_{P11}^r}{\partial D_0^r}$、$\frac{\partial C_{P3}^r}{\partial D_0^r}$后，将三者叠加即可得到线路 r 的总成本对D_0^r的导数$\frac{\partial C_T^r}{\partial D_0^r}$。之后寻找$\frac{\partial C_T^r}{\partial D_0^r}$上所有极值点（或左右导数异号的点）所对应的$D_0^r$，并将其记为$\{D_{01}^r,\cdots,D_{0n}^r,\cdots,D_{0N}^r\}$，则最优场站发车时间$D_0^{r*}=\{D_{0n*}^r\mid C_T^r(D_{0n*}^r)=\min[C_T^r(D_{0n}^r)]\}$。

5.3.2.4 算例

现结合算例对最优场站发车时间的求解进一步阐释。算例设计如下。

（最优场站发车时间计算）站点 1－5 为公交站点，6－7 为地铁站点，现有五条出行需求信息，全部由线路 1 执行，出行需求矩阵 *Demand* 与车辆路径矩阵 S 如下：

$$Demand=\begin{bmatrix}1,6,5,9,3\\2,7,10,15,4\\3,7,18,22,5\\4,6,21,27,2\\5,7,32,35,5\end{bmatrix}$$

$$S=\begin{bmatrix}1,2,6,3,7,7,4,5,6,7\\1,2,1,3,2,3,4,5,4,5\\1,1,2,1,2,2,1,1,2,2\\1,1,1,1,1,1,1,1,1,1\end{bmatrix}$$

另外,7 个站点以及场站 0 之间的最短路径旅行时间见表 5-5;假设站点服务时间$t_s=0$;$g_1(x)$、$g_3(x)$均为线性函数,$\frac{\partial g_1(x)}{\partial x}=1$,$\frac{\partial g_3(x)}{\partial x}=10$,$\mu_2=1$,$\lambda=1.5$,求最优场站发车时间$D_0^{1*}$。

站点间最短路旅行时间(单位:min)　　表 5-5

站点	0	1	2	3	4	5	6	7
0	0	2	6	8	9	13	18	20
1	2	0	4	5	11	15	16	25
2	6	4	0	3	8	11	15	24
3	8	5	3	0	7	13	16	15
4	9	11	8	7	0	5	15	19
5	13	15	11	13	5	0	18	22
6	18	16	15	16	15	18	0	9
7	20	25	24	15	19	22	9	0

D_0^{1*}的具体求解过程如下。

(1)分别针对五个需求的上车站点时间窗,按照式(5-12)~式(5-14)反推相应场站发车时间,进而确定D_0^{ls}、D_0^{le},具体求解过程如图 5-15 所示。

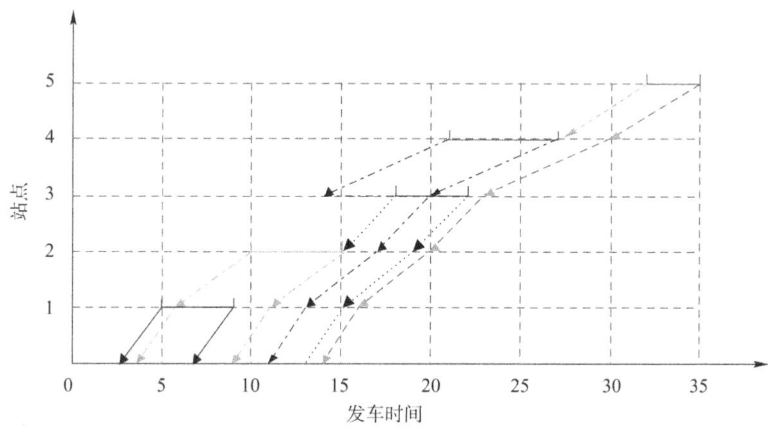

图 5-15　根据各站点时间窗求解临界发车时间示例

由图 5-16 可知,$D_0^{ls}=[3,4,9,9,11]$,$D_0^{le}=[7,9,13,11,14]$。

(2)确定乘客在车成本与在车惩罚随D_0^1的变化情况,即求解$\frac{\partial C_{IP}^1}{\partial D_0^1}$。

①由 S 可知,需求 1 的上车站点与下车站点间存在一个上车站点,即站点 2,而$D_0^{i2,s}=4$,大于$D_0^{i1,s}=3$。因此,对于需求 1 所对应的乘客而言,D_0^1在[3,4]之间增大会导致其在车时间减小。需求 1 乘客的最短路时间为 16min,当$D_0^1=3$时,其在车时间为 4 + 15 = 19,小于 1.5 × 16,因此,D_0^1由 3 增至 4 时,在车惩罚始终为 0;而$\frac{\partial C_I^{1,1}}{\partial D_0^1}=-\mu_2\cdot n_1=-3$,即当$D_0^1\in[3,4]$时,$\frac{\partial C_{IP}^{1,1}}{\partial D_0^1}=-3$。

②对于需求 2,乘客在车时间的变化区间为[4,9]。其最短路时间为 24min,当$D_0^1=4$

时，在车时间为 15 + 16 + 15 = 46，大于 1.5 × 24，当$D_0^1 = 9$时，在车时间为 46 − (9 − 4) = 41，大于 1.5 × 24，因此，D_0^1由 4 增至 9 时，在车惩罚始终存在且一直减小，并有$\frac{\partial C_{P12}^{1,2}}{\partial D_0^1} = -n_2 \cdot \frac{\partial g_1(x)}{\partial x} = -4$；$\frac{\partial C_I^{1,2}}{\partial D_0^1} = -\mu_2 \cdot n_2 = -4$。因此，当$D_0^1 \in [4,9]$，$\frac{\partial C_{IP}^{1,2}}{\partial D_0^1} = -8$。

③同理，对于需求 4，当$D_0^1 \in [9,9.5]$时，$\frac{\partial C_{IP}^{1,4}}{\partial D_0^1} = -4$；当$D_0^1 \in [9.5,11]$时，$\frac{\partial C_{IP}^{1,4}}{\partial D_0^1} = -2$。

对于需求 3 和需求 5，由于上车站点与下车站点间不存在其他上车站点，因此，其乘客在车成本与在车惩罚不受D_0^1影响。

将以上三个分段函数累加，得：当$D_0^1 \in [3,4]$时，$\frac{\partial C_{IP}^1}{\partial D_0^1} = -3$；当$D_0^1 \in [4,9]$时，$\frac{\partial C_{IP}^1}{\partial D_0^1} = -8$；当$D_0^1 \in [9,9.5]$时，$\frac{\partial C_{IP}^1}{\partial D_0^1} = -4$；当$D_0^1 \in [9.5,11]$时，$\frac{\partial C_{IP}^1}{\partial D_0^1} = -2$；对于其他情况，$\frac{\partial C_{IP}^1}{\partial D_0^1} = 0$。

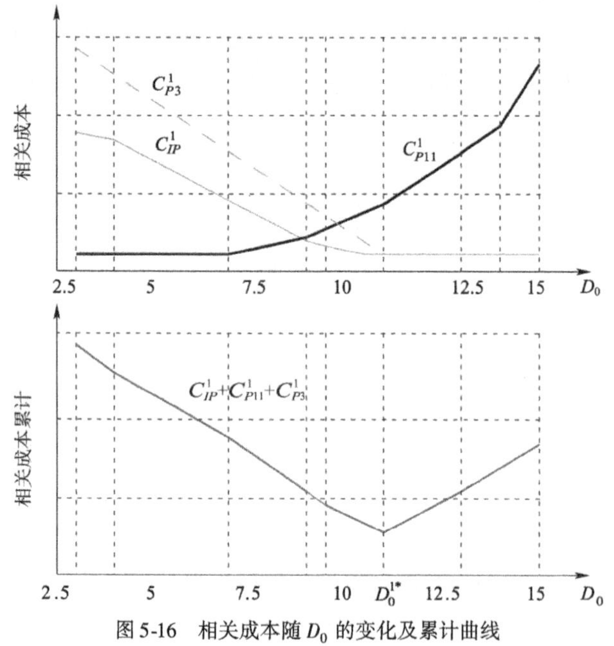

图 5-16 相关成本随 D_0 的变化及累计曲线

(3) 确定上车站点时间窗惩罚随D_0^1的变化情况，即求解$\frac{\partial C_{P11}^1}{\partial D_0^1}$。

对于需求 1，对应的上车站点为i_1，且$D_0^{i1,e} = 7$，即当$D_0^1 > 7$时，$C_{P11}^{1,1}$随D_0^1变化而变化，且有$\frac{\partial C_{P11}^{1,1}}{\partial D_0^1} = n_1 \cdot \frac{\partial g_1(x)}{\partial x} = 3$；

同理，可得：当$D_0^1 > 9$时，$\frac{\partial C_{P11}^{1,2}}{\partial D_0^1} = 4$；当$D_0^1 > 11$时，$\frac{\partial C_{P11}^{1,4}}{\partial D_0^1} = 2$；当$D_0^1 > 13$时，$\frac{\partial C_{P11}^{1,3}}{\partial D_0^1} = 5$；当$D_0^1 > 14$时，$\frac{\partial C_{P11}^{1,5}}{\partial D_0^1} = 5$。

将以上五个分段函数累加，可得：当 $7 < D_0^1 \leqslant 9$ 时，$\frac{\partial C_{P11}^1}{\partial D_0^1} = 3$；；当 $9 < D_0^1 \leqslant 11$ 时，$\frac{\partial C_{P11}^1}{\partial D_0^1} = 7$；；当 $11 < D_0^1 \leqslant 13$ 时，$\frac{\partial C_{P11}^1}{\partial D_0^1} = 9$；当 $13 < D_0^1 \leqslant 14$ 时，$\frac{\partial C_{P11}^1}{\partial D_0^1} = 14$；当$D_0^1 > 14$ 时，$\frac{\partial C_{P11}^1}{\partial D_0^1} = 19$；对于其他情况，$\frac{\partial C_{P11}^1}{\partial D_0^1} = 0$。

(4)确定车辆走行时间惩罚随D_0^1的变化情况，即求解$\frac{\partial C_{P3}^1}{\partial D_0^1}$。

由于$D_0^{i5,s} = 11$，因此，当$D_0^1 \leqslant 11$ 时，$\frac{\partial C_{P3}^1}{\partial D_0^1} = \frac{-\partial g_3(x)}{\partial x} = -10$；对于其他情况，$\frac{\partial C_{P3}^1}{\partial D_0^1} = 0$。

(5)最后将$\frac{\partial C_{IP}^1}{\partial D_0^1}$、$\frac{\partial C_{P11}^1}{\partial D_0^1}$、$\frac{\partial C_{P3}^1}{\partial D_0^1}$所对应的函数曲线叠加，通过求解叠加后曲线的极值点(或左右导数异号点)集合即可获得最优场站发车时间D_0^{1*}。三条曲线以及叠加后的情况如图 5-16 所示。通过图 5-16 可直观看出，线路 1 的最优场站发车时间$D_0^{1*} = 11$。

在得到各线路的场站最优发车时间后，即可将其代入目标函数，进而可计算出给定车辆路径矩阵 S 下的总成本 C_T。

5.3.3 两种启发式算法设计

5.3.3.1 *初始解生成*

由于在建模阶段已将时间窗约束、乘客最大在车时间约束、车辆载荷约束以及车辆最大走行时间约束均视为软约束条件，因此，在生成初始解时无须考虑以上约束，只需保证每个需求的上车站点与下车站点被同一条线路唯一执行，且下车站点位于上车站点之后即可。

将第 i 条出行需求记为$Demand^i = [s_1^i, s_2^i, T_s^i, T_e^i, n_i]$，第 r 条线路的车辆路径矩阵记为S^r，若需求 i 已确定被线路 r 执行，则更新$S^r := [S^r, [s_1^i, i, 1, r], [s_2^i, i, 2, r]]$。在出行需求与线路的匹配阶段，需求 i 需基于一定的概率被随机匹配至一条线路 r，而该匹配概率由两方面因素决定，其一为需求 i 上车站点s_1^i与当前线路 r 的最后站点$s_2^{r,i'}$(对应需求 i')之间的时空距离；其二为当前线路 r 的长度(途经站点数)。其中，s_1^i与$s_2^{r,i'}$的时间距离$d_{i,r}^t$可表示为：

$$d_{i,r}^t = \left| \frac{T_s^i + T_e^i}{2} - \left(\frac{T_s^{i'} + T_e^{i'}}{2} + t'_{i'1,i'2} \right) \right| \tag{5-42}$$

式中：$t'_{i'1,i'2}$——在线路 r 上从需求 i'的上车站点至下车站点的走行时间。

将s_1^i与$s_2^{r,i'}$的空间距离记为$d_{i,r}^s$，当前线路 r 的长度记为l_r，则定义需求 i 与线路 r 之间的效用函数为：$V_{i,r} = \tau_1 d_{i,r}^t + \tau_2 d_{i,r}^s + \tau_3 l_r$。基于此，需求 i 被线路 r 执行的概率$P_{i,r}$可表示为：

$$P_{i,r} = \frac{1/V_{i,r}}{\sum_r 1/V_{i,r}} \tag{5-43}$$

基于上述分析，初始解S_0的生成算法如下。

算法 5.1 初始车辆路径矩阵S_0的生成算法

第 1 步:输入所有出行需求,按照$\frac{(T_s^i+T_e^i)}{2}$对所有需求进行升序排列,并存入矩阵 *Demand*;

令$S_0=\{S_0^1,\cdots,S_0^r,\cdots,S_0^R\}$,其中,$R$ 为总线路数;对$\forall r$,初始化$S_0^r=[\quad]$;

第 2 步:将需求 $1-R$ 分别匹配至线路 $1-R$,更新$S_0^r:=[S^r,[s_1^r,r,1,r],[s_2^r,r,2,r]]$;

第 3 步:定义循环变量 i 并初始化 $i=R+1$,执行以下循环操作:

Repeat

对所有 $r\in[1,R]$,计算$P_{i,r}$,并用轮盘赌方法将需求 i 匹配至线路 r,

更新:$S_0^r:=[S_0^r,[s_1^i,i,1,r],[s_2^i,i,2,r]],i:=i+1$;

Until

i 大于总需求数。

5.3.3.2 需求插入操作

需求插入操作指将任一需求 i 按照一定方式插入某线路 r 中,使插入需求 i 后的线路 r 总成本尽可能小。该操作是后续优化算法的基础,其关键为确定合适的上车站点与下车站点插入位置 *ip*1 与 *ip*2。线路 r 的车辆路径矩阵记为S^r,现欲将需求 i 插入S^r中。本节给出两种插入方法,分别表示为 DI1、DI2,其大体流程如下。

算法 5.2 第一类需求插入操作(DI1)

第 1 步:对于所有 $ip1\in[0,l_r]$,$ip2\in(ip1,l_r+1]$,分别计算需求 i 上车站点与下车站点插入位置 *ip*1、*ip*2 后的线路 r 总成本C_T^r,并存入集合 $S_C_T^r$中;

第 2 步:寻找 $S_C_T^r$中的最小C_T^r,所对应的 *ip*1、*ip*2 即为上车站点与下车站点的最优插入位置,并据此更新S^r。

算法 5.3 第二类需求插入操作(DI2)

第 1 步:确定 *ip*1。

(1)对于所有 $j\in[1,l_r]$,分别计算需求 i 上车站点s_1^i与线路 r 上第 j 个站点(对应需求 i')之间的时空距离。在确定时间距离$d_{i,r}^t$时,若第 j 个站点为上车站点,则

$$d_{i,r}^t=\left|\frac{(T_s^i+T_e^i)}{2}-\frac{(T_s^{i'}+T_e^{i'})}{2}\right|$$;若为下车站点,则按照式(5-42)计算;

(2)寻找(1)中所得最小时空距离,其所对应的站点位置记为j^*;

(3)若对应的时间距离$d_{i,r}^t\geqslant0$,则 $ip1=j^*$;否则,$ip1=j^*-1$;

第 2 步:对所有 $ip2\in(ip1,l_r+1]$,分别计算需求 i 的下车站点插入位置 *ip*2 后的线路 r 总成本C_T^r,并存入集合 $S_C_T^r$中;

第 3 步:寻找 $S_C_T^r$中的最小C_T^r,所对应的 *ip*2 即为下车站点的最优插入位置,并根据 *ip*1、*ip*2 更新S^r。

通过对比算法5.2与算法5.3可以发现，DI1通过对比所有插入位置组合进而同时确定 $ip1$ 与 $ip2$，因此，DI1所求得的 $ip1$、$ip2$ 必定为最优插入位置，但所需运行时间较长；而DI2先通过站点间时空距离确定上车站点插入位置 $ip1$，并在此基础上确定 $ip2$，因此，其内部循环数远小于DI1，所需运行时间也相对较短，但求得的 $ip1$、$ip2$ 为近似最优解。若将一次插入位置组合的尝试视为一转，则通过算法5.2与算法5.3可知，DI1的期望运行转数为 $\frac{T_s^{i'}+T_e^{i'}}{2}$，而DI2的期望运行转数为 $\frac{l_r+2}{2}$。

5.3.3.3 局部搜索算法

在确定各线路所执行需求任务的前提下，线路的站点访问顺序也是影响总成本的重要因素之一。为此，本节引入局部搜索算法(Local Search，LS)，意在通过调整线路的站点访问顺序使总成本得到进一步缩减。将线路 r 所承担的出行需求集合记为 *Demand_r*，将 *Demand_r* 中第 i 个出行需求记为 $Demand\_r_i$，S^r 为线路 r 的车辆路径矩阵。现给出两种局部搜索算法，分别表示为L1、L2，其大体流程如下。

算法5.4 第一类局部搜索算法(L1)

第1步：输入 *Demand_r*，S^r；定义循环变量 i，初始化 $i=1$；
第2步：循环操作：

Repeat

(1)读取 *Demand_r* 中第 i 个出行需求 $Demand\_r_i$，并将其上车站点与下车站点的所在列从 S^r 中删除，并更新 S^r；

(2)以 $Demand\_r_i$ 与 $S^{r'}$ 为输入，执行DI1或DI2，将 $Demand\_r_i$ 重新插入 S^r 中，输出更新后的 S^r；

(3)更新 $i:=i+1$；

Until

i 大于 *Demand_r* 中的出行需求数。

算法5.5 第二类局部搜索算法(L2)

第1步：输入 *Demand_r*，令 S^r 为空矩阵：$S^r=[\ ]$；定义循环变量 i，初始化 $i=1$；
第2步：循环操作：

Repeat

(1)读取Demand_r中第i个出行需求Demand_ri，执行DI1或DI2，将Demand_ri插入 S^r 中，并更新 S^r；

(2)更新 $i:=i+1$；

Until

i 大于 *Demand_r* 中的出行需求数。

通过算法5.4与算法5.5可知，L1必须在输入当前车辆路径矩阵 S^r 的情况下进行。在站点顺序调整过程中，L1先将某需求从 S^r 中删除，再将其重新插入 S^r，直至所有需求都被执

行删除与重插入为止。而 L2 在开始阶段直接将S'初始化为空矩阵,因此无须输入S',在站点顺序调整中,L2 直接针对某需求执行插入操作,直至所有需求都被插入S'为止。若 *Demand_r* 中的需求数为$l_r/2$,则 L1 与 L2 执行 DI1 或 DI2 的次数均为$\frac{l_r}{2}$次,但两种算法在每次执行插入操作时所输入的S'不同,因此不同算法组合下的运行转数亦不相同。

表 5-6 给出了 DI1、DI2 与 L1、L2 不同算法组合下的运行转数,从中也可明显看出四种组合的内部运行转数由大至小依次为:L1 + DI1,L1 + DI2,L2 + DI1,L2 + DI2。

DI1、DI2、L1、L2 不同组合下的运行转数 表 5-6

局部搜索算法	需求插入算法	
	DI1	DI2
L1	$\frac{l_r^2(l_r-1)}{4}$	$\frac{l_r^2}{4}$
L2	$\sum_{p=1}^{l_r}\frac{p(p-1)}{2}$	$\frac{l_r(l_r+2)}{8}$

5.3.3.4 禁忌搜索算法

禁忌搜索算法(TS)在迭代过程中,从一个初始可行解出发,并根据特定的邻近解搜寻机制生成新的可行解。其特点为在设计邻近解搜寻机制时,引入了一种灵活的储存结构和相应的禁忌准则避免迂回搜索,同时又引入禁忌解除准则对禁忌表中满足相应条件的元素进行移除,即解除禁忌。

本节在设计邻近解搜寻机制时,采用需求转移的方式,且每次循环中只转移一个需求,即将需求 i 从原线路 r 中删除并将其插入至另一条线路 r',而每次循环中被转移的需求 i 按照一定概率随机选出。令 del_P_i表示需求 i 被选中的概率,则 $del\_P_i = \frac{U_i}{\sum U_i}$,其中,$U_i$的表达式如下:

$$U_i = \frac{C_T - C'_T}{n_i} \tag{5-44}$$

式中:C'_T——将需求 i 从其执行线路上删除后的总成本;

n_i——需求 i 对应的出行人数。

类似地,待插入需求的线路也按照一定概率随机选出进而接受需求 i 的插入操作。规定线路 r 被选中的概率仅与其长度相关,若线路越短,则被选中接受需求插入操作的概率越大。因此,线路 r 被选中的概率 ins_P_r可表示为:

$$ins\_P_r = \frac{1/l_r}{\sum 1/l_r} \tag{5-45}$$

式中:l_r——线路 r 的长度。

另外,在禁忌准则的设计方面,规定在当前循环下,若需求 i 从原线路 r 中删除,则在未来的 θ 次循环内,需求 i 不允许重新插入线路 r 中,而在经过 θ 次循环后,该禁忌解除。基于此,在 TS 迭代过程中需建立禁忌表矩阵 *Tabu* 与记忆矩阵 *P_Tabu*,分别记录需求 i 与线路 r 之间的可插入关系与禁忌表中各元素解除禁忌的循环数。

基于上述分析，现给出 TS 的具体算法流程如下。

算法 5.6 禁忌搜索算法（TS）

第 1 步：输入需求矩阵 *Demand*，初始解 S_0，禁忌循环代数 θ，最大循环数 *MAXGEN*，以及其他相关模型参数；定义当前最优解 S^*，最优发车时间 D_0^*，最小总成本 C_T^*；初始化 $S^* = S_0$；定义循环变量 *gen*，并初始化 $gen=1$；

第 2 步：建立禁忌表矩阵 *Tabu* 与记忆矩阵 *P_Tabu*，将 *P_Tabu* 初始化为零矩阵；遍历 *Demand* 中所有需求，若需求 i 被线路 r 执行，则令 $Tabu(i,r)=0$，否则，$Tabu(i,r)=1$；

第 3 步：根据 S_0 确定最优发车时间 D_{00}，进而求得总成本 C_{T0}；初始化 $D_0^* = D_{00}$，$C_T^* = C_{T0}$；

第 4 步：根据 *P_Tabu* 更新 *Tabu*（解除禁忌）。遍历 *P_Tabu* 中所有元素，若 $P\_Tabu(i,r) = gen$，则更新：$Tabu(i,r):=1$；

第 5 步：确定邻近解 S_1。

(1)确定被转移需求。对于任意需求 i，尝试将其从当前线路中删除，并按照式(5-44)计算 U_i，进而确定其被选中概率 del_P_i；运用轮盘赌方法随机选择需求，将选中的需求记为 i'；

(2)确定待插入线路。根据矩阵 *Tabu* 确定需求 i' 的候选插入线路集合 R'；对于 $\forall r \in R'$，根据 l_r 确定其被选中的概率 ins_P_r；运用轮盘赌方法随机选择线路，将选择的线路记为 r'；

(3)将需求 i' 从原线路中删除，并应用 DI1 或 DI2 将其插入线路 r' 中，进而得到 S_1；

第 6 步：更新 *Tabu*、*P_Tabu*：$Tabu(i',r'):=0$，$P\_Tabu(i',r'):=gen+\theta$；

第 7 步：若 *gen* 为 *num*（一个事先设定的整数）的整数倍，则执行局部搜索 L1 或 L2，更新 S_1，并计算场站发车时间 D_{01} 与总成本 C_{T1}；否则，直接根据 S_1 计算 D_{01}、C_{T1}；

第 8 步：若 $C_{T1} < C_T^*$，则更新 $S^*:=S_1$，$D_0^*=D_{01}$，$C_T^*:=C_{T1}$，$S_0:=S_1$，$gen:=gen+1$；否则，只更新：$S_0:=S_1$，$gen:=gen+1$；

第 9 步：若 $gen > MAXGEN$，则循环结束，对当前 S^* 执行局部搜索 L1 或 L2，进而更新 S^*，并同时输出 D_0^*；否则，返回第 4 步。

5.3.3.5 基于可变邻域的模拟退火算法

模拟退火算法（SA）是一种来源于固体退火原理，并应用于组合优化问题的一种随机寻优算法。其特点是在循环开始阶段设定一初始温度，并通过一定的温度更新机制对每次循环下的温度进行更新。另外，在每次循环中，SA 通过一定的邻近搜寻机制获得邻近解。为避免陷入局部最优解，SA 会以一定概率接受差于当前解的邻近解，其具体接受概率由邻近解的目标函数值与当前温度共同决定。随着循环推进，温度不断下降，邻近解的接受条件也愈发苛刻，这也保证了 SA 最终能够达到较好的收敛效果。

在设计邻近解的搜寻机制时，本节采用基于可变邻域的搜索（VNS）方法以使邻近解空间多样化。为此，本节设计了两类邻近解搜索方法。第一类为基于两条线路的需求交换（或转移）方法，其具体操作如图 5-17 所示。图中圆圈表示需求任务，cn_1 表示需要交换（或转移）的需求数量。

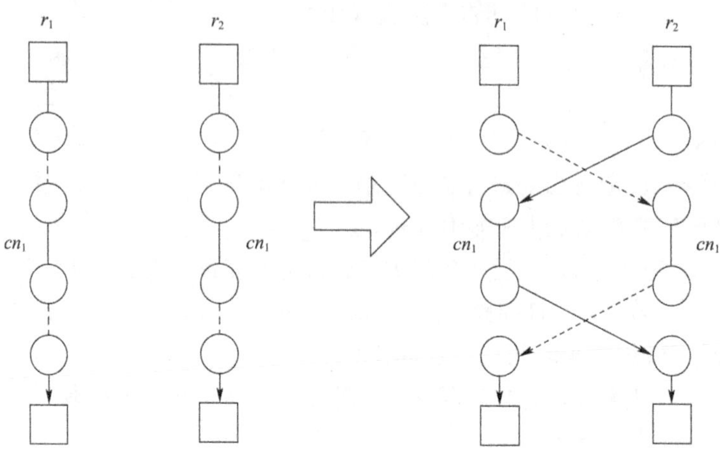

图 5-17 两条线路间的需求交叉(或转移)示意图

值得注意的是,该方法在执行前,必须保证两线路中至少一条线路所承担的需求任务大于 cn_1。若两线路的长度之差大于某临界值 Δl,或另一条线路所承担的需求任务数不大于 cn_1,则执行需求转移操作;否则,执行需求交换操作。

另外还需注意,为简单起见,图 5-17 中将 cn_1 个需求视为一个顺次相连的整体,但实际操作中,各线路上被交换(或转移)的需求仍然按照一定概率选出,各需求被选中的概率仍通过式(5-44)确定。在选出参与交换(或转移)的需求后,利用算法 DI1 或 DI2 将其插入另一条线路中。

第二类邻近解搜索方法为多线路间环式需求转移方法,该方法的提出基于 Ibaraki 等针对 VRP 问题所提出的环式站点交叉操作(Cyclic-exchange operation),其相关操作如图 5-18 所示。其中,cm_2 为算法所涉及的线路数(图 5-18 中,$cm_2=3$),cn_2 表示各线路向其下一条线路转移的需求数量。

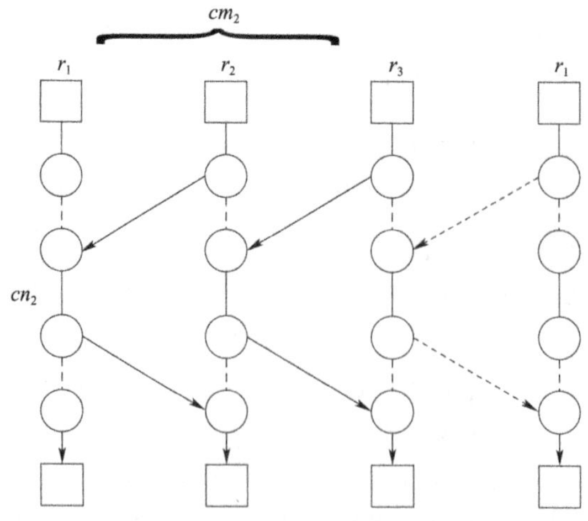

图 5-18 多线路间的环式需求转移示意图

通过对比图 5-17 与图 5-18 可知,线路间的需求交换(或转移)操作基于两条线路,而环式需求转移操作至少基于三条线路并顺次进行需求转移,因此,后者可视为前者的拓展。将cm_2条线路按照线路长度降序排列(即r_1最长,r_{cm2}最短),则在选择线路时,r_1所承担的需求数必须大于cn_2。另外,若r_1与r_{cm2}的长度之差大于某临界值Δl,则r_{cm2}在接受r_{cm2-1}转移的需求后即终止操作,不再向r_1转移需求,即算法执行了cm_2-1次转移操作;否则,r_{cm2}最终需向r_1转移需求,算法执行cm_2次转移操作。

为进一步增加VNS搜索空间的多样化,将两类邻近解搜索方法中的输入参数cn_1、cm_2、cn_2替换为$cn_{1\max}$、$cm_{2\max}$、$cn_{2\max}$,表示相关参数的最大取值,而每次操作执行时,cn_1、cm_2、cn_2均随机产生。本节算法设计中,将$cn_{1\max}$分别取1~3;$cm_{2\max}$取3~4;$cn_{2\max}$取1~3。

基于此,每次循环下,邻近解搜索按照以下顺序进行:$cn_{1\max}=1 \Rightarrow cn_{1\max}=2 \Rightarrow cn_{1\max}=3 \Rightarrow cm_{2\max}=3, cn_{2\max}=1 \Rightarrow cm_{2\max}=3, cn_{2\max}=2 \Rightarrow cm_{2\max}=3, cn_{2\max}=3 \Rightarrow cm_{2\max}=4, cn_{2\max}=1 \Rightarrow cm_{2\max}=4, cn_{2\max}=2 \Rightarrow cm_{2\max}=4, cn_{2\max}=3$。因此,每次循环中,至多执行9次邻近解搜索,前3次基于两条线路间需求互换(或转移)操作,后6次基于多线路间环式需求转移操作。若某次搜索后所得结果优于当前解,则立即跳出当前邻近解搜索;若9次搜索结果均不及当前解,则从中选出最优解,对其进行局部搜索后执行SA的准则函数确定是否接受其成为当前解。

基于上述分析,给出VNS-SA的算法流程如下。

算法5.7 基于可变邻域的模拟退火算法(VNS-SA)

第1步:输入需求矩阵*Demand*,初始解S_0,初始温度T_0,终止温度T_{end},降温速率q,以及其他相关模型参数;定义当前最优解S^*,最优发车时间D_0^*,最小总成本C_T^*;定义循环变量*gen*,当前温度T,并初始化$gen=1, T=T_0$;定义集合*temp_S*记录每次循环下的不理想解;定义当前循环下的邻近解搜索次数变量N_m,互换或转移操作的临界长度差值Δl;

第2步:根据S_0确定最优发车时间D_{00},进而求得总成本C_{T0};初始化$S^*=S_0, D_0^*=D_{00}, C_T^*=C_{T0}$;

第3步:令$temp_S=\phi, N_m=0$;

第4步:对于$cn_{1max}=1:3$,循环执行两条线路间需求互换(或转移)操作:

(1)随机产生cn_1,并随机选择两条线路r_1、r_2,其中r_1长度大于或等于r_2;若r_1执行的需求数不大于cn_1,则重新选择r_1、r_2直至满足条件为止;

(2)通过r_2的长度与r_1、r_2的长度差判定本次操作为交换或转移;

(3)执行需求互换或转移操作。在选择互换或转移需求时,需基于目标线路上各需求被选择的概率进行随机选取(相关概率计算同TS);之后执行DI1或DI2将需求插入另一线路;

(4)将得到的新解记为S_1,相应的发车时间与总成本记为D_{01}、C_{T1};若$C_{T1}<C_{T0}$,则跳出该循环执行第5-7步;否则,将S_1加入集合*temp_S*;更新$N_m:=N_m+1$;

第5步:若$N_m<3$,说明S_1优于S_0,此时若*gen*是*num*(一个事先设定的整数)的整数倍,则执行局部搜索算法L1或L2,并更新S_1、D_{01}、C_{T1},执行第6-7步;否则,直接输出S_1、D_{01}、C_{T1},执行第6-7步;若$N_m=3$,直接执行第8步;

第 6 步:若$C_{T1} < C_T^*$,则更新:$S^* := S_1, D_0^* := D_{01}, C_T^* := C_{T1}, S_0 := S_1, D_{00} := D_{01}, C_{T0} := C_{T1}$;否则,只更新:$S_0 := S_1, D_{00} := D_{01}, C_{T0} := C_{T1}$;

第 7 步:若 $T < T_{end}$,则算法终止,最后针对S^*执行局部搜索 L1 或 L2,输出更新后的S^*、D_0^*;否则,更新 $T := T \cdot q$,返回第 3 步;

第 8 步:对于$cm_{2max} = 3:4, cn_{2max} = 1:3$,循环执行多线路间环式需求转移操作:

(1)随机产生cm_2、cn_2;随机选择线路$\{r_1, \cdots, r_{cm2}\}$,并按长度进行降序排列;若r_1执行需求数小于cn_2,则重新选择$\{r_1, \cdots, r_{cm2}\}$直至r_1满足条件为止;

(2)通过r_1、r_{cm2}的长度差确定需求转移操作的执行次数,并完成需求转移操作,得到新解S_1,相应的发车时间与总成本记为D_{01}、C_{T1};

(3)若$C_{T1} < C_{T0}$,则跳出该循环执行第 9 步;否则,将S_1加入集合 *temp_S*;更新$N_m := N_m + 1$;

第 9 步:若$N_m < 9$,说明S_1优于S_0,此时若 *gen* 是 *num*(一个事先设定的整数)的整数倍,则执行局部搜索算法 L1 或 L2,并更新S_1、D_{01}、C_{T1},执行第 6 – 7 步;否则,直接输出S_1、D_{01}、C_{T1},执行第 6 – 7 步;若$N_m = 9$,执行第 10 – 11 步;

第 10 步:从集合 *temp_S* 中选出最优解,记为S_1';执行局部搜索算法 L1 或 L2,更新S_1',并得到相应D_{01}'、C_{T1}';

第 11 步:(1)若$C_{T1}' < C_T^*$,则更新:$S^* := S_1, D_0^* := D_{01}, C_T^* := C_{T1}, S_0 := S_1, D_{00} := D_{01}, C_{T0} := C_{T1}$;

(2)若$C_T^* \leqslant C_{T1}' < C_{T1}$,则更新:$S_0 := S_1, D_{00} := D_{01}, C_{T0} := C_{T1}$;

(3)若$C_{T1}' \geqslant C_{T1}$,判断是否有 $exp((C_{T1} - C_{T1}')/T) > p_{rand}$([0,1]间一随机数),若是,则更新:$S_0 := S_1, D_{00} := D_{01}, C_{T0} := C_{T1}$;否则,不做更新;

返回第 7 步。

5.3.4 算例分析

5.3.4.1 算例设计

本节算例基于如图 5-19 所示的拓扑网络。网络中包含 52 个公交站点(1 – 52 号)、6 个地铁站点(53 – 58 号)与一个公交场站(0 号)。在该网络基础上,将每两点间的最短路距离储存于矩阵 *Dist* 中作为输入参数。在车辆行驶速度被视为定值的前提下,基于 *Dist* 可得到两点间最短路走行时间矩阵,并将其记为 *Dist_t*。

在出行需求方面,采用随机生成的方式。首先,分别从 1 – 52、53 – 58 中随机选择一个点作为起始点与终止点,再生成一个[0,1]间(服从均匀分布)的随机数p_{rand},若$p_{rand} > 0.7$,则将起始点与终止点对调;之后生成时间窗下限为$p_{rand} \cdot (LN - t_w)$,其中$[0, LN]$为研究时段,本算例中 $LN = 300\text{min}$,t_w表示时间窗范围,并令其为服从正态分布 $N(10, 2^2)$的随机数;基于此,时间窗上限为$p_{rand} \cdot (LN - t_w) + t_w$;最后生成出行人数为$\lceil p_{rand} \cdot D_{N\max} \rceil$,其中$D_{N\max}$为每条需求的最大出行人数,本算例中$D_{N\max} = 5$。重复以上操作生成 100 条出行需求,并将其按$(T_s^i + T_e^i)/2$ 由小到大排列,最终生成需求矩阵 *Demand*。

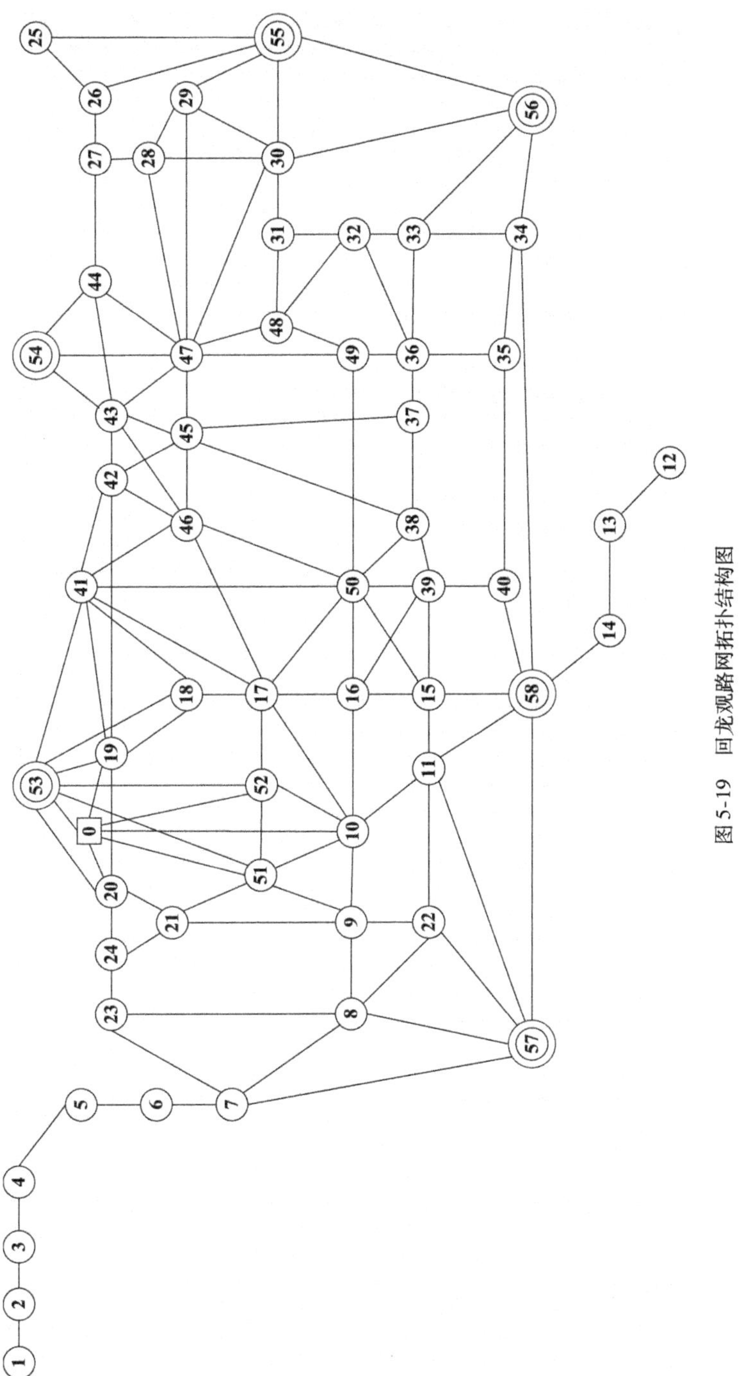

图 5-19　回龙观路网拓扑结构图

其他相关模型参数取值如下：公交线路数 $M=8$；停站延误 $d_s=0.5\text{min}$；车辆行驶速度 $V_b=20\text{km/h}$；$\mu_1=9\text{RMB/km}$；$\mu_2=1\text{RMB/min}$；$\lambda=1.5$；车辆额定载荷 $P=11$；车辆最大走行时间 $T_{\max}=180\text{min}$；惩罚函数 $g_1(x)$、$g_2(x)$、$g_3(x)$ 分别为：

$$g_1(x)=\begin{cases}3.8(x-T_e^{r,i}) & x>T_e^{r,i}\\ 0 & \text{其他}\end{cases} \tag{5-46}$$

$$g_2(x)=\begin{cases}11(x-P) & x>P\\ 0 & \text{其他}\end{cases} \tag{5-47}$$

$$g_3(x)=\begin{cases}58(x-T_{\max}) & x>T_{\max}\\ 0 & \text{其他}\end{cases} \tag{5-48}$$

另外，TS 算法中，禁忌循环代数 $\theta=30$；最大循环次数 $MAXGEN=300$。VNS-SA 算法中，初始温度 $T_0=1000$；终止温度 $T_{\text{end}}=0.001$；降温速率 $q=0.96$；线路长度的临界差值 $\Delta l=22$。两类算法中 *num* 均取 10，即当前循环数为 10 的整数倍时，执行局部搜索算法。

5.3.4.2 算例求解与结果分析

(1) TS 求解结果。

在利用 TS 进行求解时，将其内部算法组合分为以下四种情况：DI1 + L1、DI1 + L2、DI2 + L1、DI2 + L2，并依次计算每种算法组合下的最优解。需要声明的是，当利用 DI1(DI2)时，TS 中邻近解搜索以及局部搜索均基于 DI1(DI2)执行需求插入。四种情况的迭代曲线如图 5-20 所示，相应的各项成本、惩罚以及运行时间见表 5-7。

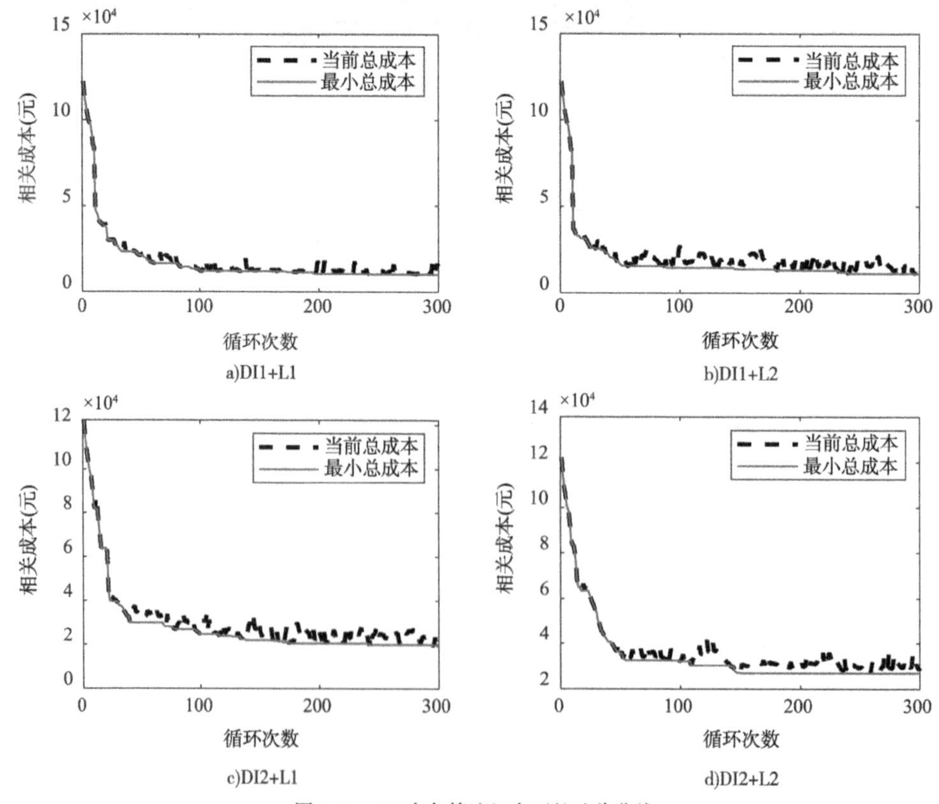

图 5-20 TS 在各算法组合下的迭代曲线

TS 在各算法组合下的优化结果与运行时间　　表 5-7

算法组合	C_S	C_I	C_{P1}	C_{P2}	C_{P3}	C_T	运行时间(s)
DI1 + L1	3306.8	3055.3	3497.9	163.0	167.3	10190.4	1384.1
DI1 + L2	3240.6	3213.0	4240.0	0	164.4	10858.0	532.2
DI2 + L1	3791.1	3608.2	9251.2	261.4	2262.8	19174.6	117.2
DI2 + L2	3901.7	3993.7	12409.3	0	6572.4	26877.0	72.6

在图 5-20 中，目标函数在四种算法组合下均收敛较快，优化效果较为明显。四个子图中的目标函数曲线均在 50 代后开始趋于稳定。值得注意的是，虽然四个子图中的目标函数曲线最终在大体上保持稳定，但在后期迭代中始终存在微小波动。由此可见，TS 虽然有着收敛较快的特点，但整个优化过程略显不稳。

通过表 5-7 可看出，四种算法组合中 DI1 + L1 与 DI1 + L2 优化结果较好，其中，前者的目标函数值略小于后者，但运行时间是后者的 2 倍以上，说明第二类局部搜索算法 L2 的优化结果与 L1 相比差距不大，但其优化效率明显高于 L1。另外，DI2 + L1 与 DI2 + L2 所得目标函数值明显大于前两类组合，这是由于 DI1 在执行需求插入时尝试了所有上下车站点的插入位置组合，因此，其输出结果即为最优插入方案；而 DI2 在插入上车站点时运用了一种启发式方法，使尝试插入次数明显缩减，但所得结果也与最优方案间存在一定差距，且需求插入操作在 TS 的每次循环中反复执行，最终误差的不断累加使基于 DI2 的优化结果较 DI1 而言存在明显差距。但另一方面，DI2 + L1 与 DI2 + L2 的运行时间亦明显少于前两类组合，其中 DI2 + L2 的运行时间仅为 DI1 + L1 的 1/19。

现取 $\theta=0$，即取消禁忌准则，重新利用 TS(DI1 + L1)求解算例，所得总成本迭代曲线与 $\theta=30$ 时的迭代曲线如图 5-21 所示。

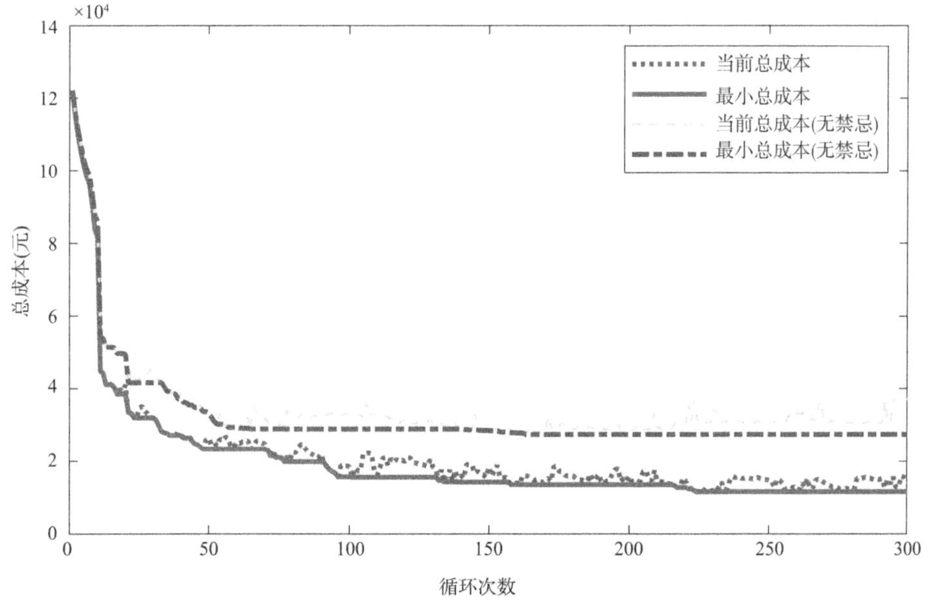

图 5-21　TS 在 $\theta=0$ 与 $\theta=30$ 下的总成本迭代曲线

通过图 5-21 可明显看出，当 $\theta=0$ 时，TS 在迭代后期波动较大，且在 160 代左右得到最优解后再未搜索到优于当前最优解的结果，最终目标函数值亦明显大于 $\theta=30$ 的计算结果。两种情况下的具体求解结果分别为：12253.3（$\theta=30$）与 27469.8（$\theta=0$）。由此可见，在本算例中，引入禁忌准则的求解结果为无禁忌准则的 44.6%。因此，禁忌准则的引入可使 TS 有效地避免迂回搜索，进而保证了算法的稳定与较好的收敛效果。

（2）VNS-SA 求解结果。

在利用 VNS-SA 时，同样基于上述四类内部算法组合对算例进行求解。

四种情况下的迭代曲线如图 5-22 所示，相应的各项成本、惩罚以及运行时间见表 5-8。

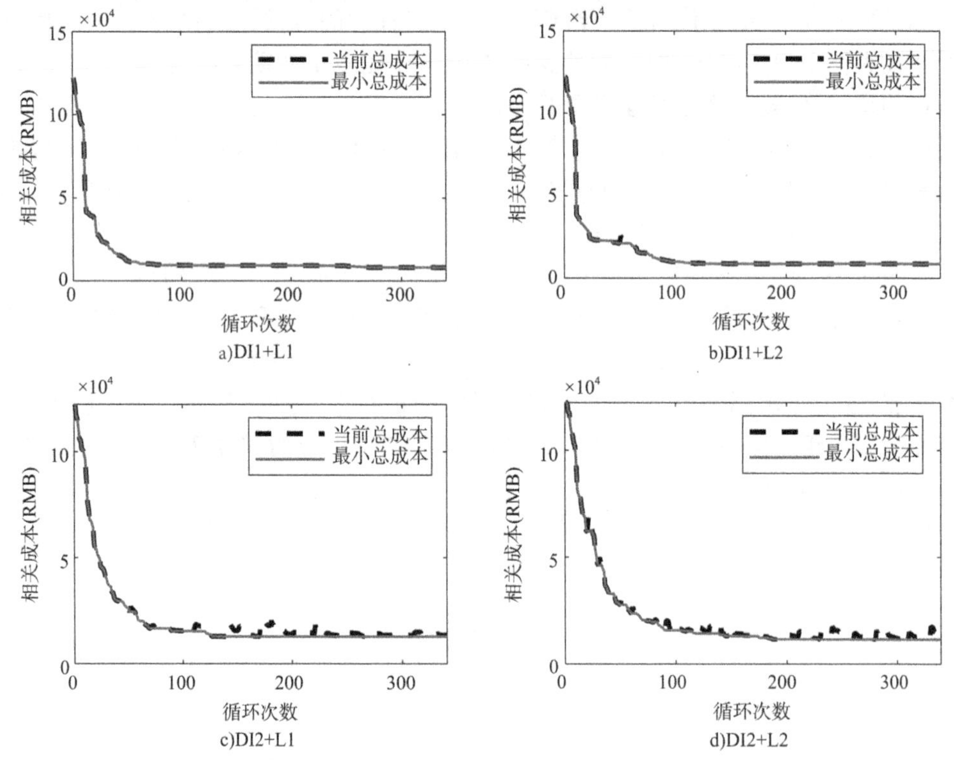

图 5-22　VNS-SA 在各算法组合下的迭代曲线

VNS-SA 在各算法组合下的优化结果与运行时间　　表 5-8

算法组合	C_S	C_I	C_{P1}	C_{P2}	C_{P3}	C_T	运行时间(s)
DI1 + L1	3211.7	3173.0	1522.7	104.0	0	8011.4	3683.7
DI1 + L2	3147.5	3126.8	2282.2	68.6	0.5	8625.6	1589.3
DI2 + L1	3589.9	3350.7	5235.1	0	743.9	12919.6	153.1
DI2 + L2	3653.5	3115.9	4445.4	0	220.1	11435.0	95.8

如图 5-22 所示，四种内部算法组合下的 VNS-SA 均表现出良好的优化效果，各子图中的迭代曲线均在 100 代后开始收敛。对比图 5-21 与图 5-22 不难发现，VNS-SA 算法的收敛速度虽慢于 TS，但四种情况下的优化结果均优于 TS，且迭代过程中很少出现波动，因此，其迭代过程中的稳定性明显好于 TS。特别地，当算法组合为 DI1 + L1 时，VNS-SA 的每次循环所

得解均优于上一代结果,即最优解持续得到更新,因此,最小总成本曲线与当前总成本曲线完全重合。

由表5-8可看出,VNS-SA在DI1+L1与DI1+L2两种组合下的优化结果较好,其中,前者目标函数值略小于后者,但运行时间亦超出后者的二倍;另外,DI2+L1与DI2+L2两种组合下的优化结果类似,其中,前者目标函数值略大于后者,也证明了L2在实际优化中的表现较L1相差不大。四种组合下的运行时间仍由上至下逐渐减小,其中,DI2+L2的运行时间仅为DI1+L1的1/38。

需要注意的是,表5-7与表5-8中算法组合DI1+L2的运行时间均明显大于DI2+L1,这并不与表5-6所得结果(DI2+L1运行转数大于DI1+L2)相矛盾。因为,TS与VNS-SA中需求插入操作DI1(或DI2)不仅仅在局部搜索中进行,其邻近解的搜索均基于需求插入操作DI1(或DI2),且算例中局部搜索算法每十代执行一次,所占用的运行时间比重较小,因此,最终算法的运行时间在很大程度上由邻近解搜索中所使用的需求插入操作DI1(或DI2)决定。

通过对比表5-8与表5-7不难发现,VNS-SA在四种组合下的目标函数值均小于相应TS的结果,而运行时间均大于TS。值得注意的是,若计算表5-8中C_T相对于表5-7中相应结果的缩减百分比,则四类算法组合的结果依次为:21.4%、20.6%、32.6%、57.5%,而相应运行时间的增加百分比分别为:166.1%、198.6%、30.6%、32.0%。由此可见,在优化结果方面,前两类算法组合下的VNS-SA与TS所得结果差距相对较小,但基于后两类组合的VNS-SA的优化结果则明显好于TS;在运行时间方面则正好相反,基于前两类组合的VNS-SA所需运行时间明显大于TS,而后两类算法组合下的VNS-SA与TS所需运行时间差距不大。

综上所述,DI2更适合与VNS-SA联合使用。同时也可看出,VNS-SA在优化结果上受内部算法组合的影响较小,但在运行时间上对不同内部算法的组合更为敏感。

5.3.4.3 两类算法比较

本节以一种内部算法组合为例,对TS与VNS-SA的优化性能做进一步对比。为此,本节通过改变需求生成时的相关参数生成了15组出行需求,分别将其表示为1a－5c。其中,1－5所对应的出行需求数分别为60、80、100、120、140,a、b、c所对应的时间窗宽度分别为基于正态分布$N(5,1^2)$、$N(10,2^2)$、$N(15,3^2)$生成的随机数。现选择内部算法组合为DI1+L2,对每组需求分别利用TS与VNS-SA进行五次求解,并记录每种需求下五次求解结果的最小目标函数值C_T^*、平均目标函数值$\overline{C}_T$、平均运行时间以及两种算法下最小目标函数的差值百分比ΔC_T^*(%)与平均目标函数的差值百分比$\Delta \overline{C}_T$(%),相关结果见表5-9。

不同需求下TS与VNS-SA优化结果对比 表5-9

实验序号	TS			VNS-SA			ΔC_T^* (%)	$\Delta \overline{C}_T$ (%)
	C_T^*	$\overline{C}_T$	运行时间(s)	C_T^*	$\overline{C}_T$	运行时间(s)		
1a	3957.7	4146.3	83.2	3783.6	3882.2	359.4	-4.4	-6.4
1b	3906.7	4118.2	83.3	3365.4	3390.7	334.2	-13.9	-17.7
1c	3824.2	3973.4	93.5	3667.6	3722.1	343.9	-4.1	-6.3

续上表

实验序号	TS			VNS-SA			ΔC_T^* (%)	$\Delta \overline{C}_T$ (%)
	C_T^*	$\overline{C}_T$	运行时间(s)	C_T^*	$\overline{C}_T$	运行时间(s)		
2a	5788.5	6467.5	218.3	5130.9	5367.4	714.3	-11.4	-17.0
2b	5084.9	5263.1	201.8	4600.1	5063.9	700.4	-9.5	-3.8
2c	4970.2	5160.3	226.9	4409.8	4539.7	750.7	-11.3	-12.0
3a	8866.3	9781.4	458.7	6464.7	7133.2	1366.8	-27.1	-27.1
3b	9250.1	10443.4	539.8	8625.6	9723.0	1506.7	-6.8	-6.9
3c	7023.3	7272.2	453.7	5689.1	6528.0	1409.1	-19.0	-10.2
4a	21273.7	23526.3	1143.0	11346.9	15439.8	2037.0	-46.7	-34.4
4b	14962.7	16593.3	1089.6	11739.2	12231.2	2207.8	-21.5	-26.3
4c	11571.4	13610.6	975.3	9414.3	10383.4	1916.4	-18.6	-23.7
5a	37463.5	37780.3	1799.0	23258.1	24949.1	4713.3	-37.9	-34.0
5b	24515.9	24820.9	1698.1	14670.7	17515.4	4472.0	-40.2	-29.4
5c	23692.6	25059.6	1727.8	16750.6	17691.2	4536.3	-29.3	-29.4

从表5-9中不难发现，当需求模式1→5变化时，问题规模不断增大，两种算法所得C_T^*、$\overline{C}_T$与运行时间均明显增大；当需求模式$a \to c$变化时，时间窗约束在很大概率上得到放宽，两种算法所得C_T^*、$\overline{C}_T$大体上也呈现不断减小的趋势。另外，15种需求模式下对应的ΔC_T^*、$\Delta \overline{C}_T$均为负值，说明VNS-SA在每种情况下的优化结果均优于TS；进一步观察ΔC_T^*与$\Delta \overline{C}_T$还可发现，在问题规模增大的过程中，两类算法所得结果的差距也不断增大，当需求数为60时，ΔC_T^*与$\Delta \overline{C}_T$大体上均保持在10%以内，而当需求数达到140时，ΔC_T^*与$\Delta \overline{C}_T$则增长至35%左右。因此，就运算结果而言，VNS-SA在求解大规模问题时优势更为明显，而TS的求解误差会随问题规模的增大而增大。另一方面，通过观察两类算法的运行时间不难发现，随着问题规模不断增大，VNS-SA所需运行时间的增长速度远大于TS。以$1a \to 5a$为例，TS的时间运行增长量为1715.8s，而VNS-SA的运行时间增长量达4353.9s，约为前者的2.5倍。因此，在运行时间方面，TS运行时间随问题规模增长的增长速度相对缓慢。基于上述分析，在实际操作中，需综合考虑问题规模以及对求解结果和运行时间的侧重程度，进而对不同算法与内部算法组合进行适当选取，才能在优化结果与优化时间之间达到较好的权衡效果。

第 6 章 区域化及纯电动公交智能调度

6.1 基本智能调度概述

6.1.1 公交车辆智能调度策略及组织形式

公交车辆智能调度就是对公交车辆的实时动态调度。动态调度方法要求公交车辆与客运现场的需求相适应,并做到均衡载客,提高服务质量。

6.1.1.1 动态调度策略概述

按动态调度调整的范围,可将动态调度策略分为两类:线路动态调度和局域动态调度。

(1)线路动态调度。

公交车辆线路动态调度是当运营车辆遇到交通延误,不能在原有调度中准时地执行运输任务或无法执行运输任务时,在给定调度系统参数、路况信息、初始调度信息和动态变化的情况下,以线路为单位,适当地调整初始调度,使得其变化对后续调度的影响达到最小,即寻找一个在动态变化条件下,对初始调度跟踪最好的调度方法。

根据动态调度调整的形式,又可将线路动态调度分为调整车辆发车间隔的线路动态调度和调整车辆调度形式的线路动态调度两种。

①调整车辆发车间隔。调整车辆发车间隔即调整有关班次的发车时间。通常采取调频法,即调整发车频率,就是在不增加车辆的情况下,按实际客流量需要,调整发车间隔,增加或减少分组时间内的发车频率,做到“客多车密,客少车稀”。具体方法有两种:一是增大发车间隔,即在发车时刻表的基础上,适当增大部分车辆的发车间隔,为后面即将到来的客运高峰积蓄运能,要求最后一辆车增加的停站时间不能影响对方终点站的发车时间;二是缩短

发车间隔，即在发车时刻表的基础上，适当缩短部分车辆的发车间隔，弥补前面客运高峰不足的班次，要求最后一辆车减少的停站时间不能影响它在本地的停站签票时间。

在调整车辆发车间隔的方法中，动态站点调度是日常调度中比较容易实施，也是最普遍、最频繁使用的调度方法，它根据预先设定的发车时刻表、排班计划，结合对车辆到达时间的预测，来确定车辆在站点的停留时间，保持与初始调度的一致，可以有效地减少总的乘客等待时间和公交车辆的串车现象。通常采取的动态站点调度方法有两种：滞站调度和越站调度。

滞站调度是指当一辆公交车辆超前于预先制订的发车时刻表时或与前车的间隔，则延缓其从站点发车时间的调度方法。这种调度方法可以极大地减少车辆发车间隔的变化和乘客的平均等车时间，提高运营的均匀性。但是，它也同时增加了滞站车辆中乘客的乘车时间和车辆的运行时间。

越站调度与滞站调度相反，它是指当一辆公交车辆落后于预先制订的行车时刻表时或与前车的间隔增大时，为了减少其与时刻表的偏差，越过该站点继续服务的调度方法。这种调度方法可以减少下游站点的等车时间和车内乘客的出行时间。但是，这可能会增加被越过的站点上乘客的等待时间和本应在被越站点下车的乘客由于越站而提前下车并等待下一公交车所带来的额外费用。

②调整车辆调度形式。车辆调度形式是指营运调度措施计划中所采取的运输组织形式，通常采用调程法和调站法来调整车辆调度形式。

调程法是通过在线路的某个区段开行区间车来缩短车辆在本线路行驶的路程，可指定一辆车或几辆车（不得连续发出）改全程行驶为部分区段行驶。该方法可以缩短车辆的全程行驶时间，有利于疏散客流，减少因空车不载客发生的运力浪费，弥补已损失的时间，也便于恢复下趟车的正常发车时间。此方法适用于车辆晚点过多的情况，可弥补高断面的运能不足，也可采用此法调整恢复正常行车秩序。具体方法有：一端区间、二端区间、中段区间。

调站法即用多停站（指全程车）或少停站（指大站车）的运营方式来解决沿途待运乘客或做到均衡载客的方法，恢复正常行车秩序，具体方法有三种。一是空车发出，中途载客。在若干车辆同时到达首站（或末站）时，车辆到站时间已超出计划发车时间，此时必须将其中部分车辆在本站不载客发出。用放车调度措施，迅速疏散车辆，尽快恢复线路中途的计划发车间隔，均衡中途各站待运乘客的候车时间，避免行车间隔过大、车辆堆积现象的循环出现。二是本站载客，越站停车。车辆晚点且多车到站时，可采取将其中部分车辆在本站载客，临近数站不停车的方法，以疏散本站待运乘客并减少停站次数，缩短晚点时间。三是采取临时大站快车。行车晚点时，待运乘客量大，将班车改在中途上下乘客较多的大站停车，可以疏散客流，缩短车辆行驶时间。

（2）局域动态调度。

局域动态调度是借助先进的通信技术、计算机技术，监控运营中公交车辆，对意外事故或突发事件，进行有效的区域内重新调度，以便及时处理紧急情况的调度方法。

一般而言，对区域公交车辆现场调度问题采用的动态调度策略是：在动态变化幅度不大的情况下，对运营车辆进行适当的线路动态调度；在动态变化幅度大到必须对调度进行彻底修改的情况下，如奥运会、世博会等重大国际赛事、活动的举办，则调整输入参数，采用重调度策略,在掌握已执行和正在执行运输任务车辆的运行情况基础上对多条线路同时实现动态调度。

6.1.1.2　公交车辆智能调度的优势

与传统调度相比,公交智能调度在调度的实时性和区域性两方面具有明显的优势。

(1)实时性。

动态调度是根据实时客流信息和交通状态,由调度系统自动给出发车间隔和调度形式等调度指令,运算速度快,稳定性强;而传统现场调度则是调度人员根据对线路客流情况和交通状况的感知,凭借自身经验对车辆进行调度,耗费事件长,人为因素重。

通常情况下,调度的实时性要求有以下三个方面:

①对车辆的调度不能给调度系统带来新的干扰;

②应该为调度人员最后确定调度方案预留足够的决断时间;

③考虑调度人员的心理承受时间。

因此,在对车辆实时动态调度的研究过程中,需要着重考虑动态调度算法的在线计算性能,保证动态调度算法的快速性。

(2)区域性。

传统现场调度只能应用于单条公交线路的调度,而智能现场调度由于借助了先进的通信技术、计算机技术,可以对区域内的公交车辆进行监控,当意外事故或突发事件发生时,可以进行有效的区域内多条公交线路公交车辆的同时调度,从而及时处理紧急情况。当公交车辆运行环境发生变化时,要求动态调度迅速对变化做出相应反应,当动态变化幅度大到单条线路动态调度无法发挥作用,就必须对区域内的多条线路的公交车辆调度进行修改。

需要说明的是,对所有的变化都进行全区域范围的动态调度一般是不合适的,主要原因有两点。首先,区域内涉及所有公交车辆的重新调度要花费大量的计算时间,很可能无法满足实际运营的实时性要求;其次,重新调度可能完全抛弃原有的调度,使得车辆运营的连续性受到破坏。因此,通常对区域内的公交车辆现场调度,是对区域内的某些公交线路同时进行动态调度。

6.1.1.3　公交车辆智能调度的组织形式

随着智能调度系统的建立,线路调度升级为区域调度,对公交企业原有管理机制进行改革是采用先进技术、提高劳动生产率的必然选择。

目前,我国公交企业大多采用以公交线路为单位的管理和调度模式,在这种管理体制下,很难进行公交车辆的区域调度。因此,首先需要从管理体制上进行改革,将公交车辆的管理、调度模式由各个车队、线路单独管理,转变为公交公司集中管理模式。

区域调度的集中程度相对更高。它取消了线路一级的车辆调度,因此,在组织形式上也有别于线路调度。一般来说,对于规模较大的公交企业,通常采用二级调度形式,即由总公司调度中心和分公司调度中心(区域)组成,分公司调度中心是区域调度的核心部分。对于规模相对较小的公交企业,可以采用集中调度形式,即由总公司调度中心直接对全市运营车辆发布调度命令。

总公司调度中心负责跨区域的车辆运营调度,处理超过区域调度权限的重大异常情况及进行重大活动组织,同公安、消防等部门联系。总公司调度中心平时不负责具体线路车辆的调度,其主要任务是管理各区域调度中心,向区域调度中心发布调度命令或信息,并对接收到的区域调度中心的数据进行处理分析,实现运营信息查询、车辆运行数据保存和轨迹重放,以及数据库维护管理等功能。分公司调度中心(区域)调度是真正的调度实体,每个区域负责调度一定数量的公交车辆。

6.1.2 公交车辆行车计划智能化编制

公交车辆行车计划智能编制,是指利用先进的技术手段,动态获取实时交通信息,实现对车辆的实时监控和调度。它是公交车辆行车计划编制的发展模式,是对传统编制方法的改进,更是公共交通实现科学化、现代化和智能化管理的重要标志。公交车辆行车计划智能编制及优化的特点是:将车辆行车计划编制动态化、车辆调度智能化,使传统意义的计划和调度融为一体。

6.1.2.1 公交车辆行车计划智能编制的发展路径

公交车辆行车计划智能编制及优化方法立足于先进的硬件设备和技术支持,采用科学的方法编制公交车辆行车计划并建立实时调整方案,使得公交服务满足客流的时间变化及车辆运营不确定性的要求,为乘客提供准点、快捷、舒适的公交服务,为公交企业降低运营成本,提高运营效率和效益。

目前,我国公交车辆行车计划的编制及优化还没有实现实时化和区域化,离公交车辆行车计划智能编制及优化还有很长的路要走。借鉴国外的先进经验,有助于我国公交调度智能化进程的快速发展。

在公交车辆行车计划智能编制及优化的过程中,公交车辆行车计划编制本身属于静态调度。而由于动态数据的不断更新和静态数据的改变,系统自动更新调整公交车辆行车计划,来适应客流及运营环境或其他情况的变化,这必然驱使公交车辆的行车计划编制及优化走向动态化,且更趋科学化。

在车辆智能调度中,车载自组网的新无线通信技术是对以往公交车辆与公交车辆之间、公交车辆与通信中心之间信息交流方式的革命性改进,通过车辆间自组织通信网络自适应在线调整与行车时刻表的偏差,通信中心通过道路交通设施向公交车辆发布调度指令,新通信技术增加了实时动态调度的准确性和有效性。通过车辆实时调度依据的行车计划调整方案,最终编制出科学合理的常规公交车辆行车计划。

6.1.2.2 公交车辆行车计划编制的智能化体现

公交车辆行车计划编制的智能化主要体现在以下几个方面。

(1)公交数据获取的智能化。

实时、可靠的公交数据是实现车辆行车计划编制智能化的基础,也是智能调度与传统调度主要区别之一。通过先进的技术和方法获取实时公交数据,结合历史数据,快速计算分析,筛选数据,从而有效预测所需信息。

(2)公交车辆行车时刻表编制的智能化。

公交车辆行车时刻表智能编制是根据车载客流量检测器采集到的乘客信息,依据公交车辆定位数据与车辆行程时间预测,以某时间周期为单位,确定各条线路的公交车辆发车间隔,进而编制相应的行车时刻表。

(3)公交车辆调排班计划编制的智能化。

公交车辆调排班计划编制的任务是:有效管理和合理分配有限的车辆资源,充分发挥运输潜能,调整供需平衡,解决供需矛盾,达到所求目标最佳。本书研究的车辆排班计划,是在公交线路、车辆参数以及发车时刻表既定的情况下和在满足相关约束条件下,安排车辆执行时刻表中给定班次(中间可插入空驶班次以减少车辆需求),使每一班次均有且仅有一辆公交车执行,同时尽可能地使所用的车辆数量最少,车辆使用的效率最高,车辆的空驶里程最短。

(4)新技术环境下公交车辆行车计划动态调整的智能化。

方法的改进可能会引导技术的革新;同时,技术进步又会促进方法的改良或创新。因此,在无线通信技术日益发达的今天,对新技术环境下公交车辆行车计划动态调整进行研究是很有意义的。通过技术的进步,促进公交车辆行车计划动态调整的智能化发展。

(5)区域公交车辆行车计划编制的智能化。

区域公交车辆行车计划是区域内各条线路公交车辆进行统一组织和调度的依据,目的是提高公交线路调配和服务能力,实现区域人员集中管理、车辆集中停放、计划统一编制、调度统一指挥,人力、运力资源在更大范围内的动态优化配置,降低公交运营成本,提高调度应变能力和乘客服务水平。

传统行车计划编制方法只能用于车辆的线路调度,而改进的车辆行车计划智能化编制方法既适用于线路调度,又可用于区域调度。区域调度是国外公共交通发达国家大城市普遍采用的、高效率的调度模式。随着我国智能公交系统建设和城市道路交通条件的逐步改善,国内城市公交企业传统线路调度模式必将会被区域调度模式取代,区域公交车辆行车计划的编制将成为重点。

6.2 基于枢纽的区域协同调度

本节分别从静态调度和动态调度两个方面来介绍基于枢纽的区域协同调度方法。

6.2.1 基于枢纽的区域多线路静态协同调度

目前,我国大多数公交运营组织调度工作都是针对单一线路进行的。线路之间、车队之间缺少协调手段与方法,只有在特殊条件与紧急条件下,才由管理层进行总体协调指挥,服务于应急工作。但单线路最优并不能保障整个公交系统的优化目标实现。而多线路协调调度,因其更能保障全局效益最大化,应该成为未来常态化的运营调度形式,从而实现运营管理由局部最优向全局最优的转变。

本书中公交线路协调调度的内涵是运力与客流的协调、线路间换乘协调、企业运营成本与乘客出行成本的协调。协调调度以区域多条线路为协调调度对象,以系统资源整合优化为目的,这些资源包括线路、车辆、场站、调度人员等。

本书将区域多线路协调调度分为三个层次进行研究,依次为:单线路协调调度、区域换乘协调调度、多线路关联协调调度。其中,单线路协调调度重点考虑协调单线运力与客流的均衡,以单线路运营及出行成本最低为主要的优化目标;区域换乘协调调度重点考虑区域内换乘相关的线路间，尤其是是在枢纽的换乘协调，以换乘乘客避免错失衔接，换乘成本最小为主要优化目标；多线路协调调度则同时考虑线路间运力协调及换乘协调，以区域总运营及出行成本最低为主要优化目标。

单线路协调优化考虑的约束条件，包括客流约束及车场资源等。换乘协调优化考虑的约束条件，包括初始线路发车间隔、车场资源、单程点、线路数等。区域多线路协调调度优化考虑的约束条件除以上约束条件外，还包括线路重复率、换乘率等。

三个层次的调度并不孤立，存在相互制约关系。在三个层面的优化目标及相应的约束条件下，可建立优化模型，制订优化算法，编制静态行车计划及动态调整规则，并通过一段时期的调整后评价来修正静态行车计划。进而形成一套完整的多线路协调调度方法。

由于三个层次的优化求解涉及变量众多，是一个复杂的大系统优化问题，寻找非最优解在实际工作中很难实现。为此，本着寻找满意解的优化思想，同时在优化过程中也采取分解协调的优化方法，本书提出分阶段的协调优化流程如图 6-1 所示。

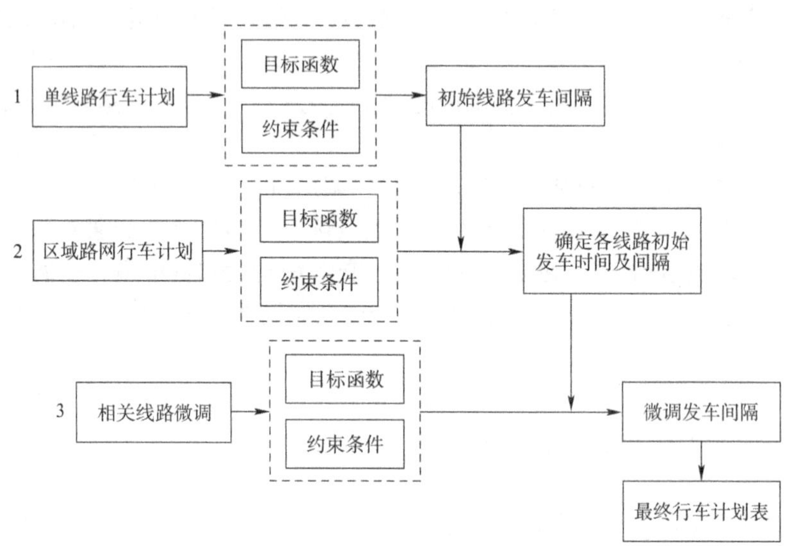

图 6-1　分阶段的区域公交线路协调优化流程

在优化第一个阶段，以单线路运营及出行成本最低为主要的优化目标，对区域内的各条线路进行单线路行车计划初始方案编制，求解线路发车间隔初始最佳值。第二个阶段以换乘成本最小为主要的优化目标，对区域内尤其是在枢纽有换乘关系的各条线路确定发车时间。第三个阶段同时考虑线路间运力协调及换乘协调，以区域总运营及出行成本最低为主要优化目标对区域内相关线路微调确定发车间隔及调度形式。

在协调调度的理念下，在保证单线路合理调配车辆资源的前提下，应考虑与其他线路换乘及运力协调，同时，作为具有较强社会公益性的运营企业，还应协调公交公司的运营效益及公交服务质量。因此，以上三方面成为建立协调调度模型时考虑的主要影响因素。

从调度方案的执行上，可分为静态调度及动态调度两个层次。静态调度是根据历史客流数据统计规律、车辆运营规律制订最优静态发车班次计划。动态调度是当发生运行状态严重偏移静态计划时所作的动态调整。在对一定时期的动态调整方案进行后评价基础上，可进一步调整静态方案。

公交区域动静态协调调度基本流程图如图6-2所示。

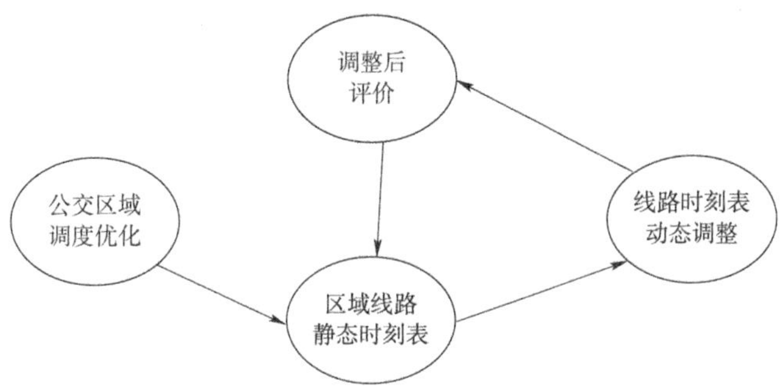

图6-2 公交区域动静态协调调度优化基本流程

6.2.2 基于枢纽的区域多线路动态协同调度

6.2.2.1 区域多线路协调调度模式

目前,虽然在突发事件或大型活动期间也会采用跨线调度的方式,但传统的跨线调度模式是,当需要借调其他线路车辆时,调度员需要逐层上报上级领导,由领导下达调度指令逐层下发。传统的跨线调度模式如图6-3所示。

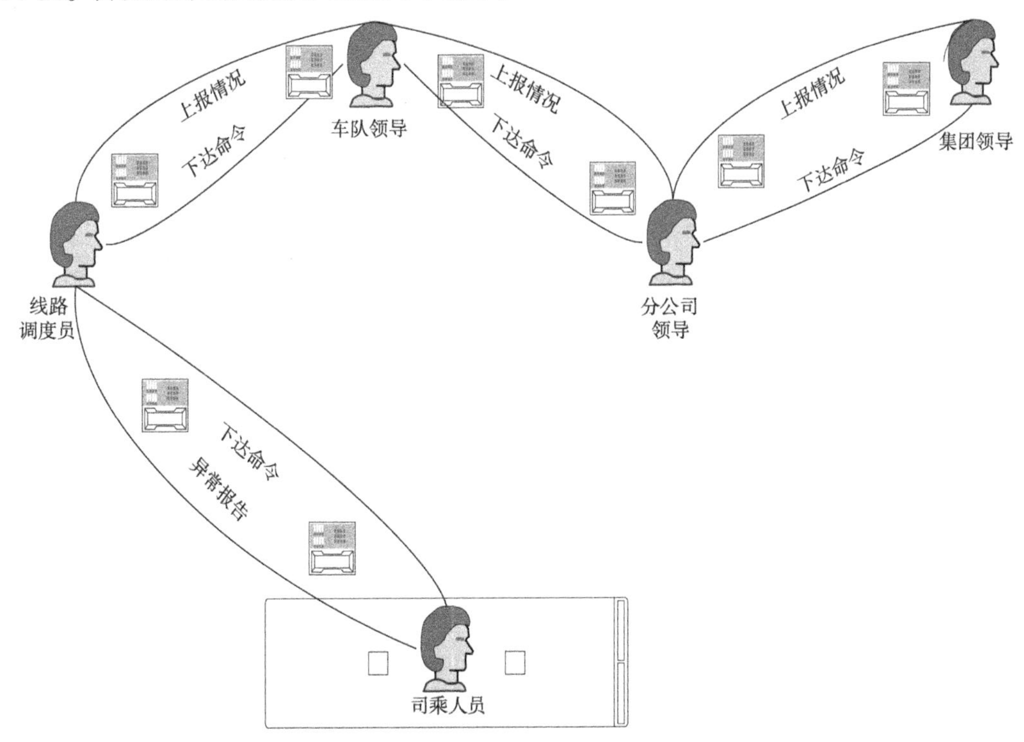

图6-3 传统跨线调度模式

区域多线路协调调度模式将原有的多级管理模式整合,使调度员可进行区域间多线路的跨线调度,保证调度的合理性。区域多线路间协调调度模式如图6-4所示。

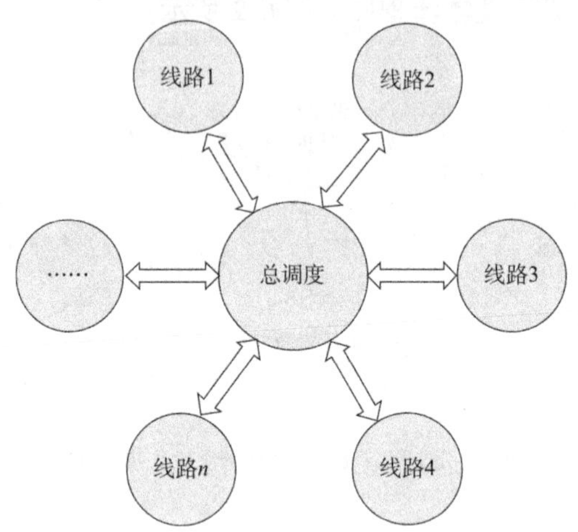

图6-4　区域多线路动态协调调度模式

在以上区域多线路协调调度模式下,车辆、人员资源可按人不固定车、车不固定线的区域调度机制制订。

6.2.2.2　区域多线路协调调度原则

当所辖区域线路车辆运营严重偏离行车计划或枢纽场站出现非正常运转状况时,可采取区域多线路间动态协调调度。

与静态协调调度一样,区域多线路动态协调调度也是为了达到资源整合优化的目的,这些资源包括线路、车辆、场站、调度人员等。而且动态协调调度也分为三个层次,依次为:换乘枢纽协调调度、单线路协调调度、区域多线路协调调度,在每个层次,都有着和静态调度类似的目标函数。

动态协调调度不仅要在各条线路的调度中满足运营成本以及乘客满意度的要求,同时还要满足枢纽场站利用率等要求。但由于实时性及系统稳定性的要求,动态协调调度的重点在于确定动态调度的触发阈值,并迅速确定调度方案。

(1)动态调度优先调整原则。

一般来讲,动态调整措施不应对线路正常运营造成重大影响。根据对公交系统的影响,动态调度时可采取以下优先调整原则。

①优先保证枢纽场站正常运转,缓解站台车辆拥堵、客流聚集等问题。

②优先调整次要线路,避免对主要线路运营产生影响,优先级顺序为:轨道交通 > 快线 > 普线 > 支线,对于同级线路,可根据历史客流量决定其主次关系。线路主次关系随客流量大小依次排列。

③考虑线路之间的协调运营,优先考虑枢纽场站换乘客流的候车时间,兼顾考虑其他站点客流的候车时间。

(2)动态协调调度原则。

根据动态协调调度的层次性及以上优先原则,动态协调调度可采用多级触发原则。

①当实际监测的车流量或客流量超出枢纽场站及站台容量安全阈值时，触发一级动态调度功能。

②当单条或多条线路车辆偏离行车计划，造成乘客延误超过阈值时，触发二级动态调度功能。

③当枢纽站换乘客流错失连接延误损失超过阈值时，触发三级动态调度功能。

为避免不必要的调整，可根据枢纽内部线路之间客流换乘规律，选取换乘量较大的线路，纳入避免错失连接的动态调整考虑范围。

6.3　基于枢纽的区域调度模型及方法

6.3.1　公交区域调度概述

(1)公交调度计划。

公交调度计划通常包括线网优化、时刻表编制、行车计划编制和司售人员排班四部分。

线网优化是依据土地规划、客流调查与预测，对范围内初始的公交线路进行优化，目的是解决在基础线网上进行公交调度时可能产生的线网布局问题。

时刻表编制是依据城市客流，结合服务水平等的要求，确定各线路的发车频率并且据此排定时刻表。

行车计划编制是根据给定的发车时刻表，安排车辆执行时刻表上的班次任务，使每个班次任务均有唯一的车辆执行。

司售人员排班是根据给定的车辆任务，给各车辆安排合适的司售人员，使车辆在执行车辆任务的每个阶段均配备有人员。

四个部分相互影响、相互作用，彼此独立又紧密联系。

(2)公交调度。

常规公交车辆调度问题即为：给定时刻表和客流需求等信息，在满足相关约束条件下，调配车辆执行时刻表给定班次(中间可插入空驶班次以减少车辆需求)，使每一班次均有唯一车辆执行，车辆调配的结果是构建车辆执行的班次序列，即公交车辆排班计划，最终编制出车辆行车计划。其最主要的优化目标是在现有车辆条件下安排调度方案，或安排调度方案使所需车辆数或费用最小。

常规公交车辆调度按系统组织模式可以划分为线路调度和区域调度。

①线路调度。线路调度是指公交企业以各条公交线路为单位，以线路车队为运营组织调度实体，对公交车辆进行运营调度。线路调度的行车计划是按线路客流最大断面决定配车的，在线路的首末站均设调度员，实行两头调度。相对于区域调度，线路调度的集中程度较低，对公交车辆的使用效率较低。

②区域调度。区域调度是指在一定地域范围内，原来各自独立运营线路上的车辆和人员，通过一定的技术手段同管理组织协调起来，以区域为单位对公交车辆进行运营调度，使

资源得到最有效配置和充分利用的一种组织模式。区域公交调度模式,能够利用不同线路的高峰期客运量在方向和时间的不均衡性,实现公交车辆在不同线路上的优化配置,提高公交车辆的使用效率,实现高效的公交运营方式。

编制公交区域行车计划时,首先要以区域时刻表为基础,还需要考虑各场站之间的空驶里程或者空驶时间,以及其他相关信息作为编制行车计划的输入数据;然后选择相应的区域行车计划编制问题模型及求解算法进行求解;最后输出每辆车的任务,即车次链。具体流程如图 6-5 所示。

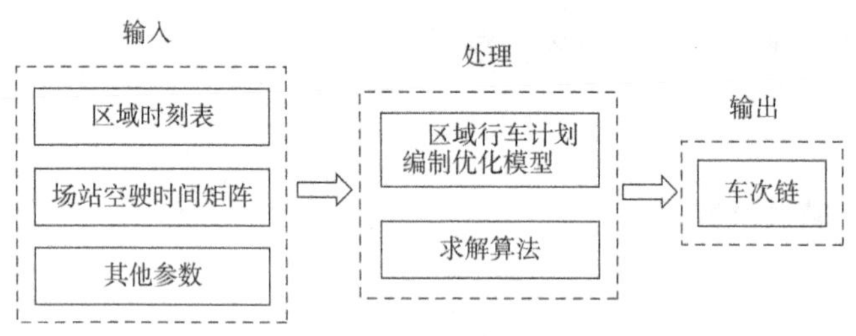

图 6-5　区域行车计划编制流程

6.3.2　常规公交车辆区域调度模型

公交车辆调度模型基于网络图建立。首先构建网络图 $G^K = (V^K, A^K)$,其中,V^K为网络图中所有节点的集合(K 为所有车辆的集合),A^K为网络图中所有弧的集合。V^K包含三种节点:源节点、汇聚节点和任务节点,其中源节点和汇聚节点分别表示为 $o(k)$、$d(k)$,表示车辆出发和终到场站;任务节点表示每个待执行的车次行程,并将车辆 k 执行的车次集合记为 N^k。对于每个任务节点 $i \in N^k$,都有一个时间窗 $[l_i, u_i]$。弧的集合 A^K包含三种弧:起始弧、终止弧、车次连接弧。连接节点 $o(k)$ 和节点 i 的起始弧 $(o(k), i)$ 表示车辆 k 从场站 $o(k)$ 到达车次 $i \in N^K$的起始位置。连接节点 $i \in N^K$和节点 $d(k)$ 的终止弧 $(i, d(k))$ 表示车辆 k 从车次 i 的终止位置到达场站 $d(k)$。在每一对节点 $i \in N^K$和 $j \in N^K$之间存在着车次连接弧 (i,j),满足 $l_i + t_{ij} \leqslant u_j$,$t_{ij}$ 为弧 (i,j) 所消耗的最短时间,等于车次 i 的途经时间加上从车次 i 的终止场站到车次 j 的起始场站的行程时间。起始弧 $(o(k), i)$ 的最短经行时间等于从场站 $o(k)$ 到车次 $i \in N^K$的起始位置的行程时间。终止弧 $(i, d(k))$ 的最短经行时间 $t_{i,d(k)}$ 等于车次 $i \in N^K$的途经时间加上从车次 i 的终止位置到达场站 $d(k)$ 的行程时间。网络图下的一个车次链连接方案如图 6-6 所示。

多商品网络流模型包含两类变量。x_{ij}^k是与每个弧$(i,j) \in A^K$相关的二元决策变量。若车辆 k 经过了弧(i,j),则x_{ij}^k取值为 1,否则为 0;T_i^k是与每个节点 $i \in V^K$相关的时间变量,若 $i = o(k)$,则T_i^k表示车辆离开场站的时间,若 $i = d(k)$,则T_i^k表示车辆到达场站的时间;若 $i \in N$,则T_i^k表示车次的开始时间。成本函数c_{ij}^k表示每个弧$(i,j) \in A^K$的成本,包含车辆成本和驾驶员薪水两部分。车辆成本取决于从车次 i 的终止位置到车次 j 的起始位置的距离。驾驶员薪水取决于两个任务节点 i 和 j 之间的衔接时间以及等待时间。弧(i,j)的最小等待时间的取值范围为$(0, l_j - u_i - t_{ij})$。

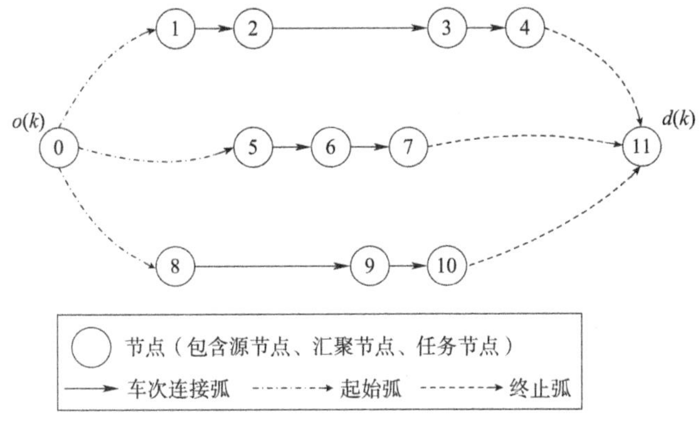

图6-6　网络图下的车次链连接方案示例

$$c_{ij}^{k}(T_{i}^{k},T_{j}^{k})=b_{ij}^{k}+I_{ij}^{k}\lambda_{w}w_{ij}(T_{i}^{k},T_{j}^{k}) \tag{6-1}$$

式中：b_{ij}^{k}——弧(i,j)的固定成本，若弧(i,j)是车次之间的弧，则I_{ij}^{k}取值为1，否则为0；

λ_{w}——单位时间的等待成本，当等待成本最小时，$(T_{i}^{k},T_{j}^{k})=\max\{0,l_{j}-u_{i}-t_{ij}\}$；精确等待成本$(T_{i}^{k},T_{j}^{k})=T_{j}^{k}-T_{i}^{k}-t_{ij}$。

构建多商品网络流模型如下：

目标函数：

$$\min\sum_{k\in K}\sum_{(i,j)\in A^{k}}c_{ij}^{k}(T_{i}^{k},T_{j}^{k})\,x_{ij}^{k} \tag{6-2}$$

约束条件：

$$\sum_{k\in K}\sum_{(i,j)\in A^{k}}x_{ij}^{k}\geqslant 1\quad\forall i\in N \tag{6-3}$$

$$\sum_{(o(k),j)\in A^{k}}x_{o(k),j}^{k}=\sum_{(i,d(k))\in A^{k}}x_{i.d(k)}^{k}=1\quad\forall k\in K \tag{6-4}$$

$$\sum_{(i,j)\in A^{k}}x_{ij}^{k}=\sum_{(i,j)\in A^{k}}x_{ji}^{k}=0\quad\forall k\in K,\forall j\in N \tag{6-5}$$

$$x_{ij}^{k}(T_{i}^{k}+t_{ij}-T_{j}^{k})\leqslant 0\quad\forall k\in K,\forall(i,j)\in A^{k} \tag{6-6}$$

$$l_{i}\leqslant T_{i}^{k}\leqslant u_{i}\quad\forall k\in K,\forall i\in V^{k} \tag{6-7}$$

$$x_{ij}^{k}\in\{0,1\}\quad\forall k\in K,\forall(i,j)\in A^{k} \tag{6-8}$$

目标函数是总成本最小化。约束条件中，式(6-3)表示每个车次都只被执行一次；式(6-4)和式(6-5)是网络约束，表示网络图中的每个网络流都要从源节点出发，并且终止于汇聚节点；式(6-6)表示时间约束，车次k的开始时间一定要不小于车次i的开始时间、经过时间、从车次i的终止场站到车次j的起始场站的行程时间之和；式(6-7)表示车次i的开始时间的范围，式(6-8)表示x_{ij}^{k}为0－1变量。

6.3.3　常规公交车辆区域调度模型算法求解

采用遗传算法对模型进行求解。遗传算法(Genetic Algorithm，简称GA)是通过模拟生物自然环境中的遗传和进化过程而形成的一种自适应全局优化概率搜索算法。在遗传算法中,问题的解被表示为染色体,每个染色体就是一个个体,每个个体被赋予一个适应度,代表此个体对环境的适应度,一定数量的个体组成群体。在群体的进化过程中,通过选择、交叉和变异三种主要遗传操作产生新的适应度值更大的群体。经过若干代遗传操作后,群体不断进化,最后收敛于问题的最优解。

编码方式设计结合模型特点,采用自然编码的方法。一个可行解可编成长度为 $1+m+1$ 的染色体,$(0,l_{11},l_{12},\cdots,l_{1r},0,l_{21},l_{22},\cdots,l_{2s},0,\cdots,0,l_{m1},l_{m2},\cdots,l_{mt},0)$。其中,“0”代表车场;$l_{kj}$表示第 k 辆车执行第 j 项任务。如染色体个体(0,1,3,0,2,4,6,0,7,5,8,9,0,0)表示调度方案为:

车辆1,车场→任务1→任务3→车场;

车辆2,车场→任务2→任务4→任务6→车场;

车辆3,车场→任务7→任务5→任务8→任务9→车场;

车辆4,不执行任务。

遗传算子的设计如下。

(1)选择算子。

选择指从种群中选择优质个体作为父代的过程,采用了轮盘赌法。个体 i 被选择的概率 $p(i)=\dfrac{f(i)}{\sum_{i=1}^{Nind}f(i)}$。在选择时,每转一次轮盘会产生一个在[0,1]之间服从均匀分布的随机数;在种群中遍历搜索,直至选中 $p(i)$ 大于该随机数的个体,该个体落入选择区间,本次转轮盘结束;然后继续下一次转轮盘,直到选出 *Nind* 个染色体。

(2)交叉算子。

交叉是遗传算法中最主要的遗传操作,是区别于其他算法的重要特征,交叉操作是将相互配对的染色体按照某种准则,交换部分基因,从而组合产生新的个体,新的个体继承了父代个体的相关特征。交叉操作以一定的交叉概率(Pc)将种群中两个个体按照设计的交叉算子进行基因交换,产生新的个体,提高种群中优良个体的数目,提升遗传算法的搜索能力。根据染色体编码方式的不同,交叉算子的设计也有所不同,目前常用的交叉算子有基于位置的交叉、部分映射交叉、顺序交叉、循环交叉等。

采用顺序交叉的方法,结合模型进行交叉步骤如下。

步骤1:从选择的第一个车次链方案中随机选取代表一辆车连续执行的任务的子串,即选取两个相邻“0”编码之间的子串;

步骤2:将子串复制到一个空子串的相应位置,产生一个原始后代;

步骤3:删去第二个车次链方案中子串中已有的出行任务,得到原始后代需要的其他出行任务的顺序;

步骤4:按照这个出行任务的顺序,从左到右将这些出行任务定位到后代的空缺位置。

(3)变异算子。

变异是模拟自然界遗传过程中所发生的基因突变。在遗传算法中,基本变异操作是在一个相对小的变异概率(Pm)的前提下,随机选择种群中的染色体上的某个或某几个基因值进行改变。通过变异操作，可以增大解空间的搜索范围，保证基因的多样性，以便获得更好的解。针对该问题，采用插入变异的方法，即随机地选择一个任务，并将它插入到一个随机的位置中。

6.4 纯电动公交车辆调度模型及方法

6.4.1 纯电动公交车辆特性

我国政府高度关注新能源汽车的研发和产业化，并且将城市公交车行业作为新能源汽车推广的优先领域，形成鼓励新能源公交车应用，限制燃油公交车增长的机制。目前，新能源车主要有混合动力车、纯电动汽车、燃料电池汽车三大类。纯电动汽车是完全由充电电池作为动力源的汽车，是一种"零排放"汽车，被认为是目前最理想的交通工具。与依靠传统燃料的公交车辆相比，其具有如下优势：减少环境污染，保护空气质量；降低运营成本；采用电动车可做到白天运送乘客，夜间充电，节约成本，起到电力调峰的作用；噪声小，车辆运行平稳，乘坐舒适等。在城市交通中，纯电动公交车得到了广泛的应用。

纯电动车的充电设施主要包括充电桩、充电机、充换电站等设施。根据电动车辆的运行特点以及搭载的蓄电池容量的不同，电动车补充能源的方式主要分为整车慢充、整车快充和更换蓄电池三种方式。各种充电方式的优缺点分析如下。

(1)整车慢充。

整车慢充的充电装置在车辆上，地面提供单相交流电源。整车慢充需要大规模的充电桩来为这些公交车充电。

优点：利用夜间用电低谷时间进行充电，降低充电成本；以较低的电流为蓄电池充电，对电池有好处；充电器和安装成本较低。

缺点：充电功率小，充电时间长，需要建设大规模的充电桩。而大型充电站牵涉国土、规划、环保、消防等诸多部门，需要多部门之间的协调。

(2)整车快充。

整车快充充电设备设立在地面上，通过充电设备为车辆提供直流充电输出接口，以较大电流短时间内为电动公交车提供充电服务。

优点：满足紧急补电需求，充电时间短，且公交车辆不需要配置大容量电池，从而降低了车辆的电池成本，减轻车辆自重；充电设备和充电桩设在待发车位，不需要专门征地设置充电设备和充电车位，节省建设充电站的资金。

缺点：由于即充电流较大，对配电系统带来冲击，可能会对公用电网产生有害的影响，因而快速充电站点布设会受限制，该模式只适用于专用的充电站。同时，快充对充电技术、方法以及安全性也提出更高的要求，需要智能化充电管理系统，专业化操作与维护；只有技术先进的蓄电池才可以承受快充时的高电流高电压，送样先进的电池系统价格较高。

(3)更换电池。

更换电池即采用充满电的备用电池组更换车辆上需要充电的电池组。

优点:快速给车辆进行能量补充,节省补给能源时间,提高了车辆的利用率;备用蓄电池可以在夜间进行常规充电,降低充电成本,避免快充引起的蓄电池寿命缩短,对于蓄电池维护具有积极意义。对蓄电池进行集中充电管理可避免大规模电动车随机充电对电网运行带来的不利影响。

缺点:需要足够的备用蓄电池,设备投入大,此外,存放大量未充电和已充电的蓄电池需要很多空间,还需要额外的换蓄电池的设备;修建一个蓄电池更换站所需空间很大,电池更换系统的成本很高;快速更换需要专业化进行,需配备专业人员借助专业机械来快速完成一系列操作;需要解决电池的标准化以及电池流通管理问题。

电动汽车的续航里程是指电动汽车上动力蓄电池以全充满状态开始到标准规定的试验结束时所走过的里程。电动汽车受制于电池技术,续航里程短是造成电动汽车的产业化和市场化发展的瓶颈。影响电动汽车续航里程的因素有:整车参数,如滚动阻力系数、迎风阻力系数、整车总质量,迎风面积、传动系统的效率等;蓄电池的性能,主要包括蓄电池容量、蓄电池的放电制度、放电深度等;电机参数;蓄电池均匀性;车辆行驶环境,如温度、天气、地形、道路的种类与交通的拥挤状况、线路的红绿灯个数、红灯平均等待时间、车辆平均车速等。

因此,纯电动公交车辆行驶受到众多因素的共同作用,其续航里程存在限制且存在许多不确定性。纯电动公交的运营组织安排和路线优化调度模式与传统公交有很大差异,不能简单地将传统燃油公交运营调度模型用于电动公交车辆的调度。电动公交车续航里程有限,电动公交车充电或换电时间要超过传统燃油公交车加油时间,且充电的设备及相关基础配套设施不够完善。为了继续推广新能源汽车在公交领域的应用,实现电动公交车辆规模化运营,必定要有适合的调度计划作为支撑。

6.4.2 纯电动公交车辆调度模型构建

研究区域内包含若干条电动公交线路、若干公交场站以及一个充电站。这些线路包含的一系列车次由单一车辆类型组成的纯电动公交车队来执行。每个车次都有特定的开始时间和结束时间,并且都从场站出发,最终回到场站。每个公交车辆的续航里程是有限的,在完成运行车次后可在充电站完全充电或者不完全充电。充电站有若干个充电桩,每个充电桩在同一个时间点只能给一个车辆充电。车辆去充电,会产生公交场站与充电站之间的空驶里程。此外,在跨线调度模式下,车辆会产生在不同场站之间的空驶里程。

纯电动公交车队规模及其充电设施协同优化问题包含两个方面:纯电动公交车辆调度问题(EVSP)和充电调度问题(RSP)。

6.4.2.1 EVSP

对于给定的 n 个车次,EVSP 定义在一个有向多元网络图 $G=(V,A)$ 中,其中,V 是节点的集合,A 是弧集合。节点集合 V 由三个子集组成:车次集合 N、源节点 0 和汇聚节点 $n+1$。因此,$V=N\cup 0\cup n+1$。对于车次 $i,j\in N$,t_e^i表示车次 i 的结束时间,t_s^j表示车次 j 的开始时间,d_{ij}表示车辆从车次 i 的终止场站到达车次 j 的起始场站的空驶里程。d_{ij}^0表示车辆从车次 i 的终止场站途经充电站到达车次 j 的起始场站的空驶里程。v 是车辆行驶速度,D 为车辆的最大行驶里程,r 表示充电速率(单位时间的充电量),$S_{\min}$、$S_{\max}$代表车辆充电状态(SOC)

的允许范围。在弧(i,j)上最多包含两个成本权重：c_{ij}和c_{ij}^0。这两个权重分别代表与空驶里程d_{ij}和d_{ij}^0相关的空驶成本. 若$t_s^j \geqslant t_e^i + \frac{d_{ij}}{v}$，会产生空驶成本$c_{ij}$；若$t_s^j \geqslant t_e^i + \frac{d_{ij}^0}{v} + \frac{d_{ij}^0(S_{\max} - S_{\min})}{D \cdot r}$，会产生空驶成本$c_{ij}^0$。对于每个车次$i \in N$，$c_{0i}$代表车辆成本与从充电站到起始场站的空驶成本之和，而$c_{i,n+1}$表示从车次i的终止场站到充电站的空驶成本。EVSP需要确定一套总成本最低的车辆行车计划，并且保证每个车次都有唯一车辆执行。

为便于研究，做出以下假设：

①充电量是充电时间的线性函数，且充电速率为常数；

②车辆电池的耗电量是行驶里程的线性函数；

③不考虑分时电价。

考虑多种基于现实的约束条件，以纯电动公交运营总成本最小化为优化目标，构建了混合整数优化模型。优化目标是纯电动公交系统总运营成本最小化，包含车辆购置成本、空驶运营成本以及充电桩成本。目标函数为：

$$\min C = \sum_{i \in N} (c_{0i} x_{0i} + c_{i,n+1} x_{i,n+1}) + \sum_{i \in N} \sum_{j \in V_i^+ \setminus \{n+1\}} (c_{ij}(x_{ij} - \gamma_{ij}) + c_{ij}^0 \gamma_{ij}) + \sum_{(k,l) \in A} c_z z_{00kl} \tag{6-9}$$

式中：N——$1-n$车次集合；

c_{0i}——车辆从充电站到车次i的起始场站的空驶成本；

$c_{i,n+1}$——从车次i的终止场站到充电站的空驶成本；

c_{ij}——从车次i的终止场站至车次j的起始场站的空驶成本；

c_{ij}^0——从车次i的终止场站途经充电站到达车次j的起始场站的空驶成本；

c_z——每个充电桩的投资成本；

x_{0i}、γ_{ij}、$x_{i,n+1}$、z_{00kl}——二元决策变量。

在式(6-9)中，目标函数的第一项表示车辆购置成本以及从源节点发出的弧和终止于汇聚节点的弧所产生的空驶成本，第二项表示连续执行的车次之间所产生的空驶成本，第三项表示充电桩的投资成本。

约束条件如下：

$$\sum_{i \in N} x_{0i} \geqslant 1 \tag{6-10}$$

$$\sum_{i \in N} x_{i,n+1} \geqslant 1 \tag{6-11}$$

$$\sum_{j \in V_i^+} x_{ij} = \sum_{j \in V_i^-} x_{ji} = 1 \quad \forall i \in N \tag{6-12}$$

$$\gamma_{ij} \leqslant x_{ij} \quad \forall i \in V, j \in V_i^+ \tag{6-13}$$

$$s_{ij} \geqslant t_e^i + \gamma_{ij} \cdot d_e^i / v \quad \forall i \in N, j \in V_i^+ \tag{6-14}$$

$$s_{ij} + u_{ij} \leqslant t_s^j - \gamma_{ij} \cdot d_s^j / v + (1 - \gamma_{ij})(t_e^i - t_s^j) \quad \forall i \in N, j \in V_i^+ \setminus \{n+1\} \tag{6-15}$$

$$s_{i,n+1} + u_{i,n+1} \leqslant T + (1 - \gamma_{i,n+1})(t_e^i - T) \quad \forall i \in N \tag{6-16}$$

$$e_i + \sum_{j \in V_i^+ \setminus \{n+1\}} x_{ij}\left(u_{ij}r - ((1-\gamma_{ij})\,d_{ij} + \gamma_{ij}\,d_{ij}^0 + d_j + d_e^j)\,\frac{S_{\max} - S_{\min}}{D}\right) \geqslant S_{\min} \quad \forall i \in N \tag{6-17}$$

$$e_i + \sum_{j \in V_i^+ \setminus \{n+1\}} x_{ij}\left(u_{ij}r - ((1-\gamma_{ij})\,d_{ij} + \gamma_{ij}\,d_e^i)\,\frac{S_{\max} - S_{\min}}{D}\right) \leqslant S_{\max} \quad \forall i \in N \tag{6-18}$$

$$S_{\max} - S_{\max}(1 - x_{i,n+1}) \leqslant e_i + x_{i,n+1}\left(u_{i,n+1}r - \gamma_{ij}d_e^i\frac{S_{\max} - S_{\min}}{D}\right) \leqslant S_{\max} \quad \forall i \in N \tag{6-19}$$

$$e_0 = S_{\max} \tag{6-20}$$

$$\sum_{(k,l) \in \varepsilon_{00}^+} z_{00kl} \geqslant 1 \tag{6-21}$$

$$\sum_{(k,l) \in \varepsilon_{EE}^-} z_{klEE} \geqslant 1 \tag{6-22}$$

$$\sum_{(i,j) \in \varepsilon_{kl}^-} z_{ijkl} = \sum_{(i,j) \in \varepsilon_{kl}^+} z_{klij} = \gamma_{kl} \quad \forall (k,l) \in A \tag{6-23}$$

$$z_{00kl} \leqslant \gamma_{kl} \quad \forall (k,l) \in \varepsilon_{00}^+ \tag{6-24}$$

$$z_{klEE} \leqslant \gamma_{kl} \quad \forall (k,l) \in \varepsilon_{EE}^- \tag{6-25}$$

$$z_{ijkl} \leqslant \frac{1}{2}(\gamma_{ij} + \gamma_{kl}) \quad \forall (i,j) \in A, (k,l) \in \varepsilon_{ij}^+ \setminus (E,E) \tag{6-26}$$

$$z_{ijkl}[s_{kl} - (s_{ij} + u_{ij})] \geqslant 0 \quad \forall (i,j) \in A, (k,l) \in \varepsilon_{ij}^+ \setminus (E,E) \tag{6-27}$$

其中,式(6-10)~式(6-12)表示车次链约束,所有车次链必须从源节点出发,终止于汇聚节点,且每个车次都由唯一车辆执行;式(6-13)~式(6-16)为充电事件约束,充电事件发生在车次链上的两个连续执行的车次之间,且要在规定的时间范围内进行;式(6-17)~式(6-20)为考虑不完全充电的车辆荷电约束(State of Charge,SOC)。车辆不管是否进行完全充电,都必须有足够的电量来执行下一个车次,且在充电后车辆的荷电状态不超过上限,当车辆在执行完所有车次后要进行完全充电,车辆的初始荷电状态为最大值$S_{\max}$;式(6-21)~式(6-27)为充电事件链约束,所有充电事件链必须从源节点出发,终止于汇聚节点;每个充电事件只进行一次,只有当两个充电事件同时发生,且满足其中一个充电事件的开始时间不早于另一个充电事件的结束时间时,才能连接在一起。

6.4.2.2　RSP

RSP 是纯电动公交车队规模及其充电设施协同优化问题的子问题。一套完整的行车计划包含一系列车次链,每条车次链由若干个区块组成。每个区块表示一组连续执行的期间无须充电的车次序列,相邻的两个区块之间有一个充电事件,如图 6-7 所示。RSP 旨在确定每个充电事件的开始及持续时间,并得到一套使充电桩成本最低的充电计划链。

图 6-7 中基于 10 个给定的车次形成了 5 个区块。每个充电事件由节点(i,j)来表示,节点(0,0)和(11,11)分别表示充电链的源节点和汇聚节点。假设p为车次链的序号,q为车次链上的区块的序号,则(p,q)的所有组合即为所有区块的集合P。对于每个区块$(p,q) \in P$,包含三个参数$B_{pq} = (t_{pq}^-, t_{pq}^+, f_{pq})$,分别表示区块的开始时间、结束时间和耗电量。开始时间等于区块中第一个车次的开始时间减去从充电站到该车次的发

车场站的空驶时间;结束时间等于区块中最后一个车次的结束时间,加上从该车次的终止场站到充电站的空驶时间;耗电量等于从开始时间至结束时间范围内的所有车次行程以及空驶里程的耗电量之和。由于每个区块之后都有一个充电事件,$\hat{\varepsilon}$为所有充电事件的集合。对于每个充电事件$(k,l) \in \hat{\varepsilon}$,引入二元参数$\delta_{kl}^{pq}$来将充电事件与区块联系起来。若充电事件$(k,l)$紧跟在区块$B_{pq}$之后,则$\delta_{kl}^{pq}=1$,否则$\delta_{kl}^{pq}=0$。$\hat{\varepsilon}_{kl}^{-}$和$\hat{\varepsilon}_{kl}^{+}$表示可连接至$(k,l)$的充电事件集合。

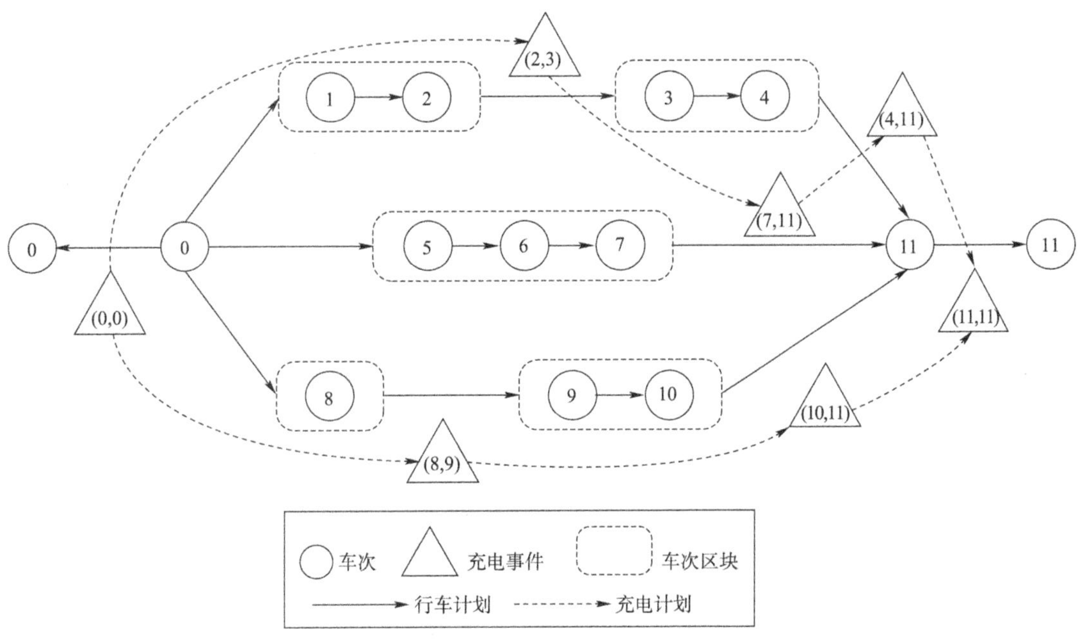

图6-7　车次链和充电事件链网络图实例

针对车辆充电计划调度问题(RSP),构建了混合整数线性规划模型(MILP)。目标函数为:

$$\min \sum_{(k,l) \in \hat{\varepsilon}_{00}^{+}} z_{00kl} \tag{6-28}$$

约束条件如下:

$$\sum_{(k,l) \in \hat{\varepsilon}_{00}^{+}} z_{00kl} \geqslant 1 \tag{6-29}$$

$$\sum_{(k,l) \in \hat{\varepsilon}_{EE}^{-}} z_{klEE} \geqslant 1 \tag{6-30}$$

$$\sum_{(i,j) \in \hat{\varepsilon}_{kl}^{-}} z_{ijkl} = \sum_{(i,j) \in \hat{\varepsilon}_{kl}^{+}} z_{klij} = 1 \quad \forall (k,l) \in \hat{\varepsilon} \tag{6-31}$$

$$s_{kl} \geqslant \sum_{p,q:(p,q) \in P} \delta_{kl}^{pq} t_{pq}^{+} \quad \forall (k,l) \in \hat{\varepsilon} \tag{6-32}$$

$$s_{kl} + u_{kl} \leqslant \sum_{p,q:(p,q) \in P} \delta_{kl}^{pq} t_{p,q+1}^{-} \quad \forall (k,l) \in \hat{\varepsilon}, l \neq n+1 \tag{6-33}$$

$$s_{k,n+1} + u_{k,n+1} \leqslant T \quad \forall k:(k,n+1) \in \hat{\varepsilon} \tag{6-34}$$

$$\max\{\sum_{h=1}^{q+1} f_{ph} - S_{\max} + S_{\min}, 0\} \leqslant r \sum_{h=1}^{q} \sum_{(k,l)\in\hat{\varepsilon}} \delta_{kl}^{ph} u_{kl} \leqslant \sum_{h=1}^{q} f_{ph} \quad \forall (p,q) \in P, l \neq n+1 \tag{6-35}$$

$$r\sum_{h=1}^{q} \sum_{k:(k,n+1)\in\hat{\varepsilon}} \delta_{k,n+1}^{ph} u_{k,n+1} = \sum_{h=1}^{q} f_{ph} \quad \forall (p,q) \in P \tag{6-36}$$

$$s_{ij} + u_{ij} \leqslant s_{kl} + M_{ijkl}(1 - z_{ijkl}) \quad \forall (i,j),(k,l) \in \hat{\varepsilon}, M_{ijkl} \geqslant 0 \tag{6-37}$$

$$M_{ijkl} = \begin{cases} \sum_{p,q:(p,q)\in P} \delta_{ij}^{pq} t_{p,q+1}^{-} - \sum_{p,q:(p,q)\in P} \delta_{kl}^{pq} t_{pq}^{+} & \forall (i,j),(k,l) \in \hat{\varepsilon}, j \neq n+1 \\ T - \sum_{p,q:(p,q)\in P} \delta_{kl}^{pq} t_{pq}^{+} & \forall (i,j),(k,l) \in \hat{\varepsilon}, j = n+1 \end{cases} \tag{6-38}$$

其中,式(6-29)~式(6-30)表示每个充电事件链须从源节点出发并终止于汇聚节点;式(6-31)表示每个充电事件仅被执行一次,式(6-32)~式(6-34)表示每个充电事件的开始和结束时间要在特定的时间范围内,式(6-35)~式(6-36)表示进行充电后,车辆的荷电状态(SOC)应满足随后车次行程的电量要求,但不超过电量上限;且在完成所有指定行程后,车辆需要充至满电,式(6-37)~式(6-38)表示两个只有当其中一个充电事件的开始时间不早于另一个充电事件的结束时间时,两个充电事件才能连接在一起。

6.4.3 纯电动公交调度模型算法设计

运用融合模糊综合评价与 *Regret-k* 算子的遗传算法优化求解。遗传算子包含交叉算子、变异算子和修复算子。算法的输入参数包括种群规模(*NIND*)、交叉率(*Pc*)、变异率(*Pm*)、最大进化代数(*MAXGEN*)和代沟(*GGAP*)。

在算法开始之前,首先要根据启发式算法生成一个初始种群,种群中的每个个体表示一个可行的行车计划。在每一代进化时,依据适应度值的高低,运用轮盘赌法选出一个子种群来参与接下来的交叉和变异操作。经过交叉和变异后,运用修复算子来对产生的不可行解进行修复,将未包含的车次重新插入个体中。修复算子融合了模糊综合评价方法以及后悔启发式插入算法。当进化代数超过 *MAXGEN* 时,整个算法终止。遗传算法的过程设计如下。

(1)初始解的生成。

在遗传算法开始时,需要产生一组可行解来构成初始种群。一个行车方案由一组车次链组成,每个车次链包含了由同一辆车执行的一系列行程区块和充电事件。对于一条给定的车次链 p,假设其中包含存在 Q 个区块,每个区块可被定义为$B_{pq} = (t_{pq}^{-}, t_{pq}^{+}, f_{pq})$。生成车次链时,需要满足以下三个约束条件。

约束 1:时间约束。若 i,j 是区块$B_{pq}(\forall p, 1 \leqslant q \leqslant Q)$中连续执行的两个车次,则需满足 $t_s^j \geqslant t_e^i + \frac{d_{ij}}{v}$。若车次 i,j 分别为区块B_{pq}的最后一个车次以及区块$B_{p,q+1}(\forall p, 1 \leqslant q < Q)$的第一个车次,则需满足$t_s^j \geqslant t_e^i + \frac{d_{ij}^0}{v} + \frac{d_{ij}^0(S_{\max} - S_{\min})}{(D \cdot r)}$。

约束 2:每个区块的电量消耗约束。对于每个区块$B_{pq}(\forall p, 1 \leqslant q \leqslant Q)$,需满足$f_{pq} \leqslant S_{\max} - S_{\min}$。

约束3:充电量最大时的荷电状态约束。e_{pq}表示车辆在执行完区块B_{pq}后进行充电后的电量水平,$e_{p1}=S_{\max}-f_{p1}$。对于任一区块$B_{pq}(\forall p,1<q\leqslant Q)$,满足$e_{pq}=\min\{e_{p,q-1}+r(t_{pq}^{-}-t_{p,q-1}^{+}),S_{\max}\}-f_{pq}\geqslant S_{\min}$。此外,还须满足电量守恒约束$e_{pQ}+r(T-t_{pQ}^{+})\geqslant S_{\max}$。

基于以上约束,生成初始种群的启发式算法如下。

算法6.1 种群初始化启发式算法

第1步:变量定义。集合N表示按照各个车次的开始时间升序排列的车次集,集合$\overline{N}$表示当前未插入的车次集,S表示所生成的车辆行车方案,R表示当前生成的车辆行车计划链,B表示当前生成的车次区块;

第2步:变量初始化。将N中第一个车次记为n_1,初始化$B\leftarrow n_1$,$R\leftarrow B$,$\overline{N}\leftarrow N\backslash\{n_1\}$,$S\leftarrow\emptyset$;

第3步:令$N_1\leftarrow\emptyset$,$N_2\leftarrow\emptyset$;

第4步:对于任一车次$i\in\overline{N}$,通过执行以下检查来更新集合N_1和N_2:

(1)若同时满足约束1~约束3,则表示车次i可直接加在区块B之后,且加上车次i之后R仍然可行,更新$N_1\leftarrow N_1+i$;

(2)若仅满足约束1和约束3,则表示车次i可作为最后一个区块直接加在R之后,更新$N_2\leftarrow N_2+i$;

第5步:判定N_1和N_2是否为$\emptyset$:

(1)若$N_1\neq\emptyset$,则从N_1中随机选择一个车次i_1,更新$B\leftarrow B+i_1$,随后将R的最后一个区块替换为更新后的B,更新$\overline{N}\leftarrow\overline{N}\backslash\{i_1\}$;

(2)若$N_1=\emptyset$且$N_2\neq\emptyset$,则从N_2中随机选择一个车次i_2,进行如下更新:$B\leftarrow i_2$,$R\leftarrow R+B$,$\overline{N}\leftarrow\overline{N}\backslash\{i_2\}$;

(3)若$N_1=\emptyset$且$N_2=\emptyset$,则将$\overline{N}$中的第一个车次记为$\overline{n_1}$,进行如下更新:$S\leftarrow S+R$,令$B\leftarrow\overline{n_1}$,$R\leftarrow B$,$\overline{N}\leftarrow\overline{N}\backslash\{\overline{n_1}\}$;

第6步:判定是否有$\overline{N}=\emptyset$。若是,则算法结束,输出S;否则,返回到第3步。

---

(2)适应度函数和选择。

在产生初始种群之后,运用轮盘赌选出$NIND'$个个体参与接下来的交叉和变异操作。其中$NIND'=NIND\times GGAP$。适应度值较高的优秀个体更有可能被选中。将目标函数的倒数作为适应度函数,即$Fit_i=1/C_i$。种群中每个个体被选中的概率可表示为$p_i=Fit_i/\sum_i Fit_i$。

(3)交叉。

交叉是遗传算法的一个关键操作,它基于当前群体中的一对个体来产生新的个体。由于行车方案由若干条车次链组成,因此交叉操作通过探索不同的车次链组合来产生新的解决方案。交叉首先从一对个体中分别选择一个或多个车次链,然后互相交换所选的车次链从而生成新的行车方案。如果在新方案中同一个行程发生两次,则需从原始车次链中将其移除,以确保每个行程仅被执行一次。

由于在交换车次链的过程中遗漏了一些车次，在删除重复车次后新生成的解决方案仍然是不可行的。所有新产生的非可行解都储存在一个集合中。为了修复该集合中的每一个非可行解，设计了一种基于模糊综合评价的 *Regret-k* 插入启发式算法作为修复算子，将缺失的车次重新插入到非可行解中。

（4）变异。

变异是在遗传算法中维持种群多样性的主要方法。变异算子通过随机删除个体中的某个车次链使得解决方案发生变化，该操作产生的新方案是不可行的，接下来需要运用修复算子来将缺失的车次重新插入到个体中。

（5）融入模糊综合评价和 *Regret-k* 算子的可行解修复方法。

对于每个非可行解，需要将未涵盖的车次重新插入其中进行修复，在此过程中运用了一种融入了模糊综合评价的 *Regret-k* 插入启发式算法。该算法每次将一个车次插入一个合理的位置。在确定每个车次的可行插入位置时，可考虑以下三种情况：

（i）是否可以将车次插入车次链中的某个区块之中；

（ii）是否可以作为单独的区块插入车次链中；

（iii）增加一个新的车次链。

对于每个需要重新插入的车次，首先根据相关约束条件求出该车次可行插入位置的集合。然后要运用模糊综合评价方法来对各个插入位置进行综合评估，从而决策产生一个最佳位置。

（6）综合评估的指标。

①时间间隔。对于情况（i）和（ii），时间间隔表示待插入车次与插入点前后车次的时间间隔之和，对于情况（iii），时间间隔等于零。更小的时间间隔使得车次安排得更加紧凑，可在一定程度上减小车队规模，因此，该指标为负指标。

②区块的电量消耗。其值包含了区块中所有车次及空驶里程的耗电量之和。区块的耗电量越大表示电池利用的越充分，因此，该指标为正指标。

③成本增加值。即为车次插入后的空驶成本与原始空驶成本的差值，对于情况（iii），还需考虑新增车辆的成本，该指标为负指标。

令 Ω 表示待插入车次的集合，对于每个车次 $i \in \Omega$，Φ_i 表示可行插入位置的集合。Φ_i 中每个元素的三项评价指标分别为 $\varphi_{ip} = (\pi_{ip1}, \pi_{ip2}, \pi_{ip3})$。对于 $\sigma \in \{1,2,3\}$，令 $\pi_{i\sigma}^{\min} = \min_{p:\varphi_{ip}\in\Phi_i}\pi_{ip,\sigma}$，$\pi_{i\sigma}^{\max} = \max_{p:\varphi_{ip}\in\Phi_i}\pi_{ip,\sigma}$. 对于每个 $\varphi_{ip} \in \Phi_i$，令 $\pi'_{ip,\sigma} = |\pi_{i\sigma}^{0} - \pi_{ip,\sigma}| / (\pi_{i\sigma}^{\max} - \pi_{i\sigma}^{\min})$，其中，若 σ 为正指标，则 $\pi_{i\sigma}^{0} = \pi_{i\sigma}^{\max}$；若 σ 为负指标，则 $\pi_{i\sigma}^{0} = \pi_{i\sigma}^{\min}$。$\varphi_{ip}$ 的评价指标值可表示为 $\pi_{ip} = \sqrt{\sum_{\sigma}(\theta_\sigma \pi'_{ip,\sigma})^2}$，其中 θ_σ 表示三项指标所占的权重。

对每个待插入车次的可选插入方案进行定量评估后，采用 *Regret-k* 插入启发式算法选出一个接下来要插入的车次。π_i^1 表示将车次插入第一个最佳位置时的评价指标值，即 $\pi_i^1 = \min_{p:\varphi_{ip}\in\Phi_i}\pi_{ip}$。$\pi_i^k$ 表示将车次插入到第 k 个最佳位置时的评价指标值。根据后悔-k 插入启发式算法，车次 $i^* = \mathrm{argmax}_{i\in\Omega}\{\sum_{j=1}^{k}(\pi_i^j - \pi_i^1)\}$ 即为下一个待插入的车次。对于车次 $i \in \Omega$，若 $|\Phi_i| < k$，则该车次将暂时从 Ω 中移除。若对于每个车次 $i \in \Omega$，都有 $|\Phi_i| < k$，则车次 $i^* = \mathrm{argmin}_{i\in\Omega}\pi_i^1$ 将成为下一个待插入的车次。当 i^* 被插入在最佳位置后，则需更新 Ω，$\Omega \leftarrow \Omega\backslash$

$\{i^*\}$。然后，对于每个车次 $i\in\Omega$，都必须基于模糊综合评价方法来重新计算 π_{ip}，从而选出下一个待插入的车次。该过程一直持续至 $\Omega=\emptyset$，车次插入完毕，即完成了对不可行解的修复过程。

6.4.4　纯电动公交调度模型算例分析

本节以某城市区域范围内的三条公交线路为实际背景，分析评估提出的纯电动公交调度模型及其求解算法。三条线路的单程距离分别为 15.1km、11km 和 18.2km。研究区域内一共有 2 个公交场站，两个公交场站之间有 3.8km 的空驶距离。优化对象是这三条线路在 6:00 ~ 12:00 之间运营的 105 个车次，当前一共投入使用了 25 辆电动公交车。车辆每次充满电后的最长续航里程在 50 ~ 70km 之间。蓄电池容量为 175Ah，从最低电量水平（15%）充至满电需要 35 ~ 45min。一辆电动公交车的成本是 1.7×10^6 元。模型的参数设置如下：$D=65$km，$r=175\times(1-15\%)/40=3.8$Ah/min，$v=20$km/h，$c_z=1\times10^6$ 元/个，单位里程距离的空驶成本 = 180 元/km，$T=14:00$。遗传算法的其他参数设置如下：$NIND=50$，$GGAP=0.8$，$P_c=0.9$，$P_m=0.3$。$MAXGEN=500$，$\{\theta_1,\theta_2,\theta_3\}=\{0.5,0.2,0.3\}$，基于模糊综合评价的 *Regret-k* 插入启发式算法中 k 取值为 3。

基于以上实验参数，进行了四组不同的情景实验方案来进行对比，分别表示为 *P*1 ~ *P*4。*P*1 ~ *P*4 的实验情景描述如下。

*P*1：车辆到达充电站后立即开始充电，且必须要完全充电。

*P*2：车辆到达充电站后立即开始充电，可进行不完全充电。

*P*3：车辆需要完全充电，而充电开始时间是优化变量。

*P*4：车辆可进行不完全充电，而充电开始时间是优化变量。

未经优化的当前行车方案由 *P*0 表示。*P*0 ~ *P*4 的总成本、各分项成本、总充电次数和每辆车的平均充电次数见表 6-1。实验结果的相关曲线如图 6-8 所示。

P0 ~ P4 的结果比较　　表 6-1

方案	空驶成本（元）	车辆购置成本（元）	充电桩成本（元）	总成本（元）	总充电次数（次）	车辆平均充电次数（次/辆）
*P*0	0.79×10^7	4.25×10^7	0.6×10^7	5.64×10^7	40	1.60
*P*1	0.78×10^7	3.40×10^7	0.6×10^7	4.78×10^7	37	1.85
*P*2	0.74×10^7	3.23×10^7	0.5×10^7	4.47×10^7	36	1.89
*P*3	0.69×10^7	3.06×10^7	0.4×10^7	4.15×10^7	33	1.83
*P*4	0.68×10^7	2.89×10^7	0.3×10^7	3.87×10^7	32	1.88

*P*4 的优化结果表明，总成本最低的最佳优化方案是投入使用 17 辆车和 3 个充电桩。*P*4 的优化结果相比于当前方案 *P*0，总成本降低了 31.38%，其中，车辆成本减少了 1.36×10^7 元（减少了 8 辆车），充电设施成本减少了 0.3×10^7 元（减少了 3 个充电桩）以及空驶运营成本减少了 0.11×10^7 元。*P*1 ~ *P*3 优化后的总成本相比于 *P*0，分别降低了 15.25%、20.74% 和 26.42%。

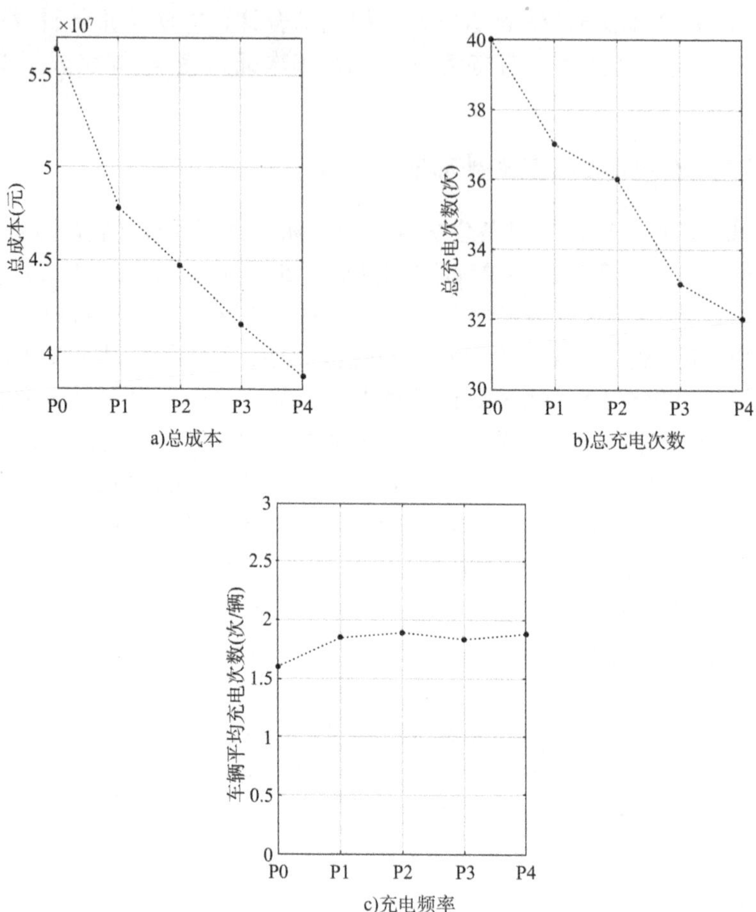

图 6-8　不同情景下的总成本，总充电次数以及每个车辆的充电频率

通过对比 $P1$ 与 $P2$、$P3$ 与 $P4$ 的实验结果可见，对车辆进行部分充电使得总成本分别降低了 0.31×10^7 元、0.28×10^7 元。降低的成本主要包括减少了 1 辆电动公交车和 1 个充电桩。由于公交车队规模的缩小，总充电次数和空驶成本也会随之降低。而每辆车的平均充电次数增加了大约 0.04，这表明部分充电导致每辆车的充电频率增高了。

通过对比 $P1$ 与 $P3$、$P2$ 与 $P4$，对充电开始时间的优化调整使得总成本分别降低了 0.63×10^7 元、0.60×10^7 元。由此可见，对车辆实施部分充电以及对充电开始时间的重新安排都能在一定程度上降低总成本以及各分项成本，其中，对充电开始时间的优化安排使得总成本的下降趋势更为明显。

第 7 章　多模式公交信息服务

7.1　国内外相关情况介绍

7.1.1　“门到门”绿色出行思想及实践

当前,由城市交通引起的诸如大气与噪声污染、道路拥挤、土地占用、交通缺乏公平等一系列问题,在许多国家普遍存在。绿色交通是一个新的理念,是为了减少交通拥挤、降低环境污染、促进社会公平、节省建设维护费用而提出的一种有利于城市环境保护的、新的城市交通运输系统。许多国家都在为发展通达和有序、安全和舒适、低能耗和低污染的绿色交通不断探索与努力。通过研究这些国家交通政策的“绿色”转型及绿色出行体系构建的实践,可以总结出绿色出行思想主要集中在以下三个方面。

7.1.1.1　创建绿色路网

20 世纪 90 年代,由彼得·卡尔索普(Peter Calthorpe)和安德烈斯·杜安妮和伊丽白·普拉赞伯克夫妇(Andres Duany and Elizabeth Plater-Zyberk)等人倡导,在美国首先兴起了新城市主义运动。新城市主义的核心就是要回归欧洲传统城镇的空间形式,创建高密度的方格路网(high-density gridiron street pattern)和宜居的街区,提倡“窄马路、小街区、密路网”的交通发展模式(有些城市将这种路网称为“低碳路网”或是“绿色路网”)。这种发展模式将不仅成为门到门绿色出行的最佳载体,而且将有效地抑制了城市机动化的无序发展。

美国俄勒冈州波特兰市按照“20min 社区”概念进行土地混合开发,并创建密集的自行车交通网络,将人们日常活动出行距离控制在 20min 步行、自行车和公交出行范围以内,以减少城市机动车交通量。波特兰区划法中规定,在核心区临重要街道的街区建筑必须贴近街道建设,建筑与街道红线的距离不大于 3.7m(12ft),且计入贴线率的建筑街墙高度不小 4.6m(15ft)。主要的城市中心,高强度开发区域集中在下城公共交通设施密集的地方,沿着交通设施走廊进行高密度高强度的土地开发,形成“交通购物走廊”(Transit mall),这条“交通购物走廊”聚集了波特兰重要的商业、办公、居住建筑,集中了三分之二的岗位和40%的居住人口。波特兰核心区公共空间占总建设用地的50%,包括街道、广场、绿地公园等,大部分公共空间步行不超过400m就可到达。街道面积占整个核心区面积的40%,宜人的街道空间在很大程度上提高了波特兰城市公共空间的整体质量。街道红线宽度较小,行人容易穿越。

巴西库里蒂巴市在土地开发方面,基于公交线网和站点,政府大力鼓励混合土地利用开发。同时,城市规划中以公交线路所在道路为中心,对土地利用和开发密度进行了层次安排和分区,城市政府鼓励公交线路附近2个街区的高密度开发,严格抑制距公交线路2个街区以外的土地开发。目前,公共交通成为居民出行的主要交通方式,而沿交通走廊形成的高密度的土地开发又为公共交通提供大量的乘客。

我国昆明市的呈贡新区位于昆明市中心西南15km处,规划控制面积160km^2,规划建设面积107km^2,该区基于推广“低碳城市”的建设原则,利用快速公交线路和两条地铁线等健全的公交网络,将呈贡和老城区及其他区域结合一体。昆明市利用宜居的理念对该区进行了总体规划和详细性规划,其中最重要的特色是结合公共交通站点,真正落实了以公共交通为导向的开发(Transit-Oriented Development,TOD)理念,同时改变目前中国“宽马路、大街区”的规划设计理念为“窄马路、小街区”理念,这样更有利于步行、自行车等慢行系统,有利于“门到门”绿色出行的发展。

7.1.1.2 发展绿色交通模式

绿色交通模式即多方式协调模式,是在多种交通方式并存的情况下,充分发挥每一种交通方式的独特优势,各种交通方式通过协调和整合,达到整个交通体系的最佳服务状态。多方式协调理念是大城市交通发展的共同追求,采用这种模式的城市,其综合交通体系将得到不断的完善,目前,国际上很多大都市的交通发展都采取了这种发展模式。

美国波特兰大都市区长期致力于减少私人小汽车出行,提升公共交通、自行车交通和步行交通服务品质的多方式交通体系规划与建设,并加强不同交通方式之间的衔接整合。目前,波特兰都市区已设置62个停车换乘(Park & Ride,P&R)停车点,约12690个停车泊位;1900个自行车停车换乘(Bike & Ride,B&R)系统,停车泊位;21个公交换乘中心提供24小时免费停车场。通过停车优惠、换乘优惠等手段,鼓励更多人采用公共交通、步行与自行车交通出行。

英国伦敦是一个交通体系十分完善的大都市,多种交通方式在这里得到了充分的发展,使其交通发展跟经济发展一样稳定。客运方面,先期建成的世界最早和最大的地铁系统支撑了强大的伦敦中心城,有效地控制了私人小汽车的增长,成为居民进入中心区通勤出行的主导方式;伦敦外围区的出行则主要以私人小汽车和地铁为主;中心城至郊区的出行主要依靠郊区地铁和小汽车。

日本首先考虑了轨道交通系统,再综合布置高速道路及其他交通方式,依靠交通干线把大城市及其影响地区组成一种多中心的结构体系。东京大力发展轨道交通,使轨道交通成为通勤的主要交通工具。同时,常规公共汽车线路的总长度达15000km,覆盖了全市范围。它一方面发挥对轨道交通的集散作用,另一方面独立构成深入街区的公交服务体系。东京的郊区运输主要由山手线、市郊铁路以及环城高速公路组成;铁路干线、城际高速公路则主要承担了东京的对外交通运输。

2020 年底,北京市印发了《北京市绿色出行创建行动方案》,进行绿色出行城市创建。截至 2021 年 12 月,北京轨道交通运营总里程 1148km,居全国第一,其中城市轨道交通 783km,市郊铁路 365km;全国首创绿色出行一体化服务平台(MaaS),碳普惠减排 68884.19t;全国首条自行车专用路 10.3km,日均骑行量 4000 人次。北京市中心城区绿色出行比例达 74%,绿色出行满意度达 87.9%。根据行动方案,北京市在 2022 年形成轨道交通、地面公交、自行车和步行系统协调发展的绿色出行网络,构建与出行距离相适应的绿色交通发展模式,城市绿色交通发展水平进一步提升。

7.1.1.3　改善慢行交通环境

城市慢行交通系统是城市综合交通系统的一个重要组成部分,在城市的出行比例中一直有着较高的比值,与机动化交通方式相比更环保、更安全。在当前能源供应趋紧、大城市交通拥堵加剧的背景下,规划建设高品质的慢行交通体系能够引导市民形成全新的出行理念。

丹麦首都哥本哈根是城市交通均衡发展(机动车、公共交通、慢行)的典范,被誉为欧洲国家的慢行之都。早在 1987 年,其区域规划即要求所有区域的重要功能单位应设在距轨道站点 1km 的范围内。为了应对小汽车泛滥带来的交通拥堵与环境污染,市中心逐步限制小汽车使用,积极发展慢行与公共交通,并将大量的街道与广场改建为步行街、步行广场,对部分街道进行限速管理,使得旧城区中世纪路网格局与城市风貌得以幸存。1962—2000 年间,哥本哈根市政府每年对中心区的步行环境进行拓展与改善。哥本哈根没有地下购物设施、过街天桥、地道等将步行者从公共街道上分离开的设施,这对聚集城市活动是有利的。哥本哈根有着悠久的自行车历史,早在 1934 年就有 130km 的自行车道,自行车的持续繁荣既得益于其自行车文化,更归功于市政府在建设与改善自行车交通设施方面的不懈努力,以及一系列城市交通规划的长期引导。

荷兰首都阿姆斯特丹也是欧洲自行车最普及的城市。自 1970 年代起,阿姆斯特丹逐渐提高市中心小汽车停车费,1992 年经市民投票通过的减少中心区小汽车泊位政策亦延续至今。2000 年,该市已有 775km 宁静街道,至 2007 年,已建成 200km 独立自行车路、250km 宁静化自行车道(与机动车同用,但对机动车有限速政策)。2006 年出台《选择自行车:2007—2010 年》,旨在解决自行车的失窃严重、停车设施不足、出行安全有待提高、交叉口等候时间过长四大问题。推出“Park and Bike”计划,鼓励驾车者将小汽车泊于城市边缘,租用停车场公共自行车延续出行。20 世纪 60 年代,阿姆斯特丹推出“白色自行车计划”,开创了公共自行车租赁的先河,被称之为第一代公共自行车系统。

美国明尼阿波利斯、加拿大卡尔加里和蒙特利尔拥有北美地区最发达的城市立体步行系统。美国明尼阿波利斯的空中步道始建于 1962 年,通过过街天桥将中心商业区办公、购物大楼联系在一起,为市民提供了抵御寒冷气候的舒适步行环境并提高了商业空间的利用效率及经济效益。加拿大卡尔加里市中心区的立体步行系统被称为“+15”系统,即距地面 15ft 以上的过街天桥系统,其与商厦、广场、停车场联系,步行者建筑物之间转换非常便捷。随着 1966 年地铁的修建,加拿大蒙特利尔市开展了地下步行系统的建设,地下网络连通商店、餐馆、影剧院，通过出入口与地面路网紧密相连并融合了地铁、城铁、公交巴士等多种交通方式，使 CBD 地下空间成为全城核心。

我国的杭州市是目前国内完整且系统地开展城市慢行交通系统规划实践的城市之一，2008 年《杭州市慢行交通系统规划》编制完成，目标是：构建“公交 + 慢行”一体化交通出行，发展多元化慢行交通模式，实现交通宁静化。具体的规划举措为：将步行系统按功能分为中心区、居住区、混合功能区、交通枢纽区、历史街区、旅游风景区、文教区、工业仓储区八类步行单元，对每类单元分别提出步行规划原则与重点。将非机动车道网络分为廊道、集散道、连通道、休闲道 4 个等级；构建公共自行车租赁系统及河道慢行交通系统。随着规划的逐步落实，杭州市开展了公共自行车租赁，开通了水上巴士，加强对慢行交通的安全引导和人性化关怀，取得了良好的成效。

我国武汉市慢行交通系统按照“慢行道路网络、慢行交通优先区和轨道交通沿线慢行交通衔接带”的空间模式进行规划、建设和管理，重点研究了城市商业步行街、大型社区、重点风景旅游区、重要城市道路交通走廊等典型区域或道路的慢行交通建设理念与方法。

我国上海的城市慢行交通系统由《上海市中心城非机动车交通系统规划》和《上海市中心城行人交通系统规划》两部分组成，提出构建慢行岛、慢行核、慢行廊道及慢行道路断面及慢行路权管理四个层面的内容，在虹口区进行试点，并构建了城市公共自行车租赁系统，结合轨道交通站点设置站点。

7.1.2 国外出行信息服务现状

绿色出行信息服务产业最大的动力来源于导航应用的强烈需求。据预测，全球集成 GPS 功能的移动设备将在 2025 年达到 58 亿台，其中，手持设备和移动电话将占据总发货量的大半。早期的导航产品多是基于静态地图，未考虑变化频繁的动态路况信息，对出行者的支持有限。随着通信和网络技术的不断进步，交通信息采集、处理和发布技术不断成熟，动态信息应用正在逐步发展。

日本和欧美发达国家在出行信息服务研究与应用方面处于领先地位。

7.1.2.1 日本

日本于 1991 年开始建设道路交通情报通信系统（VICS），目前已经成为世界上运营最成功的出行信息服务系统，用户数量已超过 1800 万。它通过远红外信标、短波信标或调频广播副载波作为传输介质，实时发布路况、交通管制、占道施工等即时信息。目前正在引入浮动车系统对 VICS 进行改进，并结合检测器信息和浮动车信息，预测与发布短时交通流量。丰田公司推出的动态导航系统增强版 G-BOOK，即利用了 VICS 提供的预测信息，并实现了导航地图数据的动态增量更新。此外，它不仅提供交通路况信息，而且还提供新闻、天气、购物、旅游等多种信息。

先进的交通信息服务系统（Advanced Traffic Information Service，ATIS）可以根据个人的需求，通过车载导航装置或住宅和办公室的计算机，获得多媒体地图信息和文字信息。动态路径诱导系统（Dynamic Route Guidance System，DRGS）相应于时刻变化着的交通状况，随时向驾驶员提供通向目的地的路径信息。

7.1.2.2 美国

美国 ITS 的核心应用（Advanced Travelling Information System，ATIS）通过装备在道路、机

动车、换乘站、停车场以及气象中心的传感器和传输设备,向交通信息中心提供全面的交通信息。ATIS 对各类信息加以处理后实时向公众发布。美国最大的动态导航系统 ADVANCE 由 Motorola 等公司联合开发,通过车载导航装置和交通信息中心的实时通信,利用实时交通信息完成动态导航过程。北美最大的地图数据生产商 NAVTEQ 也推出了支持交通信息处理与发布的整套解决方案以及相应的移动交通服务平台,实现了多源交通数据与地图数据的无缝集成,以及基于卫星通信、RDS 的信息发布。

美国各州主要城市都实现了包含动态路况信息的绿色出行信息平台,并通过 Google Earth 等公共平台发布和应用。其中具有代表性的绿色出行信息平台如下。

(1) Ridescout。

Ridescout 软件将所有公共交通选项集成到一个简单的界面上,包括:公交汽车、公用自行车、小汽车共享、合乘、出租车、地铁、火车、停车场等,它可以向用户建议实时的公交出行选择。主要特色是:提供公交和地铁的实时出发时刻信息及位置信息;提供公租自行车的存量信息;按照类别、价值、出发时间、到达时间对出行建议进行排序;标注并保存喜爱的出行途经地点;通过同步你的日程安排,为会议等活动快速确定出行计划。其配套措施有:站点有唯一的 ID 编码,便于随时随地手机查询及快速公交路径搜索;可手机直接扫描照片上的二维码,获取实时信息。

(2) Smartrek。

Smartrek 是一个基于奖励的多模式交通平台,通过该平台可以更好地将通勤者、商家、雇主以及政府组织联系起来,以便改善交通。该公司向政府组织提供实时交通流数据和统计报告,以便提高规划和应急服务,提高交通服务水平并缓解拥堵。目前,主动需求管理通过使用实时精度的交通数据和公交信息,能够使得通勤者做出更好的出行选择。Smartrek 可以向雇员们提供日常通勤的路径和行驶时间,以便雇员们能够准时到岗工作;向通勤者提供实时出行预测、路径匹配、语音导航和紧急事件预警等服务,以便通勤者获取奖励并能更快地到达目的地。其核心思想很简单,出行者可通过在非高峰期出行来获取软件公司提供的奖励,同时,可通过通勤者提交的出行计划来提高未来交通状态的预测。其服务区域为洛杉矶,加利福尼亚州;凤凰城,亚利桑那州;埃尔帕索,得克萨斯州;奥斯汀,得克萨斯州。

7.1.2.3 欧洲

欧洲国家广泛应用交通信息广播专用频道(TMC)。其通过数字广播系统(RDS)发送实时交通信息和天气状况,服务于出行过程。目前,TMC 服务已经在十多个欧洲国家开通,并在不断扩展到更多国家。RDS-TMC 向出行者提供交通事件、交通状态、天气、交通附属设施信息等。此外,除了 RDS 方式外,基于更高带宽的移动通信方式和数字广播方式,已经出现了更为细致的动态信息发布协议(Transport Protocol Experts Group,TPEG),对 TMC 进行了有效的补充。

TPEG 是欧洲广播联盟 EBU 所制订的协议,可透过各种数字媒介,如:互联网络、数字广播、移动网络、数字电视等,发布交通与旅游信息。同时 TPEG 也是欧洲广播联盟致力于发展交通与旅游信息(Traffic and Travel Information,TTI)传输协议的研究群体。这个研究群体于 1997 年成立,总计超过 60 家来自消费电子产品、电子地图、服务提供、广播等领域的欧洲公司与组织参与制订 TPEG 协议。不论是道路交通、公共交通、天气状况等信息,都在 TPEG

制订标准的范畴之内,以提供完整的 TTI 信息。

欧洲具有代表性的绿色出行信息平台为 Free London Bus Time & Stop Information,它可以为用户提供公交方面的信息,包括伦敦公交时刻信息、实时公交站点信息及公交路线查询,其主要特色是可以为用户提供公交站点图片、实时公交出发信息、实时地图及位置跟踪、区域及邮编查询。除此之外,Google Map 提供 Google Map 上连接任意两个空间位置的公交和自驾路线的相关属性的查询,这些属性包括路线的行驶距离、换乘站点、步行至公交站点的距离等,方便乘客出行。

7.1.3 国内出行信息服务现状

在我国,已经初步形成出行信息服务数据采集、处理、发布以及应用的产业链。自主研发的动态交通信息标准(Real-time Traffic Information Channel,RTIC)已经发布,支持基于路段的交通信息编码,实现了动态交通信息与静态路网的无缝融合。自主研发的浮动车系统在多个城市投入使用,基于道路交通流传感器、浮动车和手机信令分析的路况信息采集技术不断发展,并已通过互联网和移动通信方式发布多个城市路况信息。基于 RDS/TMC、GPRS/RTIC、DAB/TPEG 的动态导航仪纷纷上市;多个门户网站和专业地图网站开始提供城市路况信息查询功能。

北京公众出行网是 2006 年 4 月 6 号开通的,它是北京市交通委员会正式向北京市民推出的全市第一个面向公众出行服务的综合交通信息服务网站。网站有 6 个版块:实时路况,实时显示各路段的交通状况,每 5min 更新一次;自驾出行,可获得最佳的线路规划方案;公交换乘,市内公交、地铁(城铁)、机场大巴的信息的查询;进出北京,可提供城际多方式行程规划;地图搜索,显示了北京市的详细地图;交通黄页,可对停车场、汽修企业、养路费征稽所、施工占路地点等四类交通地理信息进行检索。

北京路况交通眼是一款专业的交通信息服务软件。它可以提供准确、及时的路况信息,为出行者提供有价值的参考。它的特点是可以提供及时的路况信息;简图模式,清晰美观;可以将路况、行驶状况分享至微博。

上海交通出行网在试运行期间,分为道路交通、公共交通、对外交通、静态交通、世博交通及便民服务。其中对外交通和便民服务还没有开放。在道路交通中主要有以下服务:实时交通信息包括路况信息、施工信息、事故信息、管制信息和匝道信息;热点区域查询,可以查询其地理信息;位置搜索和公交、驾车线路查询;测距,可以测量两点之间的直线距离。在公共交通中,有公交换乘和线路查询服务。在公交换乘中,用户可以输入起点、终点,可以选择目的:票价最省、时间最短和距离最优,进而得到查询结果。线路查询,选择想要查询的路线:地铁线路、机场线路、旅游线路及跨江线路等。静态交通可以进行停车场、加油站和汽车维修点的查询,用户输入地点其实范围就可以进行查询。还有快速查询,界面给出浦东新区、徐汇区等九个区的主要地点,用户可以选择进行查询。世博交通有以下几个服务:世博交通新闻、世博专线信息、世博 P + R 停车场、世博园区周边交通组织方案、进出世博公共换乘、周边城市世博旅游专线、周边城市自驾车参观方案及世博园区出入口实况,只有世博交通新闻开通,其他没有开通。

上海文广移动推出基于数字广播 DAB 技术手段的“实时交通点点通”实时交通服务,目前能提供的实时交通信息包括上海外环线以内所有高架道路和173条主要地面道路的实时交通路况、交通气象、交通事件,以及市内主要高架匝道开关闭的信息。上海移动、上海市交通信息中心和美慧信息科技正式对外推出“上海城市实时路况”产品,为客户提供动态交通路况信息服务的实用信息查询类业务。

除北京、上海外,广州、杭州等地方政府也都实现了包含动态路况信息的绿色出行信息平台,比如广州地铁官方App能够为出行者提供地铁出行路线、首末班车时间、车站服务设施、车站周边信息、站外实景导航服务、实时运营公告等服务;交通杭州App整合了五位一体公交体系(包括公交车、公共单车、地铁、水上巴士和出租车)、长途公共交通运输工具(包括班车、列车和航班)、个人自驾等各类出行方式,该系统共有的15项主要功能涵盖了线路站点、班线时刻、票价里程、换乘转乘、路径规划、实时路况、通行费用等交通出行信息服务。

7.1.4　出行即服务

出行即服务(Mobility as a Service, MaaS),在概念上主要内容是希望建构一个无缝(seamless)、“门到门”(door-to-door)的多元运输服务整合系统,包括大众、公共与私人运输、出租车、车辆共乘(ride-sharing)、小汽车共享(car share)、游览车、交通车、租赁车、公共自行车,乃至未来自动驾驶出租车(robo-taxis)等方式,让个人可经由手机应用软件装置(App),预订符合个人运输需求的一体化运输服务,以减少私家车持有及使用,并提升大众与公共运输使用率,减少过多私家车带来的空气污染、能源损耗,达成运输系统的永续发展。

广义的MaaS服务可结合租车、共乘与各种公共交通运输,透过资通信技术为广泛的用户提供更灵活的运输调度,使用者经由手机定位与MaaS App结合实时云端服务,可以享有更为便捷创新的公共运输搭乘经验。基本上,MaaS的应用可提供多样化的行旅服务,结合资通信科技与个人化载具,提供使用者可以更方便地联结公共运输服务又能产生降低运输成本之诱因,满足不同使用者的定制化需求。

7.1.4.1　MaaS特征

MaaS具有以下四个典型特征。

(1)一体化。

MaaS的目标是将各种交通服务模式整合在一个统一的服务体系与平台中,所以一体化是其最典型的特征,主要表现在体系规划、设施布局、运营调度、支付清分、信息服务等各类体系的一体化,其中最直观的表现方式为一体化的票务制度。不同交通系统服务和数据的融合,实现各种交通方式在各个层面的标准化、一体化,提供门到门的便捷出行服务,提升公交服务吸引力和服务质量。

(2)共享化。

在MaaS的服务模式下,载运工具的角色将会逐步被改变,用户使用交通载运工具注重的是交通服务的提供而不是车辆的拥有。乘客不仅是交通服务的享受者,同时也是交通数据的提供者与分享者,通过建立统一的数据平台,利用数据来改变和优化出行服务,汽车供应商与运营服务商、驾驶员与乘客之间的关系将日益模糊。

(3)人本化。

MaaS服务设计是核心是以人的便捷出行为中心,MaaS体系在规划、设计、运营、管理、服务的各个环节均是以提供更好的一站式出行服务作为其核心,通过对用户出行特征的刻画进行定制化出行服务,为所有的出行者提供最为合理的出行方案,以及安全、便捷、舒适的出行体验。

(4)低碳化。

MaaS 以实现交通可持续发展为基本理念,调动一切供给要素来刺激公共交通的出行需求。以交通运行低碳化发展为根本前提,逐步扩大绿色出行的比例,减少私人个体机动化的出行,以降低交通运输工具气体排放为直接目标的低能耗、低污染、低排放的交通发展模式。

7.1.4.2 MaaS 系统建立

MaaS 系统的建立需要完成以下环节,缺一不可。

(1)协同运作(Cooperation)。

不是对运输业者进行"营运整合",而是希望能做到对乘客提供"订购合并旅程"(For combined subscriptions)服务,亦即透过协同运作针对合并订购运输行动旅次提供优惠折扣。

(2)购票整合(Ticketing integration)。

不是要求运输业者进行"票证整合",而是希望能做到对乘客提供"一站式购票"(One Shop)服务,亦即利用智能卡以一次性支付所有使用运具的服务。

(3)收付整合(Payment integration)。

不是要求运输业者进行"清账整合",而是希望能做到对乘客提供"单一收付窗口"(One Voice)服务,亦即提供用户所有利用运具的单一开票/收据。

(4)资通整合(ICT integration)。

不是要求运输业者进行"资通系统整合",而是希望能做到对乘客提供"单一在线接口"(One Online Interface)服务,亦即以单一应用的在线界面取得所有公用运具的信息。

(5)机构整合(Institutional integration)。

不是要求运输业者进行"组织合并",而是希望能做到对乘客提供"单一服务公司"(One Service Company)服务,亦即由某一家公司拥有并营运多元运具的服务。

(6)客制整合(Integration with tailored mobility packages)。

不是要求运输业者进行"票证整合",而是希望能做到对乘客提供"每趟客制服务"(Each Tailored Service),亦即为用户提供预订并预付特定额度(在时间或距离上),以满足其各趟需求的运输行动服务。

7.1.4.3 MaaS 的发展目标

结合公共交通的特点,MaaS 的发展将致力于实现以下 9 个目标:

①限制交通堵塞,特别是在交通高峰期;

②减少车辆拥有量、车辆使用量和道路上的车辆数量;

③更有效地利用现有基础设施,创造规模经济;

④缓解交通网络的压力;

⑤实现更好的流量和容量管理;

⑥将运输网络作为一个整体系统来呈现,以提高客户体验;

⑦迎合所有的旅行者,年轻的和年老的,有能力的和不那么有能力的,富有的和经济上的弱势;

⑧创建一个支持基础设施投资的模型；

⑨减少对环境的整体影响。

目前，我国各地也出现了 MaaS 平台。2019 年 11 月，北京上线了国内首个一体化出行 MaaS 平台，采用了政企合作模式，共享融合交通大数据方式建设的国内首个落地实施的一体化出行平台应用试点，同时也是国际上首个超千万级用户的 MaaS 服务平台。北京 MaaS 平台整合了公交、地铁、市郊铁路、步行、骑行、网约车、航空、铁路、长途大巴、自驾等全品类的交通出行服务，能够为市民提供行前智慧决策、行中全程引导、行后绿色激励等全流程、一站式“门到门”的出行智能诱导以及城际出行全过程规划服务。2020 年 9 月，北京 MaaS 平台进行了延伸应用，推出了“MaaS 出行绿动全城”行动，鼓励市民全方式参与绿色出行。

广州市 MaaS 平台的发展选择了“点—线—网”的路径。广州是从打通市内交通方式和票务系统出发，逐步整合城际交通方式，再将铁路、民航接入出行平台。基于“羊城通出行”“如约巴士”“如约的士”等现有出行服务平台，广州搭建了公共交通一站式出行平台。这一出行平台包含聚合支付码系统、电子车票管理系统、出行方案规划与订阅管理系统、出行与生活服务数字融合系统、出行服务社区管理系统等多个子系统。

7.2　多模式“门到门”公交出行信息服务模型

7.2.1　信息服务重要性分析模型

发展绿色出行的主要目的就是吸引更多的出行者采用公共交通方式出行。公共交通改善后，尤其是为出行者提供了信息服务的情形下，必然会有部分出行者出行方式会发生转变，由原来的小汽车出行改为公共交通出行。为评估交通方式的转移效果，并判别出行前提供哪种交通信息对交通方式转移影响效果最为显著，需建立 MNL 模型对转移效果进行评估。

7.2.1.1　Logit 模型基本原理

Logit 模型的理论基础是随机效用理论，即其遵循最大化原则。假设所有的交通方式集合为 A，对不同的交通方式，每一种交通方式都有一定的效用，出行者只会选择对其效用最大的交通方式。记 N 个出行者中，第 n 个出行者面对 J 个交通方式时，第 j 个交通方式对其的效用为U_{nj}，出行者选择第 i 个交通方式的条件为$U_{ni} > U_{nj}$，其中，j 为不包括 i 交通方式在内的其他交通方式。效用中用包括可测度的系统本身的部分V_{nj}，以及观测和个人偏好带来的误差项ε_{nj}，则效用函数为：

$$U_{nj} = V_{nj} + \varepsilon_{nj} \tag{7-1}$$

由上式可以得到第 n 个出行者选择第 i 种交通方式的概率为：

$$P_{ni} = \frac{e^{a_i + b_i x_{nik}}}{\sum_{j=1}^{J} e^{a_j + b_i x_{nJk}}} \quad i,j \in A, j = 1,2,\cdots,J, k = 1,2,\cdots,k \tag{7-2}$$

利用最大似然估计方法，设y_{nj}为出行者 n 的选择结果，如果出行者 n 选择交通方式 j，则$y_{nj} = 1$，否则$y_{nj} = 0$，则可得到自然对数似然值的计算公式为：

$$L = \sum_{n=1}^{N}\sum_{j=1}^{J} y_{nj}\ln(p_{nj}) \tag{7-3}$$

利用 L 最大化可以求解a_j和b_k的值，可以利用计算机软件对模型进行求解。

7.2.1.2　模型建立

采集小汽车出行者的基本属性、意向选择，进而建立模型。基本属性及意向选择包含因素见表 7-1。

被调查者个人和经济社会经济属性指标及公交使用情况　　表 7-1

序号	变　量	选　项
1	性别	0-女性；1-男性
2	职业性质	0-无须通勤类工作；1-需通勤类工作
3	年龄	1-青少年；2-中年；3-老年
4	受教育程度	1-初中；2-高中；3-大学；4-研究生
5	家庭年收入情况	1-低收入；2-中等收入；3-高收入
6	私家车拥有情况	0-没有；1-有
7	最近一周公交车乘坐情况	0-没做过；1-1 到 2 天；2-3 到 5 天；3-6 到 7 天
8	步行到公交站台时间	1-小于 5min；2-5 到 10min；3-11 到 15min；4-15min 以上
9	可接受的等车时间	1-小于 5min；2-5 到 10min；3-11 到 15min；4-15min 以上
10	最近一周使用公交出行信息	0-没有；1-偶尔；2-经常

根据前期调查工作得知，对交通方式转变影响较大的有等车、换乘时间和车内拥堵程度两个主要因素，得分分别为 0.28 和 0.27，当二者发生较大改变时，小汽车出行者更愿意选择公交出行。因此，意向选择的情景设置也主要考虑这两个因素。意向调查情况如下。

情景一：若公交通行畅通，公交车内拥挤，在以下假设条件下，您会选择小汽车出行还是公交出行，见表 7-2。

意向调查表（情景一）　　表 7-2

假设条件	交通出行选择方式	
	公交车	小汽车
等车时间加换乘时间 0 ~ 10min		
等车时间加换乘时间 10 ~ 20min		
等车时间加换乘时间 20min 以上		

情景二：若公交通行畅通，公交车内不拥挤，在以下假设条件下，您会选择小汽车出行还是公交出行，见表 7-3。

意向调查表（情景二）　　表 7-3

假设条件	交通出行选择方式	
	公交车	小汽车
等车时间加换乘时间 0 ~ 10min		
等车时间加换乘时间 10 ~ 20min		
等车时间加换乘时间 20min 以上		

综上,调查的情景设计可设置为 6 个不同情景,见表 7-4。

意向调查表情景设计情况　　表 7-4

情　景	等车、换乘时间信息	公交车内拥堵信息
	S1	S2
1	等车时间加换乘时间 0 ~ 10min	拥挤
2	等车时间加换乘时间 10 ~ 20min	拥挤
3	等车时间加换乘时间 20min 以上	拥挤
4	等车时间加换乘时间 0 ~ 10min	不拥挤
5	等车时间加换乘时间 10 ~ 20min	不拥挤
6	等车时间加换乘时间 20min 以上	不拥挤

根据小汽车出行者的基本属性及意向选择情况,可以利用 MNL 模型建立小汽车使用者的行为选择模型,进而研究对出行行为选择影响较大的因素,进行针对性改善。

7.2.1.3　模型分析

根据抽样调查理论,按照总目标期望取 0.5,置信度取 95%,误差取 0.1,最小样本量为 96 份;根据样本大小确定的原则,研究样本数以 30 ~ 500 个较合适,每个情境中至少有 20 份。随机调查整理后得到 500 份有效数据,被调查者基本属性及意向选择统计结果见表 7-5、表 7-6。

个人和经济社会经济属性指标及公交使用情况统计表　　表 7-5

变　量	选　项	百分比(%)
性别	0	19.5
	1	80.5
职业性质	0	32.5
	1	67.5
年龄	1	6.5
	2	89.2
	3	4.3
受教育程度	1	18.8
	2	43.7
	3	36.5
	4	1.0
家庭年收入	1	62.5
	2	36.1
	3	1.4
小汽车拥有情况	0	76.9
	1	23.1
最近一周公交车乘坐情况	0	8.3
	1	65.0

续上表

变　　量	选　　项	百分比(%)
最近一周公交车乘坐情况	2	19.1
	3	7.6
步行到公交站台时间	1	27.8
	2	33.9
	3	14.1
	4	24.2
可接受等车时间	1	14.8
	2	48.7
	3	21.3
	4	15.2
最近一周使用公交出行信息	0	14.4
	1	72.6
	2	13.0

交通方式选择统计分布情况　　表 7-6

情　　景	选　择　项	百分比(%)
1	公交车	81.2
	小汽车	18.8
2	公交车	62.5
	小汽车	37.5
3	公交车	77.6
	小汽车	22.4
4	公交车	70.8
	小汽车	29.2
5	公交车	77.6
	小汽车	22.4
6	公交车	74.0
	小汽车	26.0

将调查得到的数据利用最大似然估计法，对a_j和b_k进行求解参数估计结果见表 7-7。

基于 MNL 模型的交通方式选择参数估计　　表 7-7

多项 Logit 模型估计 Log likelihood = −1249.1961			Number of obs = 1662	
			LRchi2(28) = 161.97	
			Prob > chi2 = 0.0000	
			Pesudo R2 = 0.0609	
变量	系数	$P>z$	系数	$P>z$
	公交		小汽车	
性别	−0.214	0.323	0.292	0.086
职业性质	−0.074	0.729	−0.302	0.040

续上表

变量	系数	$P>z$	系数	$P>z$
	公交		小汽车	
年龄	-0.369	0.172	0.261	0.221
受教育程度	0.014	0.918	0.184	0.056
家庭年收入	0.213	0.265	0.137	0.306
小汽车拥有情况	0.176	0.449	0.939	0.000
最近一周公交车乘坐情况	0.260	0.661	-0.215	0.031
步行到公交站台时间	-0.105	0.225	0.011	0.856
可接受等车时间	0.109	0.284	-0.104	0.166
最近一周使用公交出行信息	0.301	0.229	-0.117	0.363
S1	-0.431	0.442	0.404	0.984
S2	0.268	0.038	0.192	0.214
_cons	2.686	0.004	-3.576	0.000

由以上结果可知，模型的LR卡方值为161.97，自由度为28，并且ρ值（Prob > chi = 0.0000），表明模型在95%的显著水平下显著，从估计出的参数可以得出以下结论：

①结果中的常数项公交、小汽车分别为2.686和-3.576，较为显著，说明在给定情形（已知具体的等车、换乘时间，公交车内拥挤情况）中，人们更倾向于公交出行。另外，通过最近一周公交车乘坐情况、步行到公交站台时间等偏好指标也可看出，对于偏向选择公共交通的出行者，在提供信息条件下出行者更多地选择公共交通，这与交通方式选择统计分析表统计的结果相一致；

②在私家车方式中，性别系数值为0.292，在90%的显著水平下显著，这说明倾向于选择私家车作为公共交通方式的替代的多为男性，对于公共交通，无论男性还是女性都不明显；

③两种方式中，年龄系数分别为-0.369和0.261，说明年龄对出行方式选择的影响并不明显，但以私家车替代公共交通的出行者中，年龄偏向较大的比较显著，而相对年轻的出行者会倾向于选择公共交通；

④私家车方式中，职业性质系数为-0.302，且在95%显著水平下显著，说明具有非通勤类工作的人更倾向于选择私家车方式出行；受教育程度系数为0.184，说明随着受教育程度的提高，倾向于选择私家车替代公共交通的可能性会增加，这可能与较高的学历可以获得相对高的收入从而可以支配出行成本更高的交通工具有一定关系，但统计上并不显著，说明这种关系并不明显；小汽车拥有情况的系数为0.939，$P>z$的值为0.000，说明拥有私家车的出行者会更愿意选择私家车出行；

⑤S1系数分别为-0.431和0.404，较显著，这说明公共交通等车、换乘时间增加时，出行者更倾向于选择小汽车出行；S2对出行方式的选择在参数估计中不显著，说明车内拥挤信息对出行方式选择的影响程度有限。

综上所述，要吸引更多出行者乘坐公交出行，首先要减少乘客等车时间，增加信息引导，减少等车及换乘时间，其次要减少公交出行拥堵，保障公交顺畅通行，针对不同年龄段、收入段人群采用不同吸引措施。以上改进可以通过信息服务 App 进行实现，向不同用户发送其感兴趣的信息，如年龄较大者可能对车内舒适性兴趣更大，而高收入者可能对总出行时间较为敏感等。

7.2.2 信息服务对出行方式的影响机理

出行者在选择交通方式时，主要受到三类因素的影响：个体特性、出行特性和交通方式特性，它们共同作用于出行者的出行效用，从而影响出行方式的选择结果，信息服务对出行方式的影响主要是体现在对交通方式特性的影响上。目前。出行者在考虑出行方式特征时通常会考虑：出行时间、出行便利性、出行安全性、出行舒适性。不同的信息服务会对交通方式特征产生不同的影响，直接或间接影响出行者的出行方式选择。

信息服务能够为出行者提供集成信息，以实现"无缝"换乘，对出行者出行方式选择产生以下影响：

(1)出行前，出行者可以获得多种可比较、可替代的公交方式的出行信息，从而提前拿牌出行，增强对整条出行链的主动可控性，一定程度上减少出行时间，提高出行便利性；

(2)出行中，为出行者提供协调、同步联动的实时公交信息，可为出行者方便地改变出行方式或出行路径提供参考，从而获得更高质量的公交出行服务。

为综合分析出行者选择交通方式和出行路径的行为，以及出行者在不同交通方式之间的转换行为，这里引入交通网络进行分析。

假设交通网络由 T 种不同的子交通网络组成，它通过增加虚拟路段来表示两种交通方式之间的连通性，定义为$G_t=(N_t,E_t)$，其中，$t\in T,N_t\in N,E_t\in E$；N 为节点集，N 为节点集，$N=\{v_1,v_2,\cdots\cdots,v_n\}$，$v_i$为交叉口、站点或枢纽的节点；$E$ 为路段集，$E=\{e_1,e_2,\cdots\cdots,e_n\}$，$e_i$为链接相邻节点之间的路段。

随着出行距离的增加，出行者越来越依赖于多种交通方式的组合出行，选取公共汽车 b，小汽车 c 作为出行方式选择集，二者与轨道交通 r 共同构成出行方式组合，即 $b+r$ 和 $c+r$。提供信息服务之前的交通网络图如 7-1 所示。

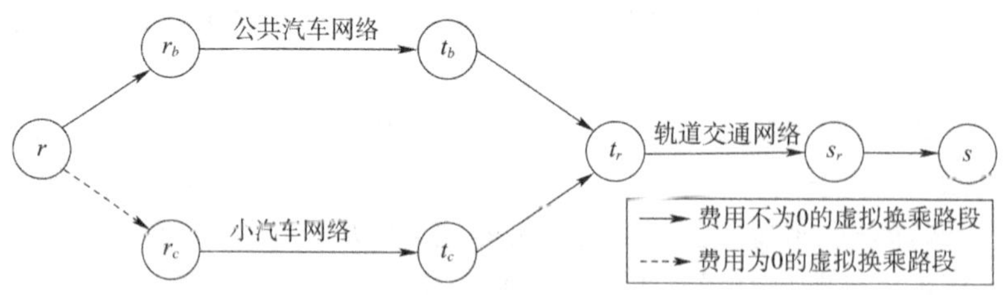

图 7-1 提供信息服务之前的交通网络图

图 7-1 中，r 为起点，s 为终点；r_b、t_b表示公共汽车的停靠站；r_c、t_c表示小汽车的停靠点；t_r、s_r表示轨道交通的换乘枢纽。在各路径上的费用包括有：换乘步行时间、换乘候车时间、停车费用、停车时间，换乘步行时间主要取决于换乘距离，与信息服务无关，这里假设公交网络设计合理，各种交通方式之间零换乘，将换乘步行时间省去。

在向出行者提供公交信息服务之后，公交出行者出行前即可获得公共汽车、轨道交通、换乘的协调运行信息,从而合理安排出行时刻,避免在公交停靠站或轨道交通枢纽内候车,提供公交信息服务后的交通网络图如图 7-2 所示。

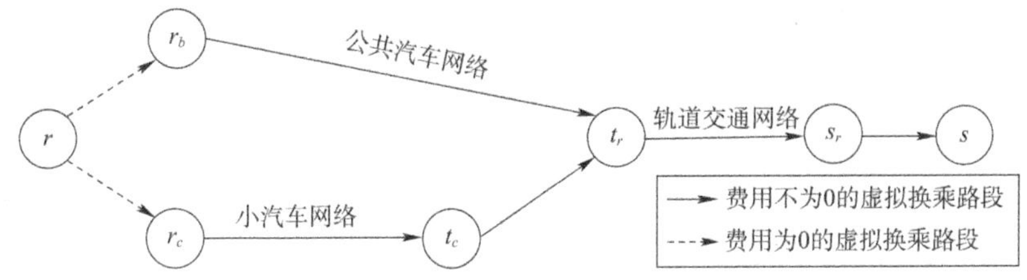

图 7-2　提供信息服务之后的交通网络图

由图 7-2 可看出,在向出行者提供信息服务之后,避免了公交出行链上换乘节点处候车,不仅使路段 $r \to r_b$ 上的费用降为 0,而且消除了公共汽车与轨道交通之间的虚拟换乘路段 $t_b \to t_r$,从而使各种公共交通网络整合成为一体化运行的“无缝”系统。

7.3　“门到门”信息服务原型系统

“门到门”出行信息服务需求分析是进行信息服务功能设计的基础和依据,本研究从面向过程和面向对象两个角度进行功能设计:前者站在“出行者”角度,从满足出行者在一次完整出行链中各个步骤的信息需求角度展开设计;后者站在“服务者”的角度,从提供所有出行链步骤所需信息服务所依托功能模块的角度展开设计。

7.3.1　面向过程的功能设计

面向过程的功能设计需要将出行信息服务分解为若干个步骤,本研究将一次完整出行所需的步骤按照时序分解为“出行前”“出行过程中”“到达目的地”三个主要步骤,其中“出行中”又包括“等车”“换乘”“车上”三个子步骤。以下分别针对上述出行链分解得到的各个步骤进行信息服务功能设计。

7.3.1.1　出行前

根据出行信息服务需求分析的结果可见,主要需要为出行前的出行者提供基于实时数据和短时预测数据的出行方式选择、出行路径选择、出行推荐时间、车内拥挤情况、预计到达时间等信息服务,以及包括生活服务兴趣点信息、天气、空气质量信息等辅助信息。

(1)出行方式、出行路线、出行时间选择信息服务。

出行方式、出行路线和出行时间选择是出行者在出行前阶段需解决的主要问题。其中根据出行时间的可选性可分为两类:对于出行时间浮动范围较低或不可浮动的出行,如通勤出行、赴约出行等情况,只需向出行者提供出行方式和出行路线信息;对于出行时间浮动范围较大的出行,如出游、购物等情况,则需向出行者提供三方面的主要出行前信息。

提供出行方式、出行路线、出行时间信息服务的主要依据是实时动态数据和短时预测,根据最优化模型以不同最优化目标给出出行方式、路线、时间的选择结果。最优化目标包括最短时间、最短路程、最小花费、节能减排、最少换乘、最舒适等出行优化目标。在进行出行前信息服务时,首先需获取用户的出行时间浮动范围,然后根据实时动态数据分析各类交通方式及交通方式组合在浮动范围内的最优化结果,如以出行时间最短为优化目标时,则在进行路径搜索时需根据实时路况和短时预测算法给出浮动时间范围内最佳的自驾出行路线和出行路线,根据公交系统各线路运行实时速度信息给出浮动时间范围内最佳的公交线路组合。

从出行者使用信息服务的角度讲,在出行前,用户需给出可选交通方式和可选时间浮动范围,并收到对应的最佳出行方式、路线和出行时间信息。其中,对于可自驾出行的出行者,若自驾出行的优选结果优于公交出行的优选结果,需同时给出两种结果并根据两种结果的差异给出选择公交出行的推荐等级,促进出行者选择公交方式出行。

此外,出行方式、路径、时间的规划还需考虑天气、空气质量等动态信息进行优化,如在风力较大或空气污染较为严重的情况下,避免向用户提供包含公共自行车的线路。

(2)车内拥挤情况信息服务。

根据需求分析结果,出行者对车内拥堵情况信息普遍具有很高的需求,其是出行者进行出行方式、路线、时间选择时的重要因素之一,虽然在大多数情况下并非起到决定性作用,但仍会对出行方式、路线、时间选择产生明显影响,尤其是在进行以“最舒适”为优化目标时,出行方式、路径、时间选择的主要依据,同时也是对于任何优化目标都需要提供给出行者的出行前参考信息。车内拥挤情况信息主要针对公共交通系统,具体包括地面公交和轨道交通两类,可分为拥挤、不拥挤、宽松三个类别,既向出行这提供整条出行链上公交系统的整体车内拥挤情况,也可通过用户选择向用户提供各个环节上某条线路的车内拥挤情况。车内拥挤情况信息同样根据实时动态数据和短时预测结果构成。

(3)预计到达时间信息服务。

根据需求分析结果,预计到达时间也是出行者出行前普遍希望得到的信息,以便进行出行方式、路线、时间选择,同时易于对出行整体把控,因而在给出推荐出行方式、路径、时间时应同样给出预计到达时间信息。预计到达时间信息在进行依据实时动态数据和短时预测的出行方式、路径、时间优选时实质上已经得到,是进行以“最短时间”为优化目标进行出行方式、路径、时间推荐的主要依据,但仍需将其独立给出,也可以以全程预计时间的形式提供给出行者。

(4)兴趣点、天气、空气质量等辅助信息服务。

兴趣点信息(POI)是为出行者提供地点信息的基础数据,当出行者搜索地名或功能性场所如饭店、药店、电影院等位置时需要依托POI信息进行检索;天气、空气质量信息同样是影响出行者出行前路径、方式、时间选择的因素,因而同样需要提供给出行者作为参考。

7.3.1.2 出行过程中

根据需求分析,主要向处于出行过程中的出行者提供换乘路径动态选择、换乘等车时间、预计到达时间、到站提醒和信息反馈等功能。

(1)换乘路径动态选择。

出行前阶段的信息服务已经向出行者提供了出行优化目标下的出行方式、路径推荐结果，但城市交通的复杂多变很可能导致随着时间推移，出行前规划的出行方式和路径在出行过程中已经演变为非最优方案。在这种情况下则需要根据实时动态的公交系统运行数据为处于出行过程中的出行者更新方式和路径选择信息，包括更改下一步的换乘站点、换乘线路、所采用的交通方式等信息，这是出行信息服务在“出行过程中”这个阶段向出行者提供的最为重要的信息。

(2)换乘等车时间。

根据换乘路径选择结果，换乘等车时间是出行者公交中途换乘中普遍希望得到的信息。运用实时动态的公交系统运行数据，预计所换乘公交车到达换乘点时间，实时向用户提供运行过程中换乘公交车所需等待时间。同时，根据中途换乘信息服务，可设有多种换乘路径选择，可以结合换乘分析结果，将等待时间分为多个等级，以便使出行者结合自身需求对最优换乘方案进行选择。换乘等待时间信息服务可由实时动态数据、短时预测和换乘选择结果构成。

(3)预计到达时间。

根据换乘路径选择结果，准确获取预计到达目的地时间是出行者出行中最为关注的信息，以便结合换乘等车时间对换乘点进行选择，同时对换乘所造成的时间影响进行评价，因而在给出途中推荐换乘点选择时应同样给出预计到达时间信息。换乘预计到达时间信息和出行前预计到达时间信息相似，需要依据实时动态数据和短时预测信息实现，以“最短时间”为优化目标，每30秒更新一次信息，全程实时给出行中提供信息服务，以避免因中途换乘对出行造成时间延迟。

(4)到站提醒。

根据公交出行需求，准确给予到站提醒服务也是出行者较为关注的信息，以避免因车内噪声较大使出行者没听或者误听车内到站提醒而影响出行的现象，因而在给出推荐出行换乘路径、时间需求的基础上同样提供精准的实时到站提醒服务。公交车在驶出所选站点的上一站时，要自动进行提醒乘客下一站即为所选下车站点。此外，也可以根据出行者需求自定义提醒站点，使出行者实时了解出行过程中所经站点和当前所到达站点信息。

(5)信息反馈。

收集出行者对出行信息、公交系统的意见以便进行改善，同时允许出行者分享实时信息供其他人参考。

7.3.1.3　到达目的地

目前，包括各类政府部门和商业公司在内提供的多种出行信息服务中，对到达目的地后的出行信息服务普遍仅限于对路径规划结果或运输服务的简单评价功能，根据本研究进行的出行信息服务需求分析，这类简单的评价功能并不能完全满足出行者在到达目的地后的信息服务需求，因而在这一阶段设计了“一键返程规划”这一功能和功能更为丰富的信息反馈功能。

(1)一键返程规划。

出行前和出行过程中阶段的信息服务已经向出行者提供了出行优化目标下和复杂路况下的出行方式、路径推荐及优化结果，出行者准时到达了目的地。返程信息服务势必会成为出行者到达目的地后普遍希望得到的信息。出行者的出行 OD、出行路径及时间状况需自动保存，一键返程服务可以根据出行者的出行方案自动提供返程信息服务，包括返程换乘站点、换乘线路及等待时间、所采用的交通方式和预计到达时间等信息，这是出行信息服务在返程阶段向出行者提供的最为重要的信息。同时，设定多个返程信息选择条件，出行者可根据返程需求对返程方案进行优化。

(2)返程推荐时间。

根据返程选择结果，准确获取返程所需时间是出行者返程中最为关注的信息，以便结合自身需求对返程进行时间规划。返程推荐时间信息需要依据实时动态数据和短时预测信息实现，以“最短时间”为优化目标，每 30s 更新一次信息，全程实时给出行者返程提供信息服务。同时，要根据出行者返程方案的改变准确有效地提供预计到达时间。依据返程路径选择信息，通过动态数据和信息评价，要提供所选路径可能造成的最大时间延误，以使出行者根据自身时间需求进行返程方案的选择及变更。

(3)信息反馈。

收集出行者对出行信息、公交系统的意见以便进行改善，在出行者允许的前提下匿名收集其轨迹信息，以便管理部门进行分析并发现不足，进而改善公交服务，形成良性循环。

7.3.2 面向对象的功能设计

面向对象的功能设计需要根据乘客所选择的出行方式、出行目的、出行时段等因素为乘客提供实时的交通信息，使乘客通过信息的获取与采纳完成一次较为理想的出行，主要包括公共交通系统动态信息服务、路况动态信息服务、辅助信息服务、短时预测、方式和路径规划算法等。以下分别针对上述几个模块进行详细说明。

7.3.2.1 公共交通系统动态信息服务

对于通勤出行者而言，出行者每日出行线路与交通方式较为固定，而对于非通勤出行者而言，其出行方式及路线则较为随机。乘客选取公共交通出行时考虑的因素包括出行路线、交通方式、最短时间或最短路线、换乘次数、票价、舒适性以及在满足其他条件的情况下，本次出行是否低碳等。当乘客已选定某一个交通方式时，其所关注的侧重点会有不同，所需系统提供的信息也就不相同。以下分别为地面公交系统、轨道交通系统和租赁自行车的动态信息服务功能设计说明。

(1)地面公交系统动态信息服务。

地面公交系统目前存在的最大不足为乘客无法获得预乘坐车辆所在位置及需要等待时间。因此，地面公交系统动态信息服务需要为乘客提供所等车辆预计到达时间，并结合地图显示车辆目前所在位置。同时系统将为乘客提供当前车辆所载乘客数量(舒适性)、到达目的地的全程花费时间。乘客可根据全程花费时间、舒适性、候车时间等，选取乘坐车辆。

(2)轨道交通系统动态信息服务。

轨道交通优势在于发车间隔固定、候车时间短、准点率高，但其不足在于线网密度较低(可达性差)、高峰时段满载率高(舒适性差)。因此，轨道交通系统动态信息服务将为乘客提供预乘坐车辆满载率情况，以及乘坐轨道交通到达目的地需要的全过程时间、换乘次数、最佳换乘路径等与便利性相关指标。

(3)租赁自行车动态信息服务。

通过对公共自行车IC卡刷卡数据的分析，影响其使用效率最大的因素为租换便利性。当出行者对于出发地及目的地租车网点位置、车辆可租还状况等信息掌握较为详细。信息可靠时，租赁自行车使用效率会明显较高。因此，公共自行车动态信息服务系统，将为乘客提供出发地及目的地周边网点位置，可租还车辆及车位数，已经到达最近网点步行路径等信息。

7.3.2.2　路况动态信息服务

当乘客出行之前尚未选择本次出行的出行方式时，路况状态是乘客关心的主要信息。如果路况畅通性较高，适宜自驾出行，则乘客在私家车出行与公共交通出行之间做出选择的主要考虑因素有出行费用、出行时间、低碳影响等。此时，路况动态信息服务系统将给出驾车和公交的出行费用参考对比值、出行时间对比值、低碳影响系数等指标供出行者选择。而当路况拥挤程度过高，明显不适宜私家车出行，乘客已放弃自驾出行而选取公交出行时，系统还将提供自行车出行的适宜程度，包括骑行路线、全程耗时、全程运动量等指标，引导乘客采用自行车出行。

7.3.2.3　辅助信息(兴趣点、天气、空气质量)

面向对象的功能设计除了考虑交通方式、路况信息等对乘客的影响外，还需要对乘客出行的兴趣点(POI)、出行天气、空气质量等客观信息实时更新。如当乘客选择外出就餐时，系统将提供周边餐饮热点位置信息，并结合互联网发布的一些餐饮商店活动促销信息、特价优惠信息等给乘客提供参考。

天气(雨雪、阴晴、风沙等)、空气质量作为人们越来越关注的热点问题，更是出行者出行前考虑的重要问题，甚至对人们的出行量、交通方式都有较大的影响。晴朗天气温度舒适，公共交通出行较受人们青睐；雨雪风沙雾霾天，人们则更倾向于私家车出行。因此，辅助信息服务系统将为出行者提供实时天气信息，使出行者在出行前做好出行准备，选择合适的出行方式，并在出行的过程中定时为出行者更新天气状况。

7.3.2.4　短时预测

短时预测主要针对地面公交在使用过程中存在的不确定因素进行预测。地面公交涉及的内容包括公交到站时间预测、行程时间预测等。同时，对于出现突发意外事故的情况，系统需要根据当前路况实时信息做出行程时间预测，并结合周边路网交通状况重新规划行程，为出行者提供当前最便捷换乘路径。

7.3.2.5　方式和路径规划算法

方式和路径规划算法考虑包括乘客出行类别、出行偏好、天气、费用等因素，结合全路网拓扑结构、实时路况信息，为乘客提供合适的出行选择。当乘客出行类别为通勤出行时，系统优先考虑出行时间、可靠性等；当乘客出行类别为非通勤出行时，系统优先考虑出行费用、舒适性、低碳性等。出行偏好则根据出行者选择时间最快、换乘最少、步行最少等为乘客提供相应的线路。天气在出行方式和路径规划中的影响主要表现为公共交通与私家车、公共交通换乘次数等。与辅助信息中提供内容相似，晴朗天气温度舒适，公共交通出行较受人们青睐;雨雪风沙雾霾天,人们则更倾向于私家车出行,或者换乘较少的公交出行,而较少考虑出行费用或舒适性等问题。

7.3.3 设计成果

在出行信息需求分析和功能设计的基础上,本研究开发了绿色出行信息服务概念性App——Go Green,目前已接入信息中心公交实时到站信息和自行车租赁点可借还车辆动态信息,并提供多目标路径优选功能,开发工作已处于内测阶段,参与内测人员达到87人,进入示范应用后,使用用户将至少达到1000人。Go Green App将主要用于分析门到门绿色出行的现状,研究"门到门"信息服务中有待解决的问题,探索动态信息服务的提供方法、方式,并为提高信息服务和绿色出行服务水平的决策提供支持。

Go Green App涵盖轨道、公交、公共自行车、步行四种城市绿色出行方式;注重提供多方式动态交通信息,如实时到站时间、自行车点实时车辆数、结合路况的路径搜索等;提供到站时间预测,减少车下换乘等待;重视慢行交通,提供公共自行车动态导航;关注节能减排,推荐绿色出行路径,查看个人节能减排成就,微博、朋友圈分享。设计情况如图7-3~图7-5所示。

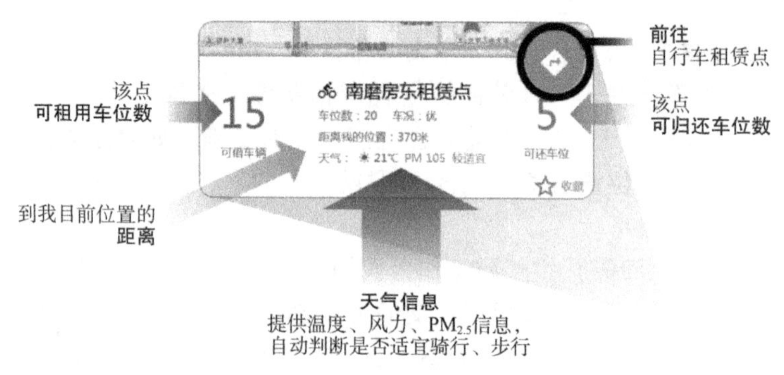

图7-3 Go Green App动态信息服务

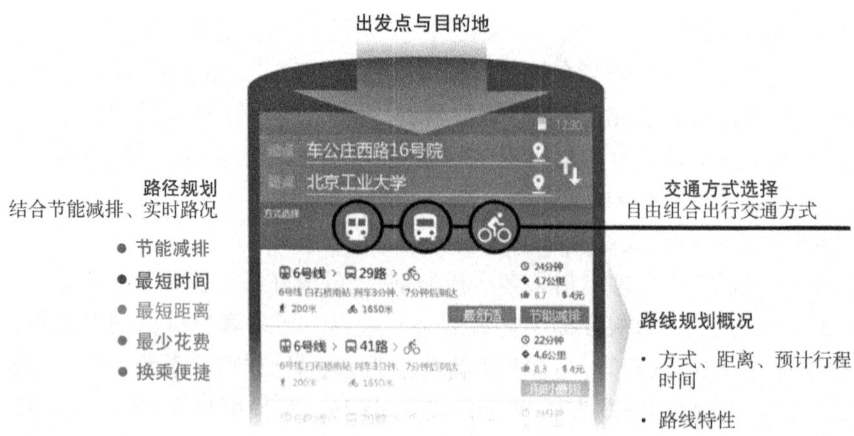

图7-4 Go Green App多目标路径规划

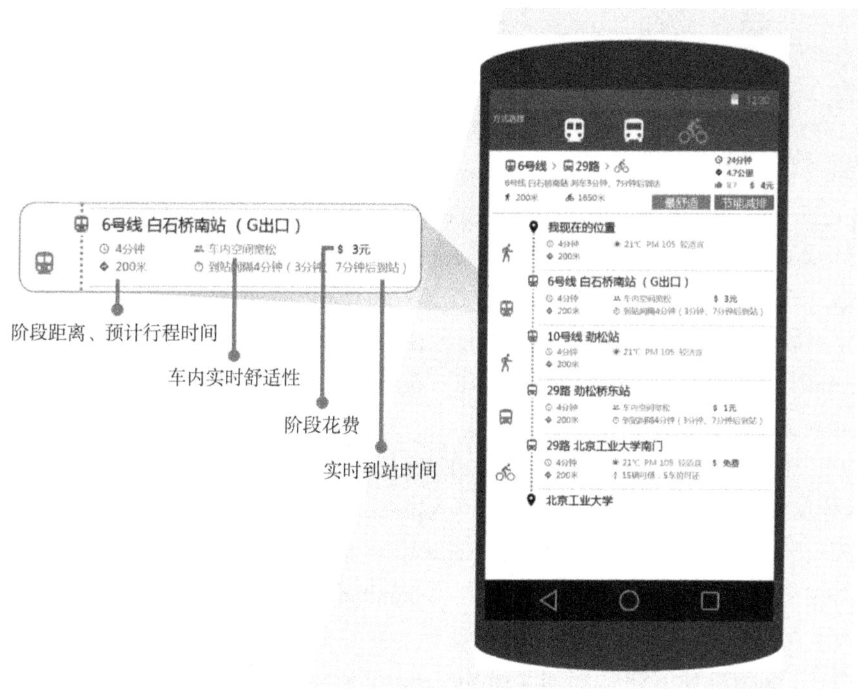

图7-5　Go Green App 路线详细动态信息

Go Green App 反馈功能通过上传照片来实现，上传照片功能分为四种类型：地面公交存在问题、地铁存在问题、公共自行车存在问题、步行存在问题，在每一项问题下设有具体选项，如图7-6所示。

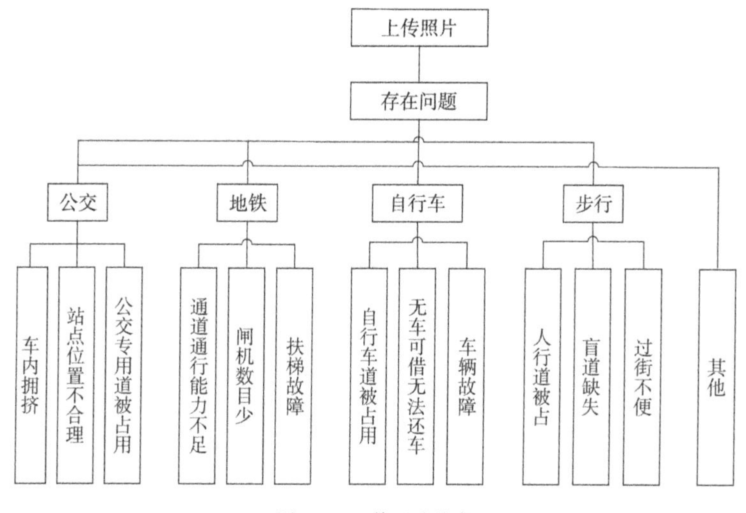

图7-6　上传照片分类

上传照片后可配有文字说明，上传完毕后，自动返回主菜单。必须能够获取的信息有：上传的照片、经纬度、时间，所有信息能够按菜单类别分类进行提取。

参 考 文 献

[1] Baozhen Yao, Ping Hu, Xiaohong Lu, Jun-jie Gao, Ming-heng Zhang. Transit network design based on travel time reliability[J]. Transportation Research Part C, 2014, 43.

[2] W. Y. Szeto, Y. Jiang. Transit route and frequency design: Bi-level modeling and hybrid artificial bee colony algorithm Approach[J]. Transportation Research Part B, 2014, 67.

[3] Fan, W., Machemehl, R. B. Optimal Transit Route Network Design Problem: Algorithms, Implementations, and Numerical Results [R]. Technical Report SWUTC/04/167244-1. Texas, University of Austin, 2004.

[4] Fan, W., Machemehl, R. B. Using a simulated annealing algorithm to solve the transit route network design problem[J]. Journal of Transportation Engineering, 2006, 132(2): 122-132.

[5] Fan, W., Machemehl, R. B. Tabu search strategies for the public transportation network optimizations with variable transit demand[J]. Computer-Aided Civil and Infrastructure Engineering, 2008, 23: 502-520.

[6] Zhao, F., Zeng, X. Optimization of user and operator cost for large scale transit networks[J]. Journal of Transportation Engineering, 1007, 133(4): 240-251.

[7] 柳伍生,李远东,谭倩.行程时间不确定的城市公交网络设计模型与算法[J].系统工程,2018,36(05):72-78.

[8] 沈显庆,崔保峰.模拟退火改进蚁群算法的公交网络设计[J].黑龙江科技大学学报,2016,26(03):327-331.

[9] 张莉,沈文国,安新磊.一种新的多重权重复杂公交网络模型的研究[J].武汉理工大学学报(交通科学与工程版),2016,40(01):105-109.

[10] 俞礼军,梁明苹.基于整数非线性规划的城市常规公交线网优化设计[J].中国公路学报,2016,29(02):108-115+135.

[11] Muhammad Ali Nayeem, Md. Khaledur Rahman, M. Sohel Rahman. Transit network design by genetic algorithm with elitism[J]. Transportation Research Part C, 2014, 46.

[12] Bin Yu, Zhong-Zhen Yang, Peng-Huan Jin, Shan-Hua Wu, Bao-Zhen Yao. Transit route network design-maximizing direct and transfer demand density [J]. Transportation Research Part C, 2012, 22.

[13] Jens Parbo, Otto Anker Nielsen, Carlo Giacomo Prato. User perspectives in public transport timetable optimization [J]. Transportation Research Part C, 2014, 48.

[14] Yousef Shafahi, Alireza Khani. A practical model for transfer optimization in a transit network: Model formulations and solutions[J]. Transportation Research Part A, 2010, 44(6).

[15] 滕靖,林琳,陈童.纯电动公交时刻表和车辆排班计划整体优化[J].同济大学学报(自然科学版),2019,47(12):1748-1755.

[16] 陈亮,冯柳,李巧茹.考虑在车感知价值的公交发车间隔计算模型[J].哈尔滨工业大学

学报,2018,50(03):150-155.

[17] André de Palma,Robin Lindsey. Optimal timetables for public transportation[J]. Transportation Research Part B,2001,35(8).

[18] 吴影辉,唐加福. 考虑不均匀发车间隔的公交网络时刻表优化模型[J]. 东北大学学报(自然科学版),2016,37(04):461-466.

[19] ACeder,B Golany,O Tal. Creating bus timetables with maximal synchronization[J]. Transportation Research Part A,2001,35(10).

[20] AEnraki. A model to create bus timetable to attain maximum synchronization considering waiting times at transfer stops [D]. Tampa:University of South Florida,2004.

[21] Omar J. Ibarra-Rojas, Yasmin A. Rios-Solis. Synchronization of bus timetabling[J]. Transportation Research Part B,2012,46(5).

[22] Wongil Kim,Bongsoo Son,Jin-Hyuk Chung,Eungcheol Kim. Development of Real-Time Optimal Bus Scheduling and Headway Control Models[J]. Transportation Research Record, 2009,2111(1).

[23] Banihashemi M,Haghani A. OPTIMIZATION MODEL FOR LARGE-SCALE BUS TRANSIT SCHEDULING PROBLEMS[J]. Transportation Research Record,2000,1733:23-30.

[24] Haghani A,Banihashemi M. Heuristic Approaches for solving large-scale bus transit vehicle scheduling problem with route time constraints[J]. Transportation Research Part A: Policy and Practice,2002,36.

[25] 陈定芳. 考虑车辆续航里程的公交行车计划编制方法研究[J]. 物流科技,2019,42(07):115-119.

[26] 史桂红. 车联网环境下考虑续航时间约束的公交车辆行车计划编制[J]. 南通大学学报(自然科学版),2017,16(02):6-11.

[27] Freling,Richard,Wagelmans,etc. Models and Algorithms for Single-Depot Vehicle Scheduling[J]. Transportation Science,2001.

[28] Avishai(Avi)Ceder. Estimation of Fleet Size for Variable Bus Schedules. 2005,1903(1): 2-10.

[29] Avishai(Avi)Ceder and L. Philibert. Transit Timetables Resulting in Even Maximum Load on Individual Vehicles. IEEE Transactions on Intelligent Transportation Systems, vol. 15 (6),2605-2614.

[30] Kliewer N,AmbergB,Amberg B. Multiple depot vehicle and crew scheduling with time windows for scheduled trips[J]. Public Transport,2012,3(3):213-244.

[31] Chien S,Spasovic L,Elefsiniotis S,et al. EVALUATION OF FEEDER BUS SYSTEMS WITH PROBABILISTIC TIME-VARYING DEMANDS AND NONADDITIVE TIME COSTS[J]. Transportation Research Record Journal of the Transportation Research Board,2000,1760: 47-55.

[32] Tirachini A,Hensher D A, Bliemer M C J. Accounting for travel time variability in the optimal pricing of cars and buses[J]. Transportation,2014,41(5):947-971.

[33] Lourenco H R, Paixao JP, Portugal R. Multi-objective Metaheuristics for the Bus-Driver Scheduling Problem[J]. Transportation science (Online), 2001, 35(3): 331-343.

[34] Haghani A, QiaoH. DECISION SUPPORT SYSTEM FOR SNOW EMERGENCY VEHICLE ROUTING: ALGORITHMS AND AppLICATION[J]. Transportation Research Record Journal of the Transportation Research Board, 2001, 1771: 172-178.

[35] Freling R, Wagelmans A, Paizao J. Models and Algorithms for Single-Depot Vehicle Scheduling[J]. Transportation Science, 2001, 35(2): 165-180.

[36] Dennis Huisman, Richard Freling, Albert P. M. Wagelmans. Multiple-Depot Integrated Vehicle and Crew Scheduling [M]. INFORMS, 2005.

[37] Leo Kroon, Matteo Fischetti. Crew Scheduling for Netherlands Railways" Destination: Customer" [M]//Computer-Aided Scheduling of Public Transport. Springer Berlin Heidelberg, 2001.